Bernd Kollmann

Martin Luthers

Entstehung · Bedeutung · Wirkung

Bibel

Seite 2: Vom 4. Mai 1521 bis zum 1. März 1522 lebte Martin Luther getarnt als „Junker Jörg“ auf der Wartburg. Dort übersetzte er innerhalb von elf Wochen das Neue Testament ins Deutsche.

Rufe
mich an in der
Noth
so will ich dich
erretten
und du sollst mich
preisen.

Vorwort

Zu den wertvollsten Schätzen in meinem Bücherschrank zählt die Konfirmationsbibel meiner Urgroßmutter Barbara Stötzer. Es handelt sich um eine prachtvolle Ausgabe der Cansteinschen Bibelanstalt Halle aus dem Jahr 1895, die den Luthertext mit Apokryphen bietet. Den vorderen Buchdeckel zieren Worte aus Psalm 50. Ich kann mich noch gut an das erhabene Gefühl erinnern, wenn ich in meiner Kindheit in dieser Bibel blättern durfte. Schon die Kupferbeschläge und der Kupferverschluss des Einbanddeckels, der unverwechselbare Geruch des Papiers und der erlesene Goldschnittrand umgaben das Buch für mich mit der Aura des Geheimnisvollen und ließen keinen Zweifel daran aufkommen, eine ganz besondere Kostbarkeit in den Händen zu halten.

Luthers Entschluss zur Übersetzung der Bibel aus dem Urtext nahm Anfang Dezember 1521 konkrete Gestalt an. Unmittelbar danach begann er mit den Arbeiten an dem Mammutprojekt, das ohne die Mithilfe seiner Wittenberger Vertrauten nicht zu bewältigen gewesen wäre. Innerhalb von nur elf Wochen übersetzte Luther auf der Wartburg das Neue Testament, das nach gründlicher Durchsicht im September 1522 auf den Markt kam und zu einem Bestseller in bis dahin unvorstellbarer Größenordnung wurde. Binnen kurzer Zeit waren alle 3000 Exemplare vergriffen. Schon während der Drucklegung des Septembertestaments nahm Luther das Alte Testament in Angriff. Zwischen 1523 und 1525 erschienen in drei Teilausgaben die deutschen Fassungen des Pentateuchs, der Geschichtsbücher und der weisheitlichen wie poetischen Schriften. Danach trat aus unterschiedlichen Gründen eine längere Pause ein. Nach Abschluss der Übersetzungsarbeiten am Alten Testament einschließlich der Apokryphen erschien 1534 die erste vollständige Lutherbibel. Sie wurde allein zu Lebzeiten des Reformators noch siebenmal in Wittenberg aufgelegt, ganz zu schweigen von der Vielzahl unautorisierter Nachdrucke in auswärtigen Städten. Luther selbst hat seine Bibelübersetzung immer wieder als sein zentrales Lebenswerk betrachtet. Sie ist ein Meilenstein der Reformation und von epochaler Bedeutung für die Geistesgeschichte. Mit dem Rückgriff auf die Ursprache der biblischen Schriften stellt sie eine philologische Meisterleistung dar. Bis heute prägt sie wie kaum ein anderes Werk die deutsche Sprache und Kultur.

Das vorliegende Buch zeichnet die Entstehung der Lutherbibel vor dem Hintergrund der geistesgeschichtlichen wie politischen Entwicklungen der Reformationszeit nach. Ein besonderes Anliegen der Darstellung besteht darin, auch die Voraussetzungen und die Wirkungsgeschichte von Luthers Bibelübersetzung in angemessener Breite in den Blick zu nehmen. Die Herstellung des Buchs lag in den bewährten Händen von Palmedia Publishing Services GmbH (Berlin). Tanja Krajzewicz danke ich für die akribische Durchsicht des Manuskripts und die Gestaltung des Layouts, Dirk Palm für die gewohnt vertrauensvolle Zusammenarbeit. Aus meinem Siegener Lehrstuhlteam haben mich Ann-Kathrin Klein, Annette Schäfer und Leonie Textor bei der Entstehung des Buchs in vielfacher Weise unterstützt.

Siegen und Wolfsburg im April 2021

Bernd Kollmann

Die Bibel als eine Umarmung des Lebens: *Scorpions*-Sänger Klaus Meine bei einem Konzert im Madison Square Garden in New York am 16. September 2017

1. Ein Meilenstein der Kulturgeschichte:

DIE LUTHERBIBEL

Beim Betreten der Buchhandlung tut sich eine Überraschung auf. Ein Verkaufstisch direkt am Eingang präsentiert Sonderausgaben der Lutherbibel 2017, die von namhaften Persönlichkeiten des öffentlichen Lebens gestaltet wurden. Dazu zählen die Edition Jürgen Klopp *und die* Edition Klaus Meine. *Die Prominenten wurden gebeten, ein für ihr Leben besonders wichtiges Bibelzitat auszuwählen. Zudem sollten sie ein persönliches Statement zur Bibel abgeben. Der Leadsänger der Scorpions, zu deren unsterblich gewordenen Rockballaden neben* Wind of Change *auch* Send Me an Angel *gehört, hat sich für Exodus 23,20 entschieden: „Siehe, ich sende einen Engel vor dir her, der dich behüte auf dem Wege und dich bringe an den Ort, den ich bestimmt habe." Die Bibel bezeichnet er als sein Buch und als eine Umarmung des Lebens. Die Wahl von Jürgen Klopp fiel auf Jeremia 31,3: „Ich habe dich je und je geliebt, darum habe ich dich zu mir gezogen aus lauter Güte." Gleichzeitig bekennt der Kulttrainer des FC Liverpool seine besonderen Sympathien für Luther, weil dieser für die Unterprivilegierten und Ausgeschlossenen gekämpft habe. Er sei der Anwalt der kleinen Leute gewesen und habe viel riskiert, damit wir ein positives Gottesbild haben können. Auch rund 500 Jahre nach der Veröffentlichung des Septembertestaments hat Martin Luthers Bibelübersetzung nichts an Strahlkraft eingebüßt. Sie zieht Promis wie Normalos gleichermaßen in ihren Bann. Von der Lutherbibel 2017 gingen in den ersten drei Jahren seit ihrem Erscheinen mehr als 700 000 Exemplare über den Ladentisch. Hinzu kommen für diesen Zeitraum fast eine halbe Million Downloads der Bibel-App und eine fünfstellige Zahl verkaufter Hörbibeln. Mit seiner Bibel schuf Luther einen Klassiker der deutschen Literatur, der auch den Sprung ins 21. Jahrhundert und die Herausforderungen der digitalen Welt mit Bravour gemeistert hat.*

Ein Buch verändert die Welt

Kaum ein Buch hat die Welt so verändert wie die Lutherbibel. Als Luther sich im Dezember 1521 auf der Wartburg ans Werk machte, waren deutsche Bibeln nicht gänzlich unbekannt. Sie stellten aber eine Rarität dar und waren der großen Mehrheit der Bevölkerung noch nicht zu Gesicht gekommen. Handschriftliche Prachtausgaben wie die Wenzelsbibel oder die Ottheinrichbibel wurden als Einzelexemplare gefertigt und besaßen absoluten Seltenheitswert. Erst nachdem Johannes Gutenberg die Bleilettern in Bewegung gesetzt hatte, verbesserte sich die Situation. Die 18 deutschen Bibeldrucke des vorreformatorischen Zeitalters brachten es immerhin auf eine Gesamtzahl von etlichen Tausend Exemplaren. Ihre finanzkräftigen Käufer kamen aus dem Adel und der städtischen Oberschicht. Als Luther 1546 verstarb, war die Welt eine ganz andere. Dies betraf nicht nur die kirchlichen und politischen Umwälzungsprozesse, die von der Reformation ausgelöst wurden, sondern auch die deutsche Bibel. Nun befanden sich schätzungsweise eine halbe Million Gesamt- oder Teilausgaben der Heiligen Schrift in Umlauf. Aus einem Luxusartikel für Reiche war innerhalb eines Vierteljahrhunderts ein für breitere Bevölkerungsschichten erschwingliches Massenprodukt geworden. Unzählige Haushalte, die vorher nie im Besitz eines Buches gewesen waren, verfügten nun zumindest über eine Bibel.

Diese Entwicklungen sorgten für einen enormen Bildungsschub. Zu Beginn der Reformation konnten im deutschen Reich schätzungsweise um die 20 Prozent der städtischen Bevölkerung lesen. Auf dem Land lag die Zahl um ein Vielfaches niedriger. Die massenhafte Verbreitung der Lutherbibel, aber auch der von ihr hervorgerufenen Konkurrenzprodukte wie der reformierten Zürcher Bibel oder der katholischen Dietenbergerbibel veränderte die Situation nachhaltig. Wer eine Bibel erworben hatte, wollte natürlich auch Gebrauch von ihr machen. Die Zahl der Menschen, die des Lesens kundig waren, stieg sprunghaft an. Nicht minder durchschlagend war der Beitrag Luthers zur Überwindung von Sprachbarrieren. Anno 1538 beklagt der Reformator in einer Tischrede die Vielfalt der Dialekte. Es gebe im Deutschen derart unterschiedliche Arten zu reden, dass einer den anderen nicht recht verstehe. In der Umgangssprache ist das zuweilen immer noch so, wie jeder Norddeutsche, den es einmal in die Oberpfalz verschlagen hat, wird bestätigen können. Anders stellt es sich in der Schriftsprache dar. Indem Luther „dem Volk aufs Maul schaute“ und sich in die Alltagswelt der Menschen seiner Zeit hineindachte, schuf er ein kraftvolles und lebendiges Deutsch, das sich dank der rasanten Verbreitung seiner Bibel bald überall durchsetzte. Nicht einmal hundert Jahre nach Luthers Tod waren die tiefsten Gräben im deutschen Sprachraum überbrückt und der Weg für das Neuhochdeutsche geebnet.

Luthers außergewöhnliche Leistung

Wo einer Persönlichkeit mit großer schöpferischer Kraft ein genialer Wurf gelingt, neigt man dazu, ihre Leistung über Gebühr in den Himmel zu heben. Das zeitgeschichtliche Umfeld wird in möglichst dunklen Farben gemalt, um den Heros umso heller erstrahlen zu lassen. Das ist bei Luther und seiner Bibel nicht anders. Im Überschwang der Heldenverehrung wollte man darin gar ein Wunder Gottes am deutschen Volk sehen. Eine unvoreingenommene Wahrnehmung von Luthers Lebenswelt und den Entwicklungen seiner Zeit bewahrt davor, populären Irrtümern hinsichtlich der Einzigartigkeit seiner Bibelübersetzung aufzusitzen. Luther war mitnichten der Erste, der die Heilige Schrift durch eine Übertragung ins Deutsche den Laien zugänglich machen wollte. Vielmehr hat die deutsche Bibel eine bis ins Frühmittelalter reichende Vorgeschichte. Die um wörtliche Wiedergabe des Ausgangstextes bemühten vorlutherischen Übersetzungen reichen zwar an die Sprachgewalt der Lutherbibel nicht heran. Sie waren aber nicht derart schlecht und unverständlich, wie sie gerne dargestellt werden, um sie als negative Kontrastfolie verwenden zu können. Luthers Bibelübersetzung stellt auch keineswegs die grandiose Einzelleistung eines einsamen Genies dar, sondern war ein Wittenberger Gemeinschaftsprojekt, bei dem Luther die Ergebnisse seiner Arbeit immer wieder zur Diskussion stellte und auf die Sachkompetenz seiner Vertrauten angewiesen war. Auch wenn man die Mythen und Überhöhungen abzieht, bleibt mehr als genug übrig, um das Außergewöhnliche der

Leistung Luthers erkennen und würdigen zu können. Luther gelang es als Erstem, die Bibel auf der Basis des hebräischen und griechischen Urtextes vollständig ins Deutsche zu übertragen. Bis seine Übersetzungstätigkeit Ende 1524 aus unterschiedlichen Gründen ins Stocken geriet, hatte er mithilfe seiner Wittenberger Freunde in atemberaubender Geschwindigkeit das Neue Testament und weite Teile des Alten Testaments auf Deutsch vorgelegt. Ein weiteres Alleinstellungsmerkmal ist die Detailversessenheit, mit der Luther um die passenden deutschen Begriffe gerungen hat. Damit verbunden war eine für seine Zeit einzigartige Reflexion übersetzungstechnischer Fragen und sprachtheoretischer Probleme. Auch die ökonomische Bedeutung der Lutherbibel ist nicht zu unterschätzen. Sie ließ die Buchproduktion in ungeahnte Höhen schnellen und entwickelte sich zum Jobmotor. Herstellung wie Vertrieb des Bestsellers brachten im gesamten deutschen Sprachraum unzählige Menschen in Lohn und Brot. Zudem hat kaum jemand das Deutsche so nachhaltig geformt und geprägt wie der Wittenberger Reformator. Bei seinem Bemühen, den Sinn des Ausgangstextes in der Lebenswelt der Adressaten zu erschließen, bediente sich Luther einer Sprachgewalt und Bildkraft, die zum kulturellen Allgemeingut wurde. Johann Gottfried Herder sah das große Verdienst des Wittenberger Reformators darin, die deutsche Sprache als einen schlafenden Riesen aufgeweckt und losgebunden zu haben. Mit seiner Bibel wurde Luther zur treibenden Kraft bei der Herausbildung der neuhochdeutschen Schriftsprache, die Jacob Grimm sogar als protestantischen Dialekt bezeichnete. Heinrich Heine rühmte Luther dafür, dass er mit der Sprache seiner Bibel dem politisch und religiös zerstückelten Deutschland eine literarische Einheit gab. Luthers Übersetzung der Heiligen Schrift markiert zweifellos eine Sternstunde der Reformation und einen Meilenstein der Kulturgeschichte. Bis es dazu kommen konnte, hatte die Bibel bereits einen langen Weg hinter sich. Dieser soll zunächst in den Blick genommen werden.

Anders, als diese Radierung von Gustav König aus dem Jahr 1847 vermuten lässt, war Luthers Bibelübersetzung, die er auf der Wartburg begann, nicht die Einzelleistung eines grandiosen Genies, sondern ein Gemeinschaftsprojekt.

Der Kirchenvater Athanasius von Alexandria war der Erste, der den Kanon des Neuen Testaments im bis heute gültigen Umfang festlegte.

2. Aus kleinem Anfang entspringen alle Dinge:

DIE ENTSTEHUNG DER CHRISTLICHEN BIBEL

Keiner kämpfte so leidenschaftlich wie er, wenn es um das Bekenntnis von Nizäa ging. Fünfmal wurde er daher als Bischof von Alexandria abgesetzt und fünfmal kehrte er wieder ins Amt zurück. Auf dem Höhepunkt der Auseinandersetzungen bezichtigte man ihn sogar des Ritualmordes. Er habe den gegnerischen Bischof Arsenius getötet und ihm eine Hand abgeschnitten, um sie für Zauberpraktiken zu verwenden. Nur mit Mühe konnte er seine Unschuld beweisen. Nach langwieriger Suche hatte er den Aufenthaltsort des angeblich Ermordeten ausfindig gemacht, der sich bester Gesundheit erfreute und im Besitz aller Gliedmaßen war. Etliche Jahre seines Lebens verbrachte er in der Verbannung, darunter auch einige Zeit in Trier. Die Rede ist von Athanasius dem Großen. Erst seine letzten Jahre auf dem Bischofsstuhl Alexandrias waren von Ruhe gekennzeichnet. In diese Zeit fällt der Osterfestbrief von 367. Darin äußert er sich über die göttlichen Schriften, welche die Christen zum Heil besitzen. Zunächst listet Athanasius die Bücher des Alten Testaments auf, wobei er sich weitgehend am Umfang der hebräischen Bibel orientiert. Danach führt der Bischof von Alexandria genau jene 27 Schriften an, die bis heute das Neue Testament ausmachen. Ergänzend erklärt er, dies seien die Quellen des Heils und in ihnen allein werde die Lehre der Frömmigkeit verkündigt. Niemand solle ihnen etwas hinzufügen oder etwas von ihnen wegnehmen. Mit seinem Osterfestbrief wurde Athanasius zum ältesten Zeugen für den neutestamentlichen Kanon im heutigen Umfang. Von der Abfassung der ersten biblischen Schriften bis zur Gestaltwerdung der christlichen Bibel war es allerdings ein weiter und beschwerlicher Weg. Oder um es mit Cicero zu sagen: Aus kleinem Anfang entspringen alle Dinge.

Schreibgeräte, Beschriftungsmaterial und Codexform

Die antike Welt, in der die biblischen Schriften entstanden, kannte eine Vielzahl von Materialien, die für das Aufschreiben von Texten Verwendung fanden. Papier gehörte noch nicht dazu. Es wurde zwar bereits um die Zeitenwende in China erfunden, gelangte aber erst im Mittelalter in den vorderen Orient und nach Europa. Urkunden, Verträge, Notizen, kürzere Mitteilungen oder auch Bibelverse wurden oftmals in Schriftträger aus Holz, Stein, Wachs, Keramik, ungebranntem Ton oder Metall eingeritzt. Für die Fixierung längerer Texte, wie die biblischen Schriften sie darstellen, kamen nur Papyrus, Leder oder Pergament in Betracht. Papyrus war in der Antike ein relativ preiswertes und daher weitverbreitetes Beschreibmaterial. Er wurde aus der Papyrusstaude, einer vornehmlich in Ägypten gedeihenden Sumpfpflanze, gewonnen. Zu seiner Herstellung schnitt man das Mark der Papyrusstaude in dünne Streifen, legte diese senkrecht nebeneinander und bedeckte das Ganze mit einer weiteren Schicht aus waagerecht angeordneten Streifen. Die Blattformate schwankten zwischen 20–50 cm in der Höhe und 15–40 cm in der Breite. Nach dem Pressen, Trocknen und Glätten konnte eine beliebige Zahl von Papyrusblättern zu einer Bahn zusammengeklebt werden, aus der dann eine Schriftrolle entstand. Die Beschriftung mit Text erfolgte normalerweise nur auf der Innenseite. Der Text selbst wurde in Kolumnen angeordnet. Die raue Papyrusoberfläche ließ keine Fließschrift zu, jeder Buchstabe musste einzeln angesetzt werden. Dazu verwendete man ein aus Schilf zugeschnittenes Schreibrohr. Die Tinte bestand entweder aus einem Gemisch von Wasser und Ruß, dem arabisches Gummi oder Olivenöl als Bindemittel beigesetzt war, oder sie wurde aus getrockneten und zerriebenen Galläpfeln, Eisenvitriol und arabischem Gummi gekocht. Papyrus zeichnet sich zwar durch eine erstaunliche Haltbarkeit aus, neigt aber unter dem Einfluss von Feuchtigkeit dazu, sich zu zersetzen und zu verrotten.

Papyrus war in der Antike ein beliebtes Schreibmaterial.
Papyrusstaude im südlichen Afrika

Wesentlich beständiger, allerdings auch deutlich teurer waren Schriftrollen aus Leder, für deren Herstellung die Tierfelle enthaart, gesäubert und gegerbt werden mussten. Um 200 v. Chr. kam mit dem Pergament ein noch feineres, glatteres und helleres Beschreibmaterial aus Tierhaut auf den Markt. Dazu wurde das Fell von Rindern, Ziegen oder Schafen nicht gegerbt, sondern in einer Kalklösung eingeweicht, bevor man Haare, Oberhaut und Fleischreste abschabte. Anschließend wurde die Tierhaut gereinigt, zugeschnitten, gespannt und getrocknet. Am Ende des Herstellungsprozesses stand die Bearbeitung des Materials mit Bimsstein und Kreide, um es zu glätten und zu weißen. Die Zeilen wurden mit einem Bleirad markiert. Das wertvolle Pergament ließ sich bei Bedarf auch ein weiteres Mal verwenden, nachdem man die Tinte vorsichtig abgeschabt hatte. Solche mehrfach beschriebenen Pergamenthandschriften, deren ursprünglicher Inhalt mit moderner Infrarottechnik wieder lesbar gemacht werden kann, bezeichnet man als Palimpseste. Das bekannteste Palimpsest unter den Bibelhandschriften ist der Codex Ephraemi rescriptus aus dem 5. Jh., dessen Text im Mittelalter mit einer asketischen Abhandlung des syrischen Kirchenvaters Ephraem überschrieben wurde. Das in der Pariser Nationalbibliothek verwahrte Manuskript nahm allerdings dadurch Schaden, dass man es im 19. Jh. einer chemischen Behandlung unterzog, um den ursprünglichen Bibeltext wieder zu entziffern. Im Mittelalter trat an Stelle des Pergaments allmählich das Papier, wobei die ersten Bibelhandschriften aus Papier im 12. Jh. entstanden.

Die Schriftrolle war schon ab dem 2. Jh. zunehmend durch den Codex ersetzt und schließlich weitgehend verdrängt worden, auch wenn in den Synagogen bis heute an der Torarolle festgehalten wird. Zur Herstellung eines Codex nahm man einen Stapel von Papyrus- oder Pergamentblättern und faltete ihn in der Mitte. Jedes Blatt wurde auf der Vorder- und Rückseite beschrieben, während man bei der nur auf der Innenseite mit Text versehenen Schriftrolle die Hälfte des zur Verfügung stehenden Platzes verschenkte. Wie wir es heute noch kennen, wurden die aus 16 oder 20 Seiten bestehenden Bögen mit Bindfaden zusammengeheftet und am Ende alle Bögen zu einem Buch gebunden. Die christlichen Bibelhandschriften bzw. die davon erhalten gebliebenen Fragmente zeigen, dass das Christentum von Anfang an die Codexform bevorzugte. Dies dürfte maßgeblich zur schnellen Verbreitung der Bibel beigetragen haben, denn der Codex bot ökonomische und logistische Vorteile. Einerseits wurden die kostbaren Seiten beim Beschreiben voll ausgenutzt. Andererseits entstanden kompakte Bibeln, die sich nicht nur gut transportieren und aufbewahren ließen, sondern auch beim Lesen und Nachschlagen bequemer zu handhaben waren.

Das Alte Testament

Die beiden Teile der christlichen Bibel haben eine unterschiedliche Entstehungsgeschichte. Während die Kirche das Neue Testament eigenständig schuf, verdankt sie das Alte Testament dem Judentum. Nahezu alle alttestamentlichen Schriften wurden von ihren Autoren auf Hebräisch geschrieben. Nur einzelne Passagen der Bücher Esra und Daniel verwenden das Aramäische, das sich nach dem babylonischen Exil (587–539 v. Chr.) unter der Perserherrschaft auch in Palästina ausbreitete und das Hebräische im Alltag allmählich verdrängte. Als Sprache der Heiligen Schrift blieb das Hebräische aber weiterhin in Gebrauch. Der hebräische Text der Antike ist ein Konsonantentext, bei dem die Aussprache der einzelnen Wörter nicht verbindlich geregelt ist.

Um hebräische Bibelhandschriften aus ältester Zeit ist es schlecht bestellt. Keine einzige Schrift des Alten Testaments hat im Original überlebt. Zwischen der ursprünglichen Abfassung und der erstmaligen handschriftlichen Bezeugung liegen meist etliche Jahrhunderte. Der früheste erhaltene Zeuge für den hebräischen Bibeltext ist ein 1979 gefundenes Silberamulett, das um 620 v. Chr. entstand und den aaronitischen Priestersegen aus Numeri 6,24–26 enthält. Der 1902 bekannt gewordene Papyrus Nash aus dem 2. Jh. v. Chr. bietet mit den Zehn Geboten und dem Anfang des jüdischen Glaubensbekenntnisses aus Deuteronomium 6 ebenfalls nur ein Bruchstück des Alten Testaments. Dass die Wissenschaft für umfangreichere Teile des Alten Testaments über handschriftliches Material aus der Antike verfügt, verdankt sich den sensationellen Textfunden von

Der Papyrus Nash galt bis zu den Funden von Qumran ab 1947 als älteste bekannte Bibelhandschrift.

Qumran. In den Höhlen am Toten Meer wurden ab 1947 mehr als 200 Manuskripte solcher Schriften entdeckt, die später Einzug in die hebräische Bibel hielten. Die Handschriften wurden in der Zeit zwischen dem 1. Jh. v. Chr. und dem 1. Jh. n. Chr. angefertigt. Auch wenn die Mehrzahl davon nur noch aus kleineren Fragmenten besteht, können die Funde nicht hoch genug veranschlagt werden. Von herausragender Bedeutung ist die in Höhle 1 entdeckte Jesajarolle mit ihrer fast kompletten Wiedergabe des Prophetenbuches. Die Lederrolle ist knapp acht Meter lang und in einem vorzüglichen Erhaltungszustand. Die Bibelhandschriften aus Qumran verwenden in der Regel die hebräische Quadratschrift, die ihren Namen der Tatsache verdankt, dass sich die Mehrzahl der Buchstaben exakt in ein Quadrat einfügen lässt. Die Quadratschrift ist eigentlich aramäischen Ursprungs und hatte um die Zeitenwende die althebräische Schrift weitgehend verdrängt. Wenn in einigen Qumrantexten noch althebräische Schriftzeichen Verwendung fanden, geschah dies wohl, um den biblischen Texten eine besondere Würde beizulegen. Die ältesten hebräischen Handschriften mit dem vollständigen Alten Testament oder zumindest mit Teilsammlungen daraus stammen erst aus dem frühen Mittelalter. In jener Zeit waren Babylon im Zweistromland und Tiberias am See Gennesaret die Zentren der rabbinischen Gelehrsamkeit. Die im Zeitraum zwischen 800 und 1000 in Tiberias erarbeitete Textversion der hebräischen Bibel, die normativ wurde und auf der alle wissenschaftlichen Editionen beruhen, wird als der masoretische Text bezeichnet. Unter den Masoreten versteht man jüdische Gelehrte, die intensiv mit dem Sammeln, Kopieren und Redigieren von biblischen Handschriften befasst waren. Dabei untergliederten sie die überlieferten Texte in Sinneinheiten und ergänzten sie am oberen wie unteren Rand um kommentierende Erläuterungen, die sogenannte Masora. Außerdem versahen die Masoreten den hebräischen Konsonantentext mit einer Vokalisierung, indem sie für jeden Vokal ein festgelegtes Zeichen aus Punkten oder Strichen unter, über oder neben den betreffenden Buchstaben setzten, auf den der Vokal folgte. Dieses Verfahren, das die Aussprache der Wörter exakt festlegt, bezeichnet man als Punktation. Die erhalten gebliebenen Handschriften des masoretischen Textes gehen direkt oder indirekt auf die beiden Familien Ben Ascher und Ben Naphtali zurück, die sich in Tiberias über viele Generationen hinweg um die Erforschung der heiligen Schriften des Judentums und die Sicherung des Textes für die nachfolgenden Generationen verdient gemacht haben. Auch das in Tiberias entwickelte System der Vokalisierung setzte sich gegenüber dem Konkurrenzmodell aus Babylon durch.

Zu den ältesten erhaltenen Handschriften aus der Schule Ben Aschers zählt der im 9. oder 10. Jh. entstandene Codex Oriental 4445, der in beeindruckender Schönschrift den vokalisierten Text der Tora bietet. Meist in das Jahr 895 wird der von Mose ben Ascher in Tiberias angefertigte Kairoer Prophetencodex datiert. Er verdankt seinen Namen der Aufbewahrung in der Kairoer Karäersynagoge und umfasst den hebräischen Text der Prophetenbücher, zu denen im Judentum auch das Josuabuch, das Buch der Richter, die Samuelbücher und die Königsbücher gerechnet werden. Der 916 niedergeschriebene Petersburger Prophetencodex mit Jesaja, Jeremia, Ezechiel und dem Zwölfprophetenbuch bietet zwar das von babylonischen Gelehrten entwickelte System der Vokalisation, folgt aber im Text ebenfalls den Masoreten von Tiberias. Ungefähr zur selben Zeit, nämlich zwischen 900 und 925, entstand in Tiberias der in der Ben-Ascher-Tradition stehende Codex von Aleppo, der seit dem 14. Jh. in der Joabsynagoge der im Norden Syriens gelegenen Stadt verwahrt wurde. Er bot das komplette Alte Testament und stand bereits bei den mittelalterlichen jüdischen Gelehrten in hohem Ansehen. Als die Vollversammlung der Vereinten Nationen Ende November 1947 der Teilung Palästinas und Gründung des Staates Israel zustimmte, kam es in vielen Nachbarländern zu antijüdischen Ausschreitungen. In Aleppo gingen während eines verheerenden Pogroms die Synagogen in Flammen auf. Dabei wurde die wertvolle Handschrift beschädigt und konnte nur gut zur Hälfte gerettet werden. Heute befindet sie sich im Israel Museum in Jerusalem. Die Hoffnung, dass die abhandengekommenen Textteile nochmals auftauchen könnten, ist gering. Sie fielen wohl den Flammen zum Opfer. Es gibt aber auch Spekulationen, dass der Codex von Alep-

Die in Höhle 1 in Qumran entdeckte Jesajarolle aus dem 1. Jh. v. Chr. gibt das Prophetenbuch beinahe komplett wieder.

Der Codex von Aleppo war bis zu seiner Beschädigung im Jahr 1947 das älteste vollständige Manuskript der masoretischen hebräischen Bibel.

po in Wahrheit unbeschadet in Israel ankam und die verschollenen Teile auf den illegalen Antiquitätenmarkt gelangten.

Durch den teilweisen Verlust des Codex von Aleppo wurde der Codex Leningradensis, den der Gelehrte Samuel ben Jakob wohl 1008 auf der Grundlage korrigierter Handschriften des Aaron ben Mosche ben Ascher angefertigt hat, zum ältesten noch vollständigen Textzeugen für die hebräische Bibel. Im Jahr 1863 gelangte der Codex in den Besitz der Russischen Nationalbibliothek von Sankt Petersburg, das ab 1924 zu Ehren von Wladimir Iljitsch Lenin, dem Begründer der Sowjetunion, den Namen Leningrad trug. Dadurch etablierte sich Ende der 1920er-Jahre die Bezeichnung der Bibelhandschrift als Codex Leningradensis. Seit der 1991 vollzogenen Rückbenennung der Stadt in Sankt Petersburg spricht man zuweilen statt vom Codex Leningradensis auch vom Codex Petropolitanus. Dies stiftet allerdings erhebliche Verwirrung und birgt zudem die Gefahr einer Verwechslung mit dem Petersburger Prophetencodex, für den sich in der Bibelwissenschaft schon im späten 19. Jh. die Bezeichnung Codex Petropolitanus eingebürgert hat.

Das Neue Testament

Alle 27 Bücher des Neuen Testaments sind von ihren Autoren in griechischer Sprache niedergeschrieben worden. Wie beim Alten Testament ist allerdings auch hier von keiner einzigen Schrift das Original erhalten geblieben. Wir verfügen nur über handschriftliche Kopien aus späterer Zeit, wobei die ersten Textzeugen mit dem vollständigen Neuen Testament aus dem 4. Jh. stammen. Dafür sind zwei Faktoren verantwortlich: Erstens wurde in der Frühzeit der Kirche für die Anfertigung von Bibelhandschriften Papyrus verwendet, der vergleichsweise preiswert war, aber schneller verrottete als Leder oder Pergament. Zweitens kam es im Zuge der großen Christenverfolgungen vor der Konstantinischen Wende in beträchtlichem Umfang zur Vernichtung von Bibelhandschriften. Die altkirchlichen Quellen benennen als eigenständige Gruppe unter den abtrünnig gewordenen Gläubigen die Traditores, die Auslieferer heiliger Gegenstände. Bei diesem Personenkreis handelt es sich um Christen, die in Zeiten der Verfolgung den staatlichen Behörden bereitwillig Bibelhandschriften aushändigten und der Zerstörung preisgaben.

Die frühesten neutestamentlichen Handschriften sind Papyri aus dem 2. und 3. Jh., die aber nur einzelne Schriften oder Schriftengruppen des Neuen Testaments umfassen und zudem in der Regel stark beschädigt sind. Der vermutlich um 125 entstandene Papyrus 52 bietet als der älteste erhaltene Textzeuge für das Neue Testament nur wenige Sätze aus Joh 18. Das beidseitig beschriebene Fragment mit den Maßen von 9 x 6 cm ist das einzige Überbleibsel einer Handschrift, die einst das gesamte Johannesevangelium beinhaltete. Von herausragender Bedeutung unter den alten Papyrushandschriften sind die Bodmer-Papyri 66 und 75 aus der Zeit um 200, die weite Teile des Johannesevangeliums und des Lukasevangeliums bieten, und der ungefähr zeitgleich entstandene Chester-Beatty-Papyrus 46, der umfangreiche Abschnitte der Paulusbriefsammlung überliefert. Ab dem 4. Jh. setzte sich zunehmend Pergament als Beschreibstoff durch. Der Siegeszug des im Vergleich zu Papyrus wesentlich beständigeren, aber auch deutlich teu-

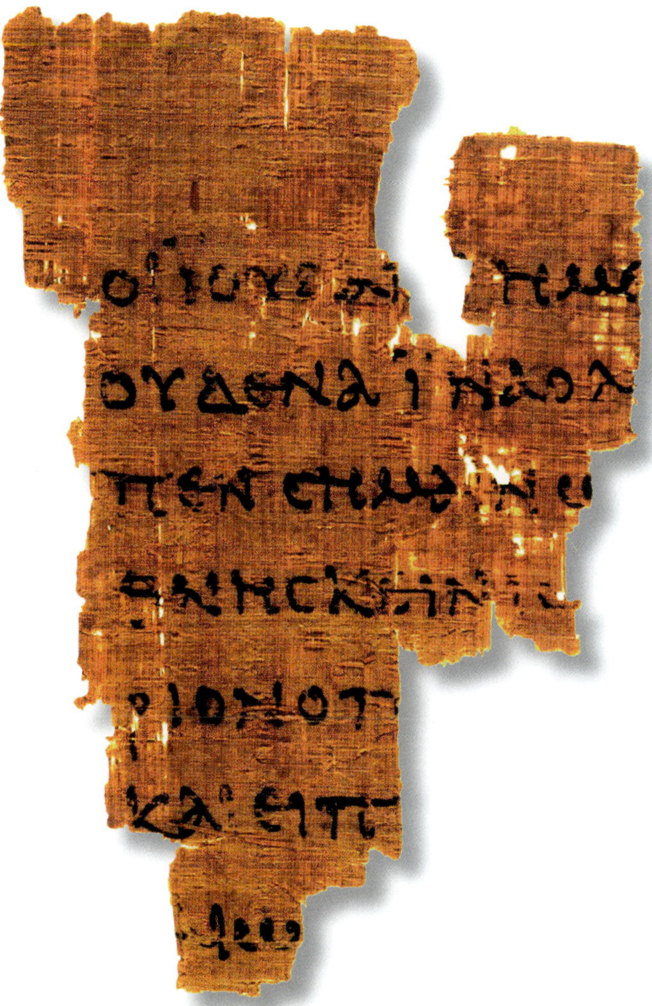

Der 1920 auf einem Markt in Ägypten entdeckte Papyrus 52 gilt als das älteste bekannte Fragment eines kanonischen Textes des Neuen Testaments.

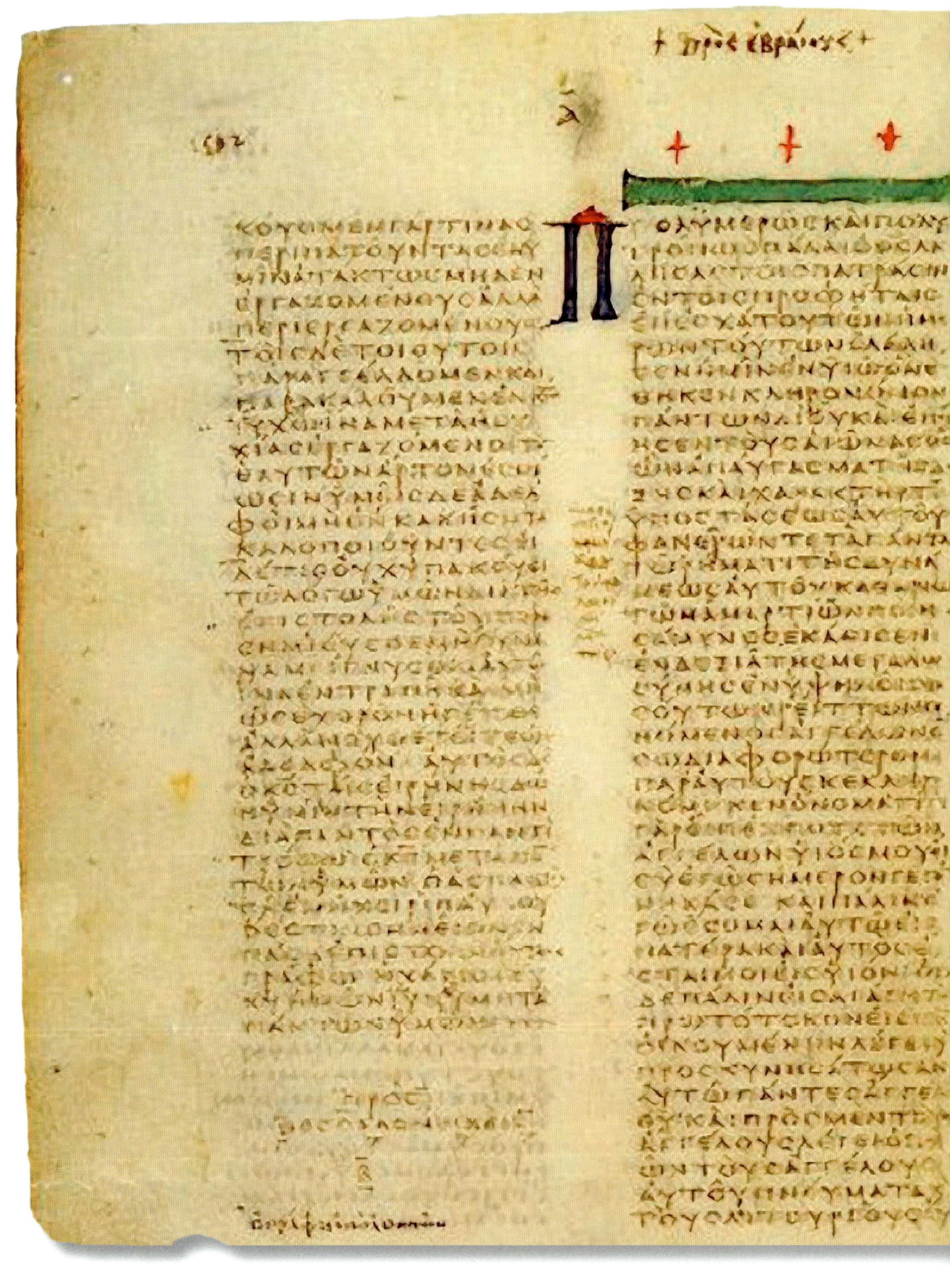

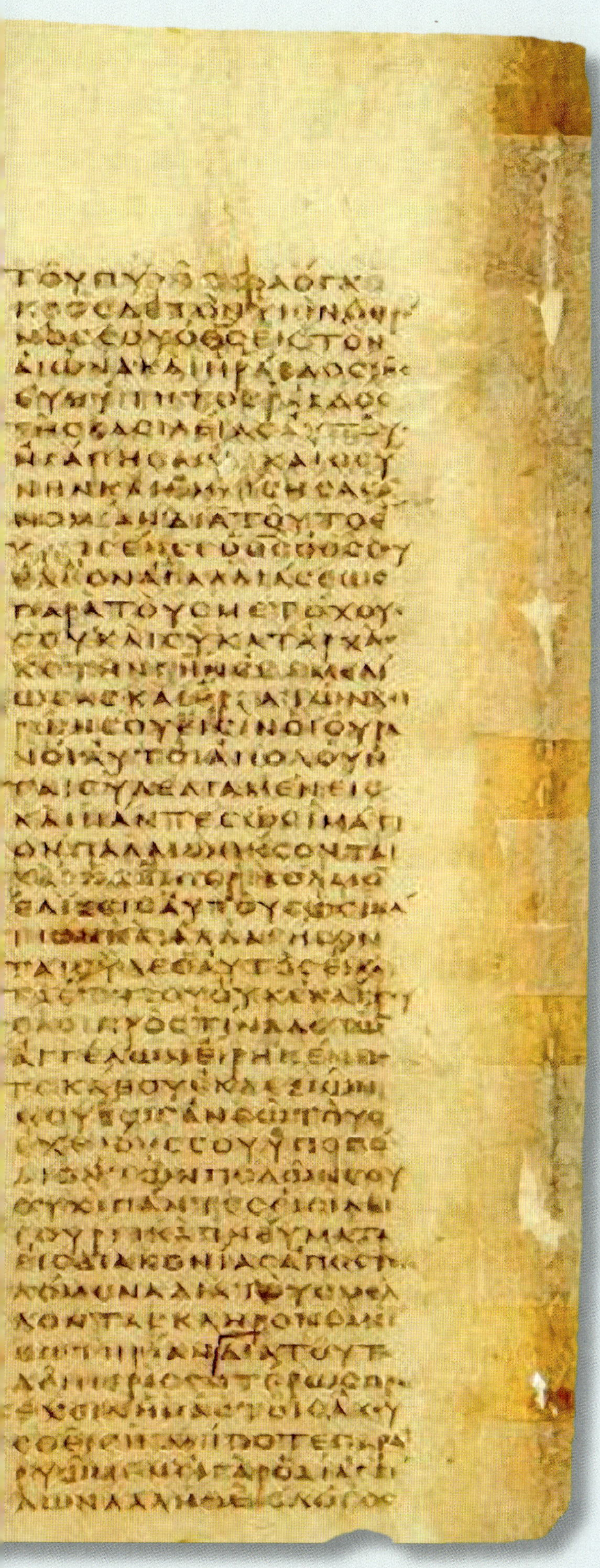

reren Pergaments hängt nicht zuletzt mit der Konstantinischen Wende zusammen, die das zuvor unter Kaiser Diokletian noch verfolgte Christentum zur privilegierten Religion im Römischen Reich werden ließ. Dank der stark ansteigenden Zahl der Gläubigen und der Förderung des Christentums durch den Staat verfügten die meisten Gemeinden nun über die finanziellen Mittel, Pergamenthandschriften anzuschaffen. Die unzähligen Bibelhandschriften, die in der diokletianischen Christenverfolgung vernichtet worden waren, mussten ersetzt werden, und gleichzeitig entstand durch die wachsende Zahl der Gemeinden ein vermehrter Bedarf an Bibeln. Vor diesem Hintergrund gab Kaiser Konstantin im Jahr 330 anlässlich der formellen Einweihung seiner neuen Reichshauptstadt Konstantinopel 50 Bibeln auf Staatskosten in Auftrag. Bischof Eusebius von Cäsarea organisierte im Auftrag des Kaisers die Anfertigung dieser Bibeln, die sich in christlichen Skriptorien vollzog.

Zu den von Konstantin finanzierten Bibeln zählten wahrscheinlich der Codex Sinaiticus und der Codex Vaticanus, die beide aus dem 4. Jh. stammen. Es handelt sich um Vollbibeln aus Pergament, die neben dem Neuen Testament auch das Alte Testament in der griechischen Übersetzung der Septuaginta umfassen. Der Codex Sinaiticus wurde im 19. Jh. von Konstantin Tischendorf unter spektakulären Begleitumständen, von denen im nächsten Kapitel die Rede sein soll, im Katharinenkloster auf dem Sinai entdeckt. Bei der Anfertigung der Handschrift waren mindestens drei verschiedene Kopisten am Werk. Während Teile des Alten Testaments fehlen, ist das Neue Testament vollständig erhalten geblieben. Der Codex Vaticanus wird seit 1475 im Inventarverzeichnis der Bibliothek des Vatikans geführt. Darüber, wie er aus dem Osten nach Rom gekommen sein könnte, gibt es keine gesicherten Erkenntnisse. Vermutlich handelte es sich um ein Gastgeschenk an Papst Eugen IV., das er anlässlich des Konzils von Ferrara und Florenz (1438–1445) empfing. Überbracht wurde es wohl von der Delegation der Ostkirchen, die unter Führung des griechischen Theologen Bessarion an den

Seite aus dem Codex Vaticanus mit dem Ende des Zweiten Thessalonicherbriefs und dem Anfang des Hebräerbriefs

Verhandlungen teilnahm. Der Codex fristete lange Zeit ein Schattendasein, bis man um 1800 seine Bedeutung für die Rekonstruktion des ursprünglichen Bibeltextes erkannte. Er ist von seiner Textqualität her sogar noch etwas höher als der Codex Sinaiticus einzuschätzen, weist allerdings in einzelnen Teilen des Neuen Testaments wie den Paulusbriefen oder dem Hebräerbrief erhebliche Beschädigungen auf. Bei beiden Handschriften handelt es sich um Majuskeln, in denen die griechischen Wörter in Großbuchstaben und als Fließtext ohne Zwischenabstände geschrieben werden. Die griechische Minuskelschrift, die Kleinbuchstaben und Akzente verwendet, setzte sich erst im 9. Jh. durch. Die älteste neutestamentliche Minuskel ist eine in Sankt Petersburg aufbewahrte Evangelienhandschrift aus dem Jahr 835.

Entstehung des alttestamentlichen Bibelkanons

Die christliche Bibel zerfällt in das Alte und Neue Testament, die Schriften des sogenannten alten und neuen Bundes. Zuweilen wird aber auch vom Ers-

Nach der Zerstörung des Jerusalemer Tempels im Jahr 70 n. Chr. konstituierte sich das Judentum im Lehrhaus von Jabne neu. Gemälde von Francesco Hayez aus dem Jahr 1867

ten und Zweiten Testament gesprochen, um einer Abwertung der heiligen Schriften des Judentums als alt im Sinne von überholt entgegenzuwirken. Die in sich geschlossene Sammlung jener alt- und neutestamentlichen Schriften, die aufgrund bestimmter Auswahlkriterien verbindliche Autorität für die Kirche gewonnen haben, bezeichnet man seit dem 4. Jh. als Kanon. Dieses aus dem Griechischen stammende Wort bedeutet so viel wie Maßstab oder Richtschnur. Bei der Festlegung des Bibelkanons ging es darum, an welchen Schriften sich der christliche Glaube ausrichten soll.

Den Kanon des Alten Testaments hat das Christentum vom Judentum übernommen. In der römisch-katholischen Kirche wurde das Alte Testament im Umfang der als Vulgata bezeichneten lateinischen Bibel kanonisch. Diese enthält neben den Büchern der hebräischen Bibel noch weitere Schriften aus spätalttestamentlicher Zeit. Die Kirchen der Reformation erklärten dagegen das Alte Testament im Umfang der hebräischen Bibel zur Heiligen Schrift. Die von der Vulgata zusätzlich überlieferten Bücher wurden aus dem Kanon ausgeschieden und als Apokryphen bezeichnet. Die hebräische Bibel weist

eine dreiteilige Gliederung in Tora (Gesetz), Nebiim (Propheten) und Ketubim (Schriften) auf. Daraus entstand das aus den Anfangsbuchstaben der drei Teile abgeleitete Kunstwort Tanach als geläufige Bezeichnung für die heiligen Schriften des Judentums. Die christlichen Bibeln gliedern das Alte Testament dagegen in die vier Teile Pentateuch, Geschichtsbücher, Weisheitsbücher und Psalmen sowie Bücher der Prophetie. Nicht selten, etwa in der Lutherbibel, wird der Pentateuch auch einfach zu den Geschichtsbüchern gezählt.

Die aus den fünf Büchern Mose bestehende Tora, der Pentateuch, gewann bald nach dem babylonischen Exil ihre heutige Gestalt und ist damit der älteste Baustein des Tanachs. Die Zusammenstellung der Nebiim, die neben den eigentlichen Prophetenbüchern auch das Josuabuch, das Richterbuch, die Samuelbücher und die Königsbücher umfassen, kam wohl im 3. Jh. v. Chr. zum Abschluss. Zur Sammlung der Ketubim gehören neben der poetischen und weisheitlichen Literatur (Psalmen, Hiob, Proverbien, Hohelied, Kohelet) auch Werke, die im christlichen Alten Testament unter die Geschichtsbücher (Rut, Ester, Esra, Nehemia, 1–2 Chronik) oder die Bücher der Prophetie (Klagelieder Jeremias, Daniel) gerechnet werden. Diese Sammlung hat im 1. Jh. n. Chr. feste Konturen angenommen. Nur wenige Bücher wie Ester, Kohelet oder das Hohelied waren hinsichtlich ihrer Kanonizität noch umstritten. Der letztgültige Umfang der Ketubim wurde im frühen 2. Jh. n. Chr. durch die Rabbinen festgelegt. Dies geschah im Lehrhaus von Jabne, wo sich das Judentum nach der Katastrophe der Tempelzerstörung 70 n. Chr. unter Führung der Pharisäer neu konstituierte. Im Judentum besitzen die drei Teile des Tanachs eine abgestufte Autorität. Die Tora stellt das uneingeschränkte Fundament dar und wird im Rahmen einer fortlaufenden Lesung beim Sabbatgottesdienst in der Synagoge vorgetragen. Die Bücher der Nebiim gelten als Kommentare zur Tora. Aus ihnen werden für die liturgische Lesung solche Abschnitte ausgewählt, die den Kommentarcharakter besonders unterstreichen. Aus der Gruppe der Ketubim kommt neben den Psalmen vor allem den fünf Megillot (Festrollen), unter denen man die Bücher Rut (Wochenfest), Hohelied (Pessachfest), Kohelet (Laubhüttenfest), Klagelieder (Gedenktag der Tempelzerstörung) und Ester (Purimfest) versteht, Bedeutung im Synagogengottesdienst zu.

In den Tagen Jesu war im Judentum noch nicht einheitlich geregelt, welche Teile der im Werden begriffenen hebräischen Bibel als Heilige Schrift betrachtet werden sollten. Die auf den Tempelkult fokussierten Sadduzäer stützten sich allein auf die Tora. Bei anderen religiösen Gruppierungen des Judentums wie den Pharisäern und den Essenern hatten über die Tora hinaus auch schon die „Propheten" und die Mehrzahl jener Bücher, die in die Sammlung der „Schriften" Eingang fanden, autoritative Geltung. Daneben genossen aber auch Werke wie das Weisheitsbuch des Jesus Sirach, die Henochbücher, das Jubiläenbuch oder die Himmelfahrt Moses, die sich später nicht in der hebräischen Bibel etablieren konnten, hohes Ansehen. Nach heutiger Zählung umfasst die hebräische Bibel 39 Bücher. In alten Quellen wird dagegen seit der Zeit um 100 n. Chr. ihre Zahl mit 22 oder 24 angegeben. Durch die erstmals bei dem jüdischen Geschichtsschreiber Josephus erwähnte Tradition von den 22 Büchern soll die besondere Heiligkeit und Perfektion des Alten Testaments zum Ausdruck gebracht werden, da die Zahl der heiligen Schriften exakt der Zahl der Buchstaben des hebräischen Alphabets entspricht. Auch die im vierten Esrabuch für die heiligen Bücher des Judentums belegte Zahl 24 ist symbolträchtig. Sie entsteht, wenn man die Grundzahlen von eins bis vier miteinander multipliziert, und versinnbildlicht höchste Vollkommenheit. Um für die alttestamentlichen Bücher auf die Zahl 22 oder 24 zu kommen, müssen inhaltlich zusammengehörige Schriften als ein Buch gezählt werden, beispielsweise die fünf Bücher Mose als das Gesetz und die zwölf kleinen Propheten als das Zwölfprophetenbuch.

Die Festlegung des neutestamentlichen Bibelkanons

Auch die Entstehung und Festlegung des neutestamentlichen Kanons war ein längerer Prozess, der sich bis in das 4. Jh. hinzog. Jedes der 27 Bücher des Neuen Testaments wurde als Einzelschrift verfasst und stellte ursprünglich eine Einheit für sich dar. Keiner der neutestamentlichen Autoren konnte damit rechnen, dass sein Werk einmal die Zeiten überdauern und Bestandteil einer Bibel werden würde. Der neutestamentliche Kanon ist das Ergebnis eines Wachstums, das sich in mehreren Etappen vollzog. Zunächst bildeten sich durch die Zusammenstellung verwandter Schriften in Gruppen mehrere Keimzellen heraus, die dann ihrerseits am Ende zum Kanon verschmolzen. Vier solcher Keimzellen des neutestamentlichen Bibelkanons lassen sich benennen.

Die erste wichtige Etappe auf dem Weg zur Kanonbildung bestand darin, dass man in den Gemeinden Paulusbriefe sammelte und weitergab. Neben den 13 unter dem Namen des Paulus überlieferten Briefen wurde dazu meist auch der Hebräerbrief gerechnet, der keine Angaben zu seinem Verfasser macht. Der Inhalt der eigentlich nur an bestimmte Gemeinden oder Personen gerichteten Briefe des Apostels Paulus wurde im frühen Christentum als derart bedeutsam betrachtet, dass er auch außerhalb des eigentlichen Adressatenkreises Verbreitung finden sollte. Am Ende des Kolosser-

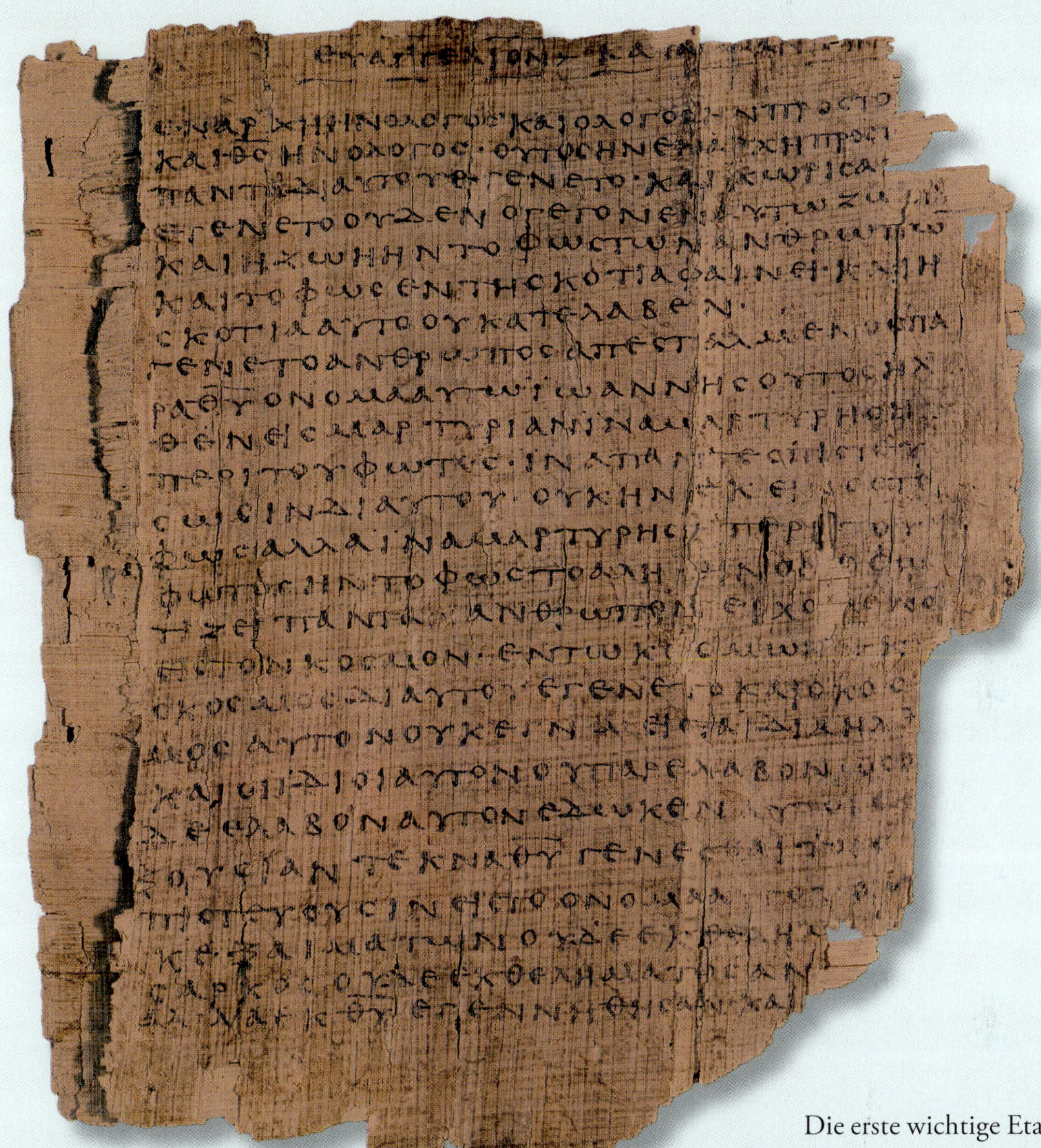

Der 1952 in Ägypten gefundene Papyrus 66 Bodmer ist neben dem Papyrus 52 das älteste Zeugnis des Johannesevangeliums.

Hebräische Bibel (Tanach)	Altes Testament	
TORA („GESETZ“)	PENTATEUCH	
Genesis (Bereschit [„Im Anfang“])	Genesis (1 Mose)	
Exodus (Schemot [„Namen“])	Exodus (2 Mose)	
Levitikus (Wajikra [„Und er rief“])	Levitikus (3 Mose)	
Numeri (Bemidbar [„In der Wüste“])	Numeri (4 Mose)	
Deuteronomium (Devarim [„Worte“])	Deuteronomium (5 Mose)	
NEBIIM („PROPHETEN“)	GESCHICHTSBÜCHER	
Josua	Josua	
Richter	Richter	
1–2 Samuel	Rut	
1–2 Könige	1–2 Samuel	
Jesaja	1–2 Könige	
Jeremia	1–2 Chronik	
Ezechiel	Esra	
Hosea	Nehemia	
Joel	*Tobit*[*]	
Amos	*Judit*[*]	
Obadja	Ester (+ *Zusätze*[*])	
Jona	*1–2 Makkabäer*[*]	
Micha	WEISHEITLICHE UND POETISCHE SCHRIFTEN	
Nahum	Hiob	
Habakuk	Psalmen	
Zefanja	Sprüche (Proverbia)	
Haggai	Kohelet (Prediger Salomo)	
Sacharja	Hohelied	
Maleachi	*Weisheit Salomos*[*]	
KETUBIM („SCHRIFTEN“)	*Jesus Sirach*[*]	
Psalmen (Tehillim)	PROPHETENBÜCHER	
Hiob	Jesaja	
Sprüche (Mischle)	Jeremia	
Rut	Klagelieder Jeremias	
Hohelied	*Baruch (einschließlich Brief des Jeremia)*[*]	
Kohelet	Ezechiel	
Klagelieder	Daniel (+ *Zusätze*[*])	
Ester	Hosea	
Daniel	Joel	
Esra	Amos	
Nehemia	Obadja	
1–2 Chronik	Jona	Zefanja
	Micha	Haggai
	Nahum	Sacharja
	Habakuk	Maleachi

[*] *Diese Bücher bzw. Zusätze zählen in den Kirchen der Reformation zu den alttestamentlichen Apokryphen.*

briefes fordert der Autor ausdrücklich dazu auf, sein Schreiben auch der Nachbargemeinde in Laodizea zugänglich zu machen und sich umgekehrt eine Kopie des an die dortige Gemeinde gerichteten Briefes zu besorgen, der allerdings nicht erhalten blieb. Wer einen Brief vom Apostel Paulus empfangen hatte, bewahrte ihn demnach nicht nur sorgfältig auf, sondern tauschte ihn auch mit benachbarten Gemeinden aus, die Abschriften davon anfertigten. Dies führte dazu, dass viele Kirchengemeinden bald über ein mehr oder weniger umfangreiches Archiv von Paulusbriefen verfügten. Etwa um die Mitte des 2. Jh.s war die Sammlung jener 13 Briefe vollständig, die den Anspruch erheben, von Paulus verfasst worden zu sein. In Kirchengebieten, in denen man auch den Hebräerbrief für ein Schreiben des Paulus hielt und zu den heiligen Schriften rechnete, wurde er als 14. Brief angehängt. Im 2. Jh. begann man parallel zu dieser Entwicklung damit, auch Evangelien zu sammeln und zusammenzustellen. Gemeinden, die zunächst nur ein Evangelium kannten oder benutzten, besorgten sich nun Abschriften weiterer Evangelien. Bald kursierten in den Verbreitungsgebieten des frühen Christentums Handschriften mit unseren vier Evangelien, denen man häufig ergänzend die Apostelgeschichte des Lukas beifügte. Eine dritte Keimzelle des neutestamentlichen Bibelkanons ist die Sammlung von sieben sogenannten katholischen Briefen. „Katholisch" ist hier in dem Sinn gemeint, dass diese Briefe an die gesamte Kirche gerichtet sind. Man versteht darunter den Jakobusbrief, die beiden Petrusbriefe, die drei Johannesbriefe und den Judasbrief. Die letzte Keimzelle des neutestamentlichen Kanons betrifft die literarische Gattung der Apokalypse. Als kanonisch konnte sich von den vielen apokalyptischen Schriften des Urchristentums letztendlich aber nur die Johannesoffenbarung durchsetzen.

Aus diesen vier Keimzellen bildete sich in der zweiten Hälfte des 2. Jh.s ein neutestamentlicher Bibelkanon heraus, über dessen exakten Umfang allerdings im Blick auf den Hebräerbrief, einzelne katholische Briefe, die Johannesoffenbarung und etliche Schriften, die heute zu den Neutestamentlichen Apokryphen oder Apostolischen Vätern zählen, noch Uneinigkeit herrschte. Der Kanon Muratori aus Rom, ein in lateinischer Sprache geschriebenes und auf ein griechisches Original aus der Zeit um 200 zurückgehendes Verzeichnis der neutestamentlichen Schriften, listet mit dem Judasbrief und den ersten beiden Johannesbriefen nur drei katholische Briefe auf. Umgekehrt standen in vielen Kirchengebieten auch heute ins Abseits geratene Werke wie der Barnabasbrief, die beiden Clemensbriefe, die Petrusapokalypse, der Hirt des Hermas oder die Paulusakten im Ansehen heiliger Schriften, ohne dass sie sich dauerhaft im Bibelkanon etablieren konnten. Ende des 4. Jh.s hatte, wie der 39. Osterfestbrief des Athanasius von Alexandria zeigt, die zweiteilige christliche Bibel weitestgehend ihre heutige Gestalt angenommen. An dem aus 27 Schriften bestehenden Kanon des Neuen Testaments wurde nicht mehr gerüttelt, auch wenn es noch vereinzelte Nachhutgefechte um die Johannesoffenbarung gab, die bis ins frühe Mittelalter in einigen Kirchengebieten auf Ablehnung stieß. Der exakte Umfang des Alten Testaments bleibt allerdings bis heute unter den christlichen Kirchen strittig. Einig ist man sich aber darin, dass alle Bücher der hebräischen Bibel zur Heiligen Schrift zählen sollen, auch das bei Athanasius und anderen Kirchenvätern noch nicht zum Kanon gerechnete Buch Ester.

Andere Bibeln des frühen Christentums

Die Vorstellungen darüber, was als Heilige Schrift gelten sollte, gingen in der Frühzeit der Kirche weit auseinander. Die kanonisch gewordene Bibel aus Altem und Neuem Testament war keineswegs überall anerkannt. Das konsequent an der Tora und den übrigen heiligen Schriften Israels festhaltende Judenchristentum lehnte den Apostel Paulus wegen seiner freizügigen Haltung gegenüber dem Mosegesetz entschieden ab. Zudem verfügte das Judenchristentum über eigene Evangelien wie das Nazaräerevangelium, das Hebräerevangelium oder das Ebionäerevangelium, die verloren gingen und von denen wir nur aus Nachrichten der Kirchenväter eine ungefähre Vorstellung haben. Der aus der Gemeinde von Rom ausgeschlossene Schiffskaufmann Markion verordnete dagegen Mitte des 2. Jh.s seiner sehr erfolgreichen

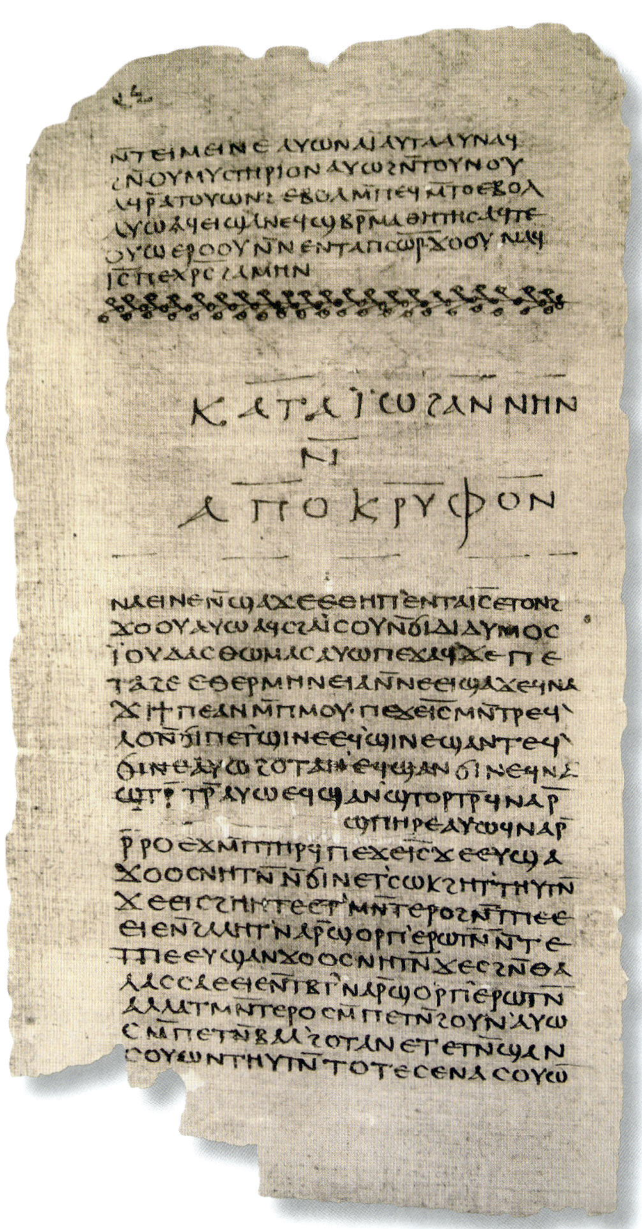

Das in koptischer Sprache verfasste apokryphe Thomasevangelium wurde neben zahlreichen anderen gnostischen Schriften bei Nag Hammadi entdeckt. Die Seite zeigt das Ende des Apokryphon des Johannes und den Beginn des Thomasevangeliums.

Gegenkirche eine Bibel, die nur aus dem Lukasevangelium und zehn Paulusbriefen bestand. Diese Schriften musste er noch von angeblichen Zusätzen judenchristlicher „Lügenapostel" reinigen, womit die Bibeltexte der Willkür ausgeliefert waren und massiv verfälscht wurden. Markion unterschied zwischen einem niederen Gott, der die Welt geschaffen habe und die jüdische Gerechtigkeit der Wiedervergeltung fordere, und einem höchsten Gott, der den Menschen unbekannt gewesen sei, bis er sich in Jesus Christus offenbarte. Das Alte Testament als ein vermeintlich nur vom grausamen und rachgierigen Schöpfergott zeugendes Buch des Gesetzes konnte daher im Bibelkanon Markions keinerlei Platz haben.

Einen speziellen Kanon heiliger Schriften besaßen die christlichen Gnostiker, die ebenfalls mit zwei unterschiedlichen Gottheiten rechneten. Sie betrachteten die Welt als einen Ort der Finsternis und sahen das Heil darin, der im menschlichen Körper eingesperrten und nach Erlösung lechzenden göttlichen Seele den Aufstieg in den Himmel zu ermöglichen. Den biblischen Schöpfungsbericht interpretierten die Gnostiker in ihrem Sinne um. Die Weisheit habe ohne Mitwirken des höchsten Gottes oder gegen seinen erklärten Willen den Weltschöpfer hervorgebracht, der abwertend als Handwerker (Demiurg) bezeichnet wird. Der Schöpfergott des Alten Testaments stellt damit für die Gnostiker eine untergeordnete und negativ besetzte Gottheit dar, die für die böse Welt verantwortlich ist. Aus dem Neuen Testament bevorzugten die Gnostiker das Johannesevangelium, weil es mit seinem Dualismus von Licht und Finsternis ihrem Denken entgegenkam, und die Paulusbriefe, die sie in ihrem Sinne auslegten. Daneben hatten sie eine Vielzahl eigener Offenbarungsschriften. Im Dezember 1945 gruben ägyptische Bauern in der Nähe des Ortes Nag Hammadi einen Tonkrug aus, der 13 in Leder gebundene Papyrusbücher aus dem 4. Jh. mit mehr als 50 gnostischen Schriften enthielt. Vermutlich stammen die Bücher aus dem unweit von Nag Hammadi gelegenen Kloster Chenoboskeia, wo man sie aus der Bibliothek aussonderte und in sicherer Entfernung vergrub, um nicht ins Visier der Ketzerbekämpfer zu geraten. Im Blick auf die Literaturgattungen Evangelium, Geschichtswerk, Brief und Apokalypse weist die Textsammlung von Nag Hammadi Übereinstimmungen mit dem Neuen Testament auf. Sie enthält mehrere Evangelien, darunter das Thomasevangelium und das Philippusevangelium. Zudem sind eine mit der Apostelgeschichte vergleichbare Schrift mit dem Titel *Taten des Petrus und der zwölf Apostel*, zwei angeblich von Jakobus und Philippus verfasste Apostelbriefe und etliche Apokalypsen vertreten. Das Schriftenkorpus von Nag Hammadi kann in gnostischen Gemeinden als „Bibel der Häretiker" durchaus die gleiche Autorität besessen haben wie die kanonische Bibel in den rechtgläubigen Gemeinden. Als das von der Großkirche repräsentierte Christentum infolge der Konstantinischen Wende zur staatstragenden Religion wurde, nutzte es die neugewonnene Macht, um Gegenkirchen und Andersgläubige rigoros zu bekämpfen. Mit dem Untergang der judenchristlichen, markionitischen und gnostischen Gemeinden verschwanden auch ihre Bibeln von der Bildfläche.

Rekonstruktion des Bibeltextes

Der Bibeltext galt in den ersten Jahrhunderten keineswegs als unantastbar. Dies betrifft sowohl das Judentum in seinem Umgang mit den Schriften der hebräischen Bibel als auch das Christentum in seiner Behandlung der Bücher des Neuen Testaments. Die Kopisten sind nicht immer penibel ihren Vorlagen gefolgt, sondern haben sich die Freiheit genommen, den überlieferten Text durch Kürzungen, Glättungen, Ergänzungen oder Kommentare zu verändern, ohne dies kenntlich zu machen. Hinzu kommen Abschreibfehler oder versehentliche Auslassungen. So konnte sich der Bibeltext zunächst frei entfalten. Der Kirchenvater Origenes beklagt im frühen 3. Jh. in seinem Matthäuskommentar die großen Unterschiede in den Bibelhandschriften, welche die Kopisten durch nachlässiges Arbeiten oder unverfrorene Eingriffe in den Text verursacht hätten. Sowohl im Judentum als auch im Christentum herrschte lange Zeit ein buntes Nebeneinander unterschiedlicher Textfamilien, die jeweils aus einer Mutterhandschrift und ihren Abschriften bestanden.

Erst im Laufe der Zeit bildeten sich einheitlichere Texttypen heraus und gewannen allgemeine Akzeptanz. Im Judentum wurde durch die Arbeit der Masoreten von Tiberias im 10. Jh. eine Art Mustertext der hebräischen Bibel geschaffen, der fortan allen Kopien zugrunde lag. Im Christentum setzte sich im frühen Mittelalter eine griechische Textform durch, die als byzantinischer Reichstext bezeichnet wird, weil sie im gesamten byzantinischen Herrschaftsgebiet mehr oder weniger zur Normalform des neutestamentlichen Bibeltextes wurde. Da diese Textform von der überwältigenden Mehrheit der mittelalterlichen Bibelhandschriften geboten wird und allgemein verbreitet war, spricht man auch vom Mehrheits- oder Koinetext. Heute weiß man, dass weder die hebräische Bibel der Masoreten in allen Teilen dem ursprünglichen Wortlaut des Alten Testaments entspricht noch der byzantinische Reichstext durchweg den ursprünglichen Wortlaut der neutestamentlichen Schriften bewahrt hat. Anstatt diesen im Mittelalter im Judentum bzw. Christentum normativ gewordenen Texttypen blind zu folgen, stellt sich die Aufgabe, aus dem Gesamtbestand der erhalten gebliebenen und zum Teil erheblich voneinander abweichenden handschriftlichen Zeugen für den Bibeltext dessen ursprüngliche Form zu rekonstruieren. Dabei zeigt sich, dass die Urgestalt des Bibeltextes zwar verloren ging, man ihr aber durch eine textwissenschaftliche Analyse der alten Bibelhandschriften recht nahe kommen kann. In diesem Punkt beschreiten die alttestamentliche und die neutestamentliche Bibelwissenschaft allerdings unterschiedliche Wege.

Bei den wissenschaftlichen Textausgaben der hebräischen Bibel wird das Verfahren angewandt, eine als besonders zuverlässig geltende Handschrift auszuwählen und ihren Text einschließlich seiner Unzulänglichkeiten möglichst originalgetreu wiederzugeben. Die bekannteste wissenschaftliche Standardausgabe für den hebräischen Urtext des Alten Testaments ist die Biblia Hebraica Stuttgartensia, die von der Deutschen Bibelgesellschaft in Stuttgart herausgegeben wird und die Basis für die meisten fremdsprachigen Übersetzungen des Alten Testamentes bildet. Sie druckt, ebenso wie die seit 2004 im Erscheinen befindliche Biblia Hebraica Quinta, den Text des Codex Leningradensis aus dem Jahr 1008 ab. Da dieser an etlichen Stellen durch Textverderbnis, Abschreibfehler oder absichtliche Veränderungen verfälscht wurde, finden sich im Fußnotenbereich der Biblia Hebraica Stuttgartensia wie auch der Biblia Hebraica Quinta Alternativlesarten aus anderen Textzeugen und konkrete Verbesserungsvorschläge, mit deren Hilfe der Codex Leningradensis korrigiert werden kann. Zu den ergänzend herangezogenen Textzeugen zählen die alttestamentlichen Textfunde aus Qumran und die weiteren Bibelhandschriften der Masoreten von Tiberias, aber auch der Pentateuch der Samaritaner, die sich schon in vorchristlicher Zeit vom Judentum abgespalten haben. Hinzu kommen frühe Übersetzungen des Alten Testaments ins Griechische, Aramäische, Syrische und Lateinische. Es ist nämlich immer auch mit der Möglichkeit zu rechnen, dass den jeweiligen Übersetzern hebräische Bibelhandschriften mit einem besseren Text zur Verfügung standen, als der Codex Leningradensis ihn bietet. Ergeben an umstrittenen Stellen weder die hebräischen Textzeugen noch eine der alten Übersetzungen einen erkennbaren Sinn, so ist als letztes Mittel auch eine dem Kontext Rechnung tragende Änderung des Textes erlaubt. Dieses Vorgehen bezeichnet man als Konjektur. Die in Jerusalem herausgegebene Hebrew University Bible, von der erste Teilbände aus dem Bereich der prophetischen Bücher vorliegen, löst sich dagegen vom Codex Leningradensis und druckt den Text des Codex von Aleppo ab, dessen fehlende Teile jedoch ein Problem darstellen.

Einen anderen Ansatz verfolgt die neutestamentliche Wissenschaft. Sie bedient sich des eklektischen, also auswählenden Verfahrens und erstellt aus den ungefähr 5500 überlieferten Handschriften oder Handschriftenfragmenten des Neuen Testaments einen künstlichen Text, der sich so nirgendwo in einem antiken Bibelcodex wiederfindet. Die Standardausgabe für den griechischen Urtext des Neuen Testaments ist das auch als Nestle-Aland bekannte Novum Testamentum Graece des Instituts für neutestamentliche Textforschung in Münster. Es wird auch als Greek New Testament vertrieben und liegt weltweit nahezu allen wissenschaftlich verantworteten Übersetzungen in die einzelnen Landessprachen zugrunde. Zu jeder umstrittenen Textstelle wird der gesamte handschriftliche Befund in seiner Vielfalt gesichtet, um dann anhand bestimmter Kriterien festzulegen, welche der Varianten dem ursprünglichen Text wohl am nächsten kommt. Eine bewährte Regel der Textrekonstruktion ist die Einsicht, dass die kürzere Lesart – sofern kein klar erkennbarer Abschreibfehler vorliegt – meistens ursprünglicher ist als die längere Lesart. Es ist nämlich eher denkbar, dass der Kopist einer Handschrift etwas hinzufügte als dass er absichtlich etwas wegließ. Eine weitere bewährte Regel lautet, dass die schwierigere von zwei Lesarten meist die ursprünglichere ist. Hier spiegelt sich die Einsicht wider, dass schwierige Textpassagen beim Abschreiben häufig geglättet werden, während es umgekehrt kaum denkbar ist, dass ein Kopist einen einfachen Sachverhalt im Nachhinein verkompliziert hat. Bei der wissenschaftlichen Untersuchung der griechischen Handschriften des Neuen Testaments haben sich bestimmte Textfamilien mit unterschiedlichem Wert herauskristallisiert. An der Spitze rangiert der alexandrinische Text, der beispielsweise von dem Codex Sinaiticus, dem Codex Vaticanus und der oft als „Königin der Minuskeln“ titulierten Minuskelhandschrift 33 aus der Pariser Nationalbibliothek repräsentiert wird. Die Bezeichnung als alexandrinischer Text verdankt sich der Tatsache, dass die allesamt aus dem ägyptischen Alexandria stammenden Kirchenväter Clemens, Origenes, Dionysios und Kyrill in ihren Schriftzitaten diese Textform bieten. Sie wurde vermutlich von dem bei Hieronymus erwähnten Bischof Hesychius von Alexandria erstellt, der Anfang des 4. Jh.s der Christenverfolgung Diokletians zum Opfer fiel. Der sogenannte westliche Text, als dessen Hauptvertreter der Codex Bezae Cantabrigiensis und der Codex Claromontanus gelten, ist von deutlich schlechterer Qualität, da sich an vielen Stellen sekundäre Erweiterungen oder paraphrasierende Neuformulierungen nachweisen lassen. Auch der vermutlich im syrischen Antiochia entstandene Koinetext oder byzantinische Reichstext, auf den sich Erasmus von Rotterdam bei seiner Textausgabe des Neuen Testaments stützte und der bis in das frühe 20. Jh. den deutschen Bibelübersetzungen zugrunde lag, kann sich qualitativ nicht mit dem alexandrinischen Text messen. Er ist durch das Bemühen um die Glättung sprachlicher Härten wie inhaltlicher Spannungen gekennzeichnet und enthält ebenfalls Textpassagen, die erst nachträglich eingefügt wurden. Als Urheber dieser Textform gilt meist der christliche Gelehrte Lucian, der in Antiochia als Priester wirkte und wie Hesychius in der diokletianischen Verfolgung als Märtyrer starb.

Unter anderem der Kirchenvater Kyrill verwendet bei seinen Schriftzitaten den sogenannten alexandrinischen Texttyp.

Sitzt Jona im Schatten einer Kürbisstaude oder eines Efeus? Bibelübersetzungen können zu einem Skandal führen, wenn sie Altbekanntes ändern. Ausschnitt eines koptischen Bildteppichs aus dem 9. Jh.

3. Kulturgüter ersten Ranges:

SEPTUAGINTA UND VULGATA

Um 400 kommt es im nordafrikanischen Oea, dem heutigen Tripolis, zu einem handfesten Skandal. Der Bischof der Gemeinde hat eine neue lateinische Bibel erworben. Sie lehnt sich eng an den hebräischen Urtext des Alten Testaments an. Herausgegeben hat sie ein gewisser Hieronymus, der in Bethlehem als Mönch im Kloster lebt. Im Gottesdienst ist als Lesetext das Jonabuch an der Reihe. Die Gläubigen hören die vertraute Geschichte, wie Jona ratlos vor den Toren Ninives sitzt und seine Enttäuschung über die Verschonung der Stadt bewältigen muss. Doch dann stockt ihnen der Atem: Nicht eine Kürbisstaude, wie sie es bis dahin kannten, sondern ein Efeu soll dem Propheten Schatten gespendet haben. Es kommt zu schweren Tumulten, die erst nachlassen, als der Bischof ortsansässige Juden zurate zieht. Diese bekräftigen, dass Jona unter einem Kürbis saß. Ob sie damit richtiglagen, steht auf einem anderen Blatt. Im Rückblick wirkt die dramatische Episode bizarr. Was wie ein belangloser Streit um die Wiedergabe eines nebensächlichen Wortes aussieht, berührte damals die Menschen zutiefst in ihrer Existenz. Auf welche Version der Heiligen Schrift sollte sich der Glaube stützen? Diese Frage gewann dadurch an Brisanz, dass kaum jemand die Bibel in der Ursprache kannte. Die im griechischen Sprachraum beheimateten Christen waren zumindest für das Alte Testament auf Übersetzungen angewiesen, die mit Latein als Muttersprache aufgewachsenen Gläubigen sogar für beide Teile der Bibel. Der Efeu steht bis heute in der lateinischen Vulgata, während alle modernen Übersetzungen Jona nun unter einem Rizinusstrauch verweilen lassen. Von der Schatten spendenden Kürbispflanze über dem Kopf des Propheten, die auch in älteren Versionen der Lutherbibel noch ihren festen Platz hatte, spricht niemand mehr.

Entstehung der Septuaginta

Die als Septuaginta bezeichnete Übersetzung des Alten Testaments ins Griechische geht auf das hellenistische Judentum zurück. Die zunächst nur auf die Tora bezogene Entstehungsgeschichte der Septuaginta wird im Aristeasbrief erzählt und in späteren Quellen ausgestaltet. Der Briefautor Aristeas stellt sich als Hofbeamter des Königs Ptolemaios II. vor, der den Beinamen Philadelphos trug und von 283 bis 246 v. Chr. über das ägyptische Reich herrschte. Er schreibt seinem Bruder Philokrates, dass der Vorsteher der königlichen Bibliothek in Alexandria, Demetrios von Phaleron, über große Geldsummen aus der Staatskasse verfügt, um nach Möglichkeit alle Bücher der Welt zu erwerben. Demetrios ist zu Ohren gekommen, dass auch die jüdischen Gesetze der Aufnahme in die Bibliothek wert seien. Da sie aber nur auf Hebräisch vorliegen, wendet Demetrios sich Hilfe suchend an seinen König. Dieser richtet einen Bittbrief an den Hohepriester Eleazar und entsendet eine Delegation nach Jerusalem, die Weihegaben für den Tempel mit sich führt. Zudem schenkt er einer großen Zahl jüdischer Kriegsgefangener die Freiheit, um den Hohepriester wohlgesonnen zu stimmen. Die Abgesandten kehren mit kostbaren hebräischen Schriftrollen und 72 des Griechischen kundigen Juden, sechs aus jedem der zwölf Stämme Israels, nach Alexandria zurück. Die jüdischen Schriftgelehrten werden am ägyptischen Hof ehrenvoll empfangen. Nachdem Ptolemaios II. sich bei einem Gastmahl von ihrer Weisheit überzeugt hat, quartiert er sie auf der Insel Pharos ein. Dort bewerkstelligen sie innerhalb von 72 Tagen die Übersetzung der Tora. Die Übereinstimmung der Zahl der Gelehrten mit der Zahl der von ihnen benötigten Tage erweist den göttlichen Charakter des Werks. Dieses wird zunächst von der jüdischen Gemeinde in Alexandria überprüft und gutgeheißen. Als man es schließlich dem ägyptischen Herrscher feierlich überreicht, lobt dieser den Inhalt der Tora und die außerordentliche Qualität der Übersetzung.

Es gehört wohl in das Reich der Mythen, dass der Brand im Hafen von Alexandria im Jahr 48 v. Chr. auch auf die legendäre Bibliothek übergegriffen und Tausende Schriftrollen zerstört hat. Kolorierter Holzstich, um 1876

Während die 70 Gelehrten der Tradition zufolge lediglich den Pentateuch ins Griechische übersetzten, weitete Irenäus von Lyon dies auf das gesamte Alte Testament aus.

Diese Darstellung ist in vielerlei Hinsicht unglaubwürdig. Nicht ein heidnischer Hofbeamter namens Aristeas hat den Brief geschrieben, sondern ein unbekannter Jude aus der gebildeten Oberschicht Alexandrias, der etwa 100 Jahre nach Ptolemaios II. gelebt hat und das Gesetz seines Volkes durch den Mund des ägyptischen Königs verherrlichen lässt. Der Bibliotheksvorsteher Demetrios von Phaleron stand in Wirklichkeit in Diensten von Ptolemaios I. und musste sich beim Regierungsantritt von Ptolemaios II. ins Exil begeben, da er gegen dessen Thronbesteigung Partei ergriffen hatte. Allerdings dürfte Demetrios tatsächlich den Boden dafür bereitet haben, dass sich die Bibliothek in Alexandria für das jüdische Gesetz interessierte. Er war ein herausragender Vertreter des Peripatos, der Schule des Aristoteles, die das ehrgeizige Projekt einer Sammlung von Staatsverfassungen aus aller Welt verfolgte. Die Bibliothek von Alexandria war im Altertum für ihre enormen Bestände berühmt. Dies spiegelt sich auch in der Legende wider, dass 48 v. Chr. bei einem Brand 700 000 Schriftrollen den Flammen zum Opfer gefallen seien. Die Behauptung des Aristeasbriefes, dass der Ptolemäerstaat ein ausgeprägtes Interesse an der Übersetzung der Tora hatte und das Projekt mit großem Wohlwollen begleitete, kann vor diesem Hintergrund nicht gänzlich in das Reich der Fabel verwiesen werden. Entscheidender war allerdings, dass die nach Ägypten ausgewanderten Juden bald des Hebräischen nicht mehr mächtig waren und eine Übersetzung der Tora in ihrer neuen Muttersprache benötigten. Dies betraf nicht nur die liturgische Verwendung der Tora in der Synagoge, sondern auch ihren juristischen Gebrauch. Die jüdische Gemeinde in Alexandria verfügte über das Privileg, ihre inneren Angelegenheiten durch eine eigene Rechtsprechung zu regeln, wofür die Tora als das jüdische Gesetz die Grundlage darstellte. Schritt für Schritt wurden dann auch die weiteren heiligen Schriften des Judentums aus dem Hebräischen ins Griechische übertragen.

Die vom Aristeasbrief erzählte Legende wurde später um neue Züge bereichert. Der Religionsphilosoph Philo von Alexandria, der in seiner Mosebiografie von der Toraübersetzung berichtet, steigert das wunderhafte Moment. Während sich die jüdischen Gelehrten im Aristeasbrief im ständigen Austausch miteinander befinden und ihre Übersetzungen abgleichen, sollen sie nun völlig unabhängig voneinander gearbeitet haben. Dass sie dabei exakt denselben griechischen Text hervorbrachten, als ob sie von einem unsichtbaren Lehrer gelenkt seien, betrachtet Philo als unumstößlichen Beweis für die göttliche Eingebung der Übersetzung. Mit der um 180 n. Chr. niedergeschriebenen Version des Bischofs Irenäus von Lyon erreicht die Legendenbildung zur Entstehung der griechischen Bibel ihren Höhepunkt. Als für das Unternehmen verantwortlicher ägyptischer Herrscher wird nun Ptolemaios I., der Begründer des Ptolemäerreichs, genannt und die Zahl der beteiligten Übersetzer auf 70 abgerundet. Daraus entwickelte sich die Bezeichnung des griechischen Alten Testaments als Septuaginta, dem lateinischen Wort für 70. Die Abrundung erklärt sich durch den Einfluss von Numeri 11: Dort ist von 70 Auserwählten die Rede, die mit Gottes Geist beschenkt wurden, um Mose bei der Rechtsprechung zu helfen. Während bis dahin in der Tradition nur von der Übersetzung der Tora die Rede war, weitet Irenäus die unter König Ptolemaios entstandene Übersetzung auf alle Schriften des Alten Testaments aus. Von Philo übernimmt er den Gedanken, dass diese auf göttlicher Eingebung beruht.

Geistesgeschichtlich stellte die Septuaginta eine enorme Leistung dar. Sie machte die heiligen Schriften des Judentums erstmals auch Menschen außerhalb der hebräischen Sprachwelt zugänglich. Mit ihrer schöpferischen Transkription der alttestamentlichen Eigennamen ins Griechische übte sie nachhaltigen Einfluss auf die Kulturgeschichte aus. Wenn wir die Frau Adams als Eva und nicht als Chawwa und den Nachfolger des Mose als Josua statt als Jehoschua kennen, verdankt sich dies der Septuaginta. Zudem bedeutet jede Übersetzung eines Werks in eine andere Sprache immer auch die Aneignung einer neuen Geisteshaltung. In dieser Hinsicht bietet die Septuaginta eine eindrucksvolle Neuinterpretation der alttestamentlichen Schriften im Horizont des hellenistischen Denkens. Für die christlichen Autoren der Antike, die überwiegend im griechischen Sprachraum beheimatet waren und in aller Regel das Hebräische nicht beherrschten, wurde die Septuaginta zu ihrer Bibel.

Textgestalt und Umfang der Septuaginta

Die Septuaginta wirft eine Vielzahl von Fragen auf, die in erster Linie ihre Textüberlieferung und ihren Umfang betreffen. Um jüdische Handschriften der Septuaginta ist es schlecht bestellt. Zwei Bruchstücke einer Papyrusrolle aus dem 2. Jh. v. Chr., die aus einer Mumienkartonage herausgelöst wurden und sich im Besitz der John Rylands Library in Manchester befinden, bieten einige Verse aus dem Buch Deuteronomium. Der 1939 in Ägypten entdeckte Papyrus Fouad 266 aus der Zeit um 100 v. Chr. enthält Teile aus den Büchern Genesis und Deuteronomium. In den Höhlen von Qumran fanden sich Fragmente griechischer Torarollen, die um die Zeitenwende herum angefertigt wurden. Im Nachal Chever, einem unweit von En Gedi in der judäischen Wüste gelegenen Wadi, entdeckten Beduinen 1952 in einer Höhle Reste einer griechischen Schriftrolle des Zwölfprophetenbuchs, die wohl um 135 n. Chr. während des Bar-Kochba-Aufstands dort versteckt wurde. In den Jahren 1961 und 2021 kamen weitere Fragmente dieser Schriftrolle ans Tageslicht. Damit sind die jüdischen Textzeugen aufgezählt. In vollem Umfang blieb die

Im Katharinenkloster auf dem Sinai entdeckte Konstantin Tischendorf im Jahr 1844 den nach seinem Fundort benannten Codex Sinaiticus.

Abweichende Buchtitel in der Septuaginta

SEPTUAGINTA	ANDERE BIBELN
1–2 Königreiche	1–2 Samuel
3–4 Königreiche	1–2 Könige
1–2 Paraleipomenon	1–2 Chronik
1 Esra	3 Esra (apokryph)
2 Esra	Esra + Nehemia oder 1–2 Esra

Septuaginta nur durch christliche Abschriften erhalten. Dies hängt damit zusammen, dass sich das Judentum später von der Septuaginta distanzierte. Es schuf neue Übersetzungen des Alten Testaments ins Griechische und überließ die Septuaginta dem Christentum.

Der Codex Vaticanus aus dem 4. Jh. und der Codex Alexandrinus aus dem 5. Jh. sind die ältesten Bibelhandschriften, welche die in ihrem Entstehungsgebiet anerkannten Bücher der Septuaginta vollständig überliefern und dem Neuen Testament voranstellen. Von hervorgehobener Bedeutung für die Textrekonstruktion ist zudem der von Konstantin Tischendorf entdeckte Codex Sinaiticus, auch wenn er nur noch Teile der Septuaginta enthält. Der renommierte Leipziger Gelehrte unternahm 1844 eine Forschungsreise zum Katharinenkloster auf dem Sinai. In der Bibliothek fiel Tischendorfs Blick auf einen geflochtenen Papierkorb, der Teile einer alten Bibelhandschrift aus Pergament in sich barg. Da die Mönche kein Griechisch beherrschten, wussten sie mit dem alten Codex nichts anzufangen. Ein Mönch namens Kyrillos bekannte freimütig, man habe schon zwei Körbe Pergament im Kamin verbrannt. Von den 129 Blättern, die Tischendorf vor den Flammen retten konnte, wurden ihm 43 überlassen. Sie gingen in den Besitz der Universitätsbibliothek Leipzig über. Vor seiner Abreise bat Tischendorf die Mönche darum, die im Kloster verbliebenen Blätter sorgfältig zu verwahren und nach weiteren Teilen der Handschrift Ausschau zu halten. Im Jahr 1853 ermöglichten ihm seine Gönner am sächsischen Königshof eine zweite Reise zum Katharinenkloster, die sich allerdings als Fehlschlag erwies. Niemand wollte sich mehr an die wertvollen Pergamentblätter erinnern. Bei seinem dritten Aufenthalt auf dem Sinai, für den er Zar Alexander II. als Sponsor gewinnen konnte, brachte Tischendorf 1859 überraschend doch noch den gesamten Rest der Handschrift aus dem 4. Jh. an sich. In Anlehnung an ihren Fundort erhielt sie die Bezeichnung Codex Sinaiticus. Neben den Abschnitten des Alten Testaments beinhaltet sie das komplette Neue Testament. Zudem fanden sich am Ende mit dem Barnabasbrief und dem Hirten des Hermas noch zwei außerkanonische Schriften. Der Fund überwältigte Tischendorf derart, dass er nach eigenem Bekunden Tränen in den Augen hatte. Im Jahr 1869 folgten die Mönche seiner Anregung, diesen 347 Blätter umfassenden Teil des Codex Sinaiticus dem Zaren als Schenkung zu übereignen. Tischendorf wurde zum Dank für seine Verdienste in den erblichen russischen Adelsstand erhoben. Im Jahr 1933 verkaufte Josef Stalin den Codex für die gewaltige Summe von 100 000 Pfund an die englische Regierung. Seither gehört er zu den Beständen der British Library in London. Im Juni 1975 traten bei Bauarbeiten an der nördlichen Mauer des Katharinenklosters weitere zwölf Blätter und 40 Fragmente des Codex Sinaiticus zutage. Der Anfangsteil der Handschrift mit dem Pentateuch und den Geschichtsbüchern von Josua bis zur Mitte des ersten Buchs der Chronik bleibt jedoch bis auf wenige Überbleibsel verschollen. Die fehlenden Abschnitte waren wohl im 19. Jh. von den Mönchen des Katharinenklosters im Kamin verfeuert worden und gingen damit unwiederbringlich verloren.

Der evangelisch-lutherische Theologe und Philologe Konstantin Tischendorf war einer der bedeutendsten Erforscher der neutestamentlichen Textgeschichte. Holzstich aus der *Leipziger Illustrierten Zeitung* vom 26. März 1853

Im Aufbau unterscheidet sich die Septuaginta deutlich von der dreiteiligen hebräischen Bibel, dem Tanach der Rabbinen. Sie zerfällt nicht in Tora (Gesetz), Nebiim (Propheten) und Ketubim (Schriften), sondern stellt die alttestamentlichen Bücher in vier Blöcken nach ihren literarischen Gattungen zusammen. Den Anfang machen wie im Tanach die Gesetzesbücher des Mose. Es folgen die Geschichtsbücher, die im Tanach teils zu den Propheten (Josua, Richter, 1–2 Samuel, 1-2 Könige), teils zu den Ketubim (Rut, 1–2 Chronik, Esra, Nehemia) gerechnet werden. Daran schließt sich die Gruppe der poetischen und weisheitlichen Bücher an, während diese im Tanach unter den Ketubim zu finden sind. Als vierte Schriftengruppe bietet die Septuaginta die Prophetenbücher, wobei die zwölf kleinen Propheten den großen Propheten vorangehen. Daniel, dessen Buch im Tanach unter den Ketubim zu finden ist, wird neben Jesaja, Jeremia und Ezechiel zu den großen Propheten gerechnet und steht ganz am Ende. Da die Septuaginta nur in christlichen Bibelhandschriften vollständig überliefert ist, bleibt unklar, ob dieses von der hebräischen Bibel abweichende Gliederungsprinzip bereits im hellenistischen Judentum entwickelt wurde oder erst auf das frühe Christentum zurückgeht.

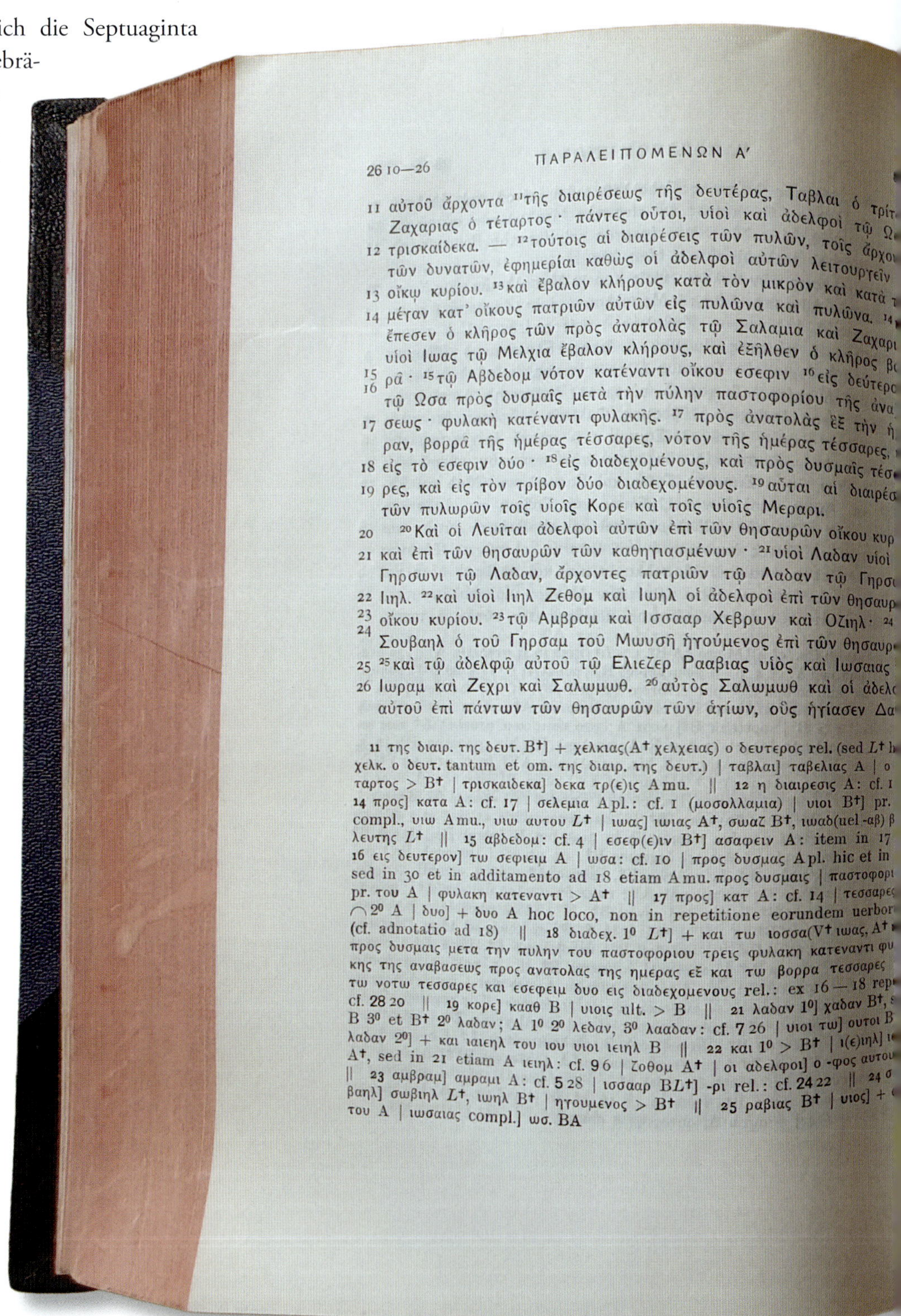
26 10—26 ΠΑΡΑΛΕΙΠΟΜΕΝΩΝ Α'

11 αὐτοῦ ἄρχοντα 11 τῆς διαιρέσεως τῆς δευτέρας, Ταβλαι ὁ τρίτ
Ζαχαριας ὁ τέταρτος· πάντες οὗτοι, υἱοὶ καὶ ἀδελφοὶ τῷ Ω
12 τρισκαίδεκα. — 12 τούτοις αἱ διαιρέσεις τῶν πυλῶν, τοῖς ἄρχο
τῶν δυνατῶν, ἐφημερίαι καθὼς οἱ ἀδελφοὶ αὐτῶν λειτουργεῖν
13 οἴκῳ κυρίου. 13 καὶ ἔβαλον κλήρους κατὰ τὸν μικρὸν καὶ κατὰ
14 μέγαν κατ' οἴκους πατριῶν αὐτῶν εἰς πυλῶνα καὶ πυλῶνα. 14
ἔπεσεν ὁ κλῆρος τῶν πρὸς ἀνατολὰς τῷ Σαλαμια καὶ Ζαχαρι
υἱοὶ Ιωας τῷ Μελχια ἔβαλον κλήρους, καὶ ἐξῆλθεν ὁ κλῆρος β
15
16 ρᾶ· 15 τῷ Αβδεδομ νότον κατέναντι οἴκου εσεφιν 16 εἰς δεύτερο
τῷ Ωσα πρὸς δυσμαῖς μετὰ τὴν πύλην παστοφορίου τῆς ἀνα
17 σεως· φυλακὴ κατέναντι φυλακῆς. 17 πρὸς ἀνατολὰς ἓξ τὴν ἡ
ραν, βορρᾶ τῆς ἡμέρας τέσσαρες, νότον τῆς ἡμέρας τέσσαρες,
18 εἰς τὸ εσεφιν δύο· 18 εἰς διαδεχομένους, καὶ πρὸς δυσμαῖς τέσ
19 ρες, καὶ εἰς τὸν τρίβον δύο διαδεχομένους. 19 αὗται αἱ διαιρέσ
τῶν πυλωρῶν τοῖς υἱοῖς Κορε καὶ τοῖς υἱοῖς Μεραρι.
20 20 Καὶ οἱ Λευῖται ἀδελφοὶ αὐτῶν ἐπὶ τῶν θησαυρῶν οἴκου κυρ
21 καὶ ἐπὶ τῶν θησαυρῶν τῶν καθηγιασμένων· 21 υἱοὶ Λαδαν υἱοὶ
Γηρσωνι τῷ Λαδαν, ἄρχοντες πατριῶν τῷ Λαδαν τῷ Γηρσ
22 Ιιηλ. 22 καὶ υἱοὶ Ιιηλ Ζεθομ καὶ Ιωηλ οἱ ἀδελφοὶ ἐπὶ τῶν θησαυρ
23
24 οἴκου κυρίου. 23 τῷ Αμβραμ καὶ Ισσααρ Χεβρων καὶ Οζιηλ· 24
Σουβαηλ ὁ τοῦ Γηρσαμ τοῦ Μωυσῆ ἡγούμενος ἐπὶ τῶν θησαυρ
25 25 καὶ τῷ ἀδελφῷ αὐτοῦ τῷ Ελιεζερ Ρααβιας υἱὸς καὶ Ιωσαιας
26 Ιωραμ καὶ Ζεχρι καὶ Σαλωμωθ. 26 αὐτὸς Σαλωμωθ καὶ οἱ ἀδελ
αὐτοῦ ἐπὶ πάντων τῶν θησαυρῶν τῶν ἁγίων, οὓς ἡγίασεν Δα

11 της διαιρ. της δευτ. B†] + χελκιας(A† χελχειας) ο δευτερος rel. (sed L† h χελκ. ο δευτ. tantum et om. της διαιρ. της δευτ.) | ταβλαι] ταβελιας A | ο ταρτος > B† | τρισκαιδεκα] δεκα τρ(ε)ις Amu. || 12 η διαιρεσις A: cf. 1 14 προς] κατα A: cf. 17 | σελεμια Apl.: cf. 1 (μοσολλαμια) | υιοι B†] pr. compl., υιω Amu., υιω αυτου L† | ιωας] ιωιας A†, σωαζ B†, ιωαδ(uel -αβ) β λευτης L† || 15 αβδεδομ: cf. 4 | εσεφ(ε)ιν B†] ασαφειν A: item in 17 16 εις δευτερον] τω σεφιειμ A | ωσα: cf. 10 | προς δυσμας Apl. hic et in sed in 30 et in additamento ad 18 etiam Amu. προς δυσμαις | παστοφορι pr. του A | φυλακη κατεναντι > A† || 17 προς] κατ A: cf. 14 | τεσσαρες ⌒ 2º A | δυο] + δυο A hoc loco, non in repetitione eorundem uerbor (cf. adnotatio ad 18) || 18 διαδεχ. 1º L†] + και τω ιοσσα(V† ιωας, A† προς δυσμαις μετα την πυλην του παστοφοριου τρεις φυλακη κατεναντι φυ κης της αναβασεως προς ανατολας της ημερας εξ και τω βορρα τεσσαρες τω νοτω τεσσαρες και εσεφειμ δυο εις διαδεχομενους rel.: ex 16—18 rep cf. 28 20 || 19 κορε] καaθ B | υιοις ult. > B || 21 λαδαν 1º] χαδαν B†, B 3º et B† 2º λαδαν; A 1º 2º λεδαν, 3º λααδαν: cf. 7 26 | υιοι τω] ουτοι B λαδαν 2º] + και ιαιεηλ του ιου υιοι ιειηλ B || 22 και 1º > B† | ι(ε)ιηλ] ι A†, sed in 21 etiam A ιειηλ: cf. 9 6 | ζοθομ A† | οι αδελφοι] ο -φος αυτου || 23 αμβραμ] αμραμι A: cf. 5 28 | ισσααρ BL†] -ρι rel.: cf. 24 22 || 24 σ βαηλ] σωβιηλ L†, ιωηλ B† | ηγουμενος > B† || 25 ραβιας B† | υιος] + του A | ιωσαιας compl.] ωσ. BA

Bei einem Vergleich der Handschriften zeigt sich, dass es *die eine* Septuaginta nie gegeben hat. Die überlieferten Versionen weichen im Wortlaut des Textes und Umfang des alttestamentlichen Bibelkanons voneinander ab. Auch die Anordnung der Schriften kann variieren. Die Septuaginta enthält alle Bücher der hebräischen Bibel, wenn auch unter teilweise anderen Bezeichnungen und vereinzelt mit Zusätzen. Die im Tanach nach ihren Anfangswörtern bezeichneten Bücher der Tora werden nun nach ihrem Inhalt betitelt. Die dabei festgelegten Namen gingen über die Vulgata als Genesis, Exodus, Levitikus, Numeri und Deuteronomium in das allgemeine Bewusstsein ein. Die Samuelbücher begegnen in der Septuaginta als erstes und zweites Buch der Königreiche, womit die eigentlichen Königsbücher zum dritten und vierten Buch der Königreiche werden. Die Chronikbücher werden als die Bücher der ausgelassenen Dinge (*paraleipomenon*) der Königreiche bezeichnet, um zum Ausdruck zu bringen, dass sie Details enthalten, die in den Samuel- und Königsbüchern vermeintlich übergangen wurden. Esra und Nehemia werden zusammengefasst und als zweiter Esra betitelt, da die Septuaginta über die hebräische Bibel hinaus ein erstes Esrabuch kennt. Dieses Werk, das sich nicht im Bibelkanon behaupten konnte und heute meist als drittes Esrabuch bezeichnet wird, bietet eine freie Nacherzählung und Ausgestaltung des hebräischen Esrabuchs unter Einbeziehung von Textpassagen aus dem zweiten Chronikbuch und dem Nehemiabuch. Der Psalter der Septuaginta hat über weite Strecken eine andere Zählung und bietet zudem einen zusätzlichen Psalm 151, dessen hebräische Urfassung im 20. Jh. in den Höhlen von Qumran entdeckt wurde. Ergänzungen enthalten

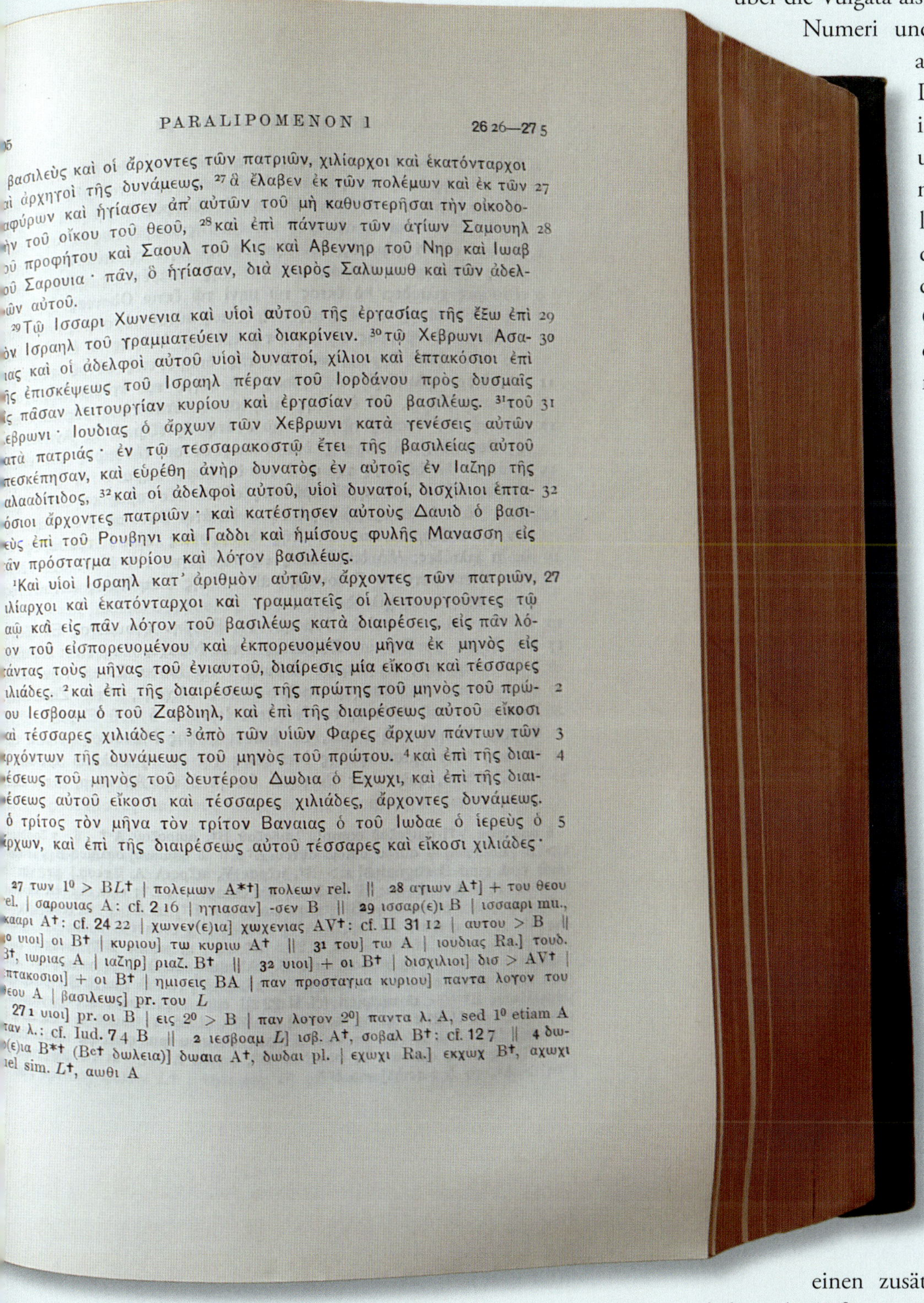

Seiten aus der im Jahr 1935 von Alfred Rahlfs herausgegebenen Septuaginta-Ausgabe mit 1 Chronik 26–27

auch die Bücher Ester und Daniel. Die griechischen Zusätze zu Ester umfassen neun kürzere Blöcke, die über das ganze Buch verteilt sind. Beim Danielbuch bietet die Septuaginta über die hebräische Bibel hinaus im dritten Kapitel die Gesänge der drei Männer im Feuerofen und am Ende die Susanna-Geschichte sowie die Erzählung von Bel und dem Drachen.

Der Wortlaut der Septuaginta unterscheidet sich in den einzelnen Handschriften zum Teil deutlich. Die maßgebliche Textausgabe wird vom 1908 ins Leben gerufenen Septuaginta-Unternehmen der Göttinger Akademie der Wissenschaften bzw. von dessen Nachfolgeinstitution, der Kommission zur Edition und Erforschung der Septuaginta, verantwortet. Es handelt sich um eine eklektische Edition, die unter Berücksichtigung der gesamten handschriftlichen Überlieferung für jede umstrittene Textstelle eine Auswahl trifft, welcher Textzeuge dort am zuverlässigsten sein könnte. Die Edition ist auch mehr als 100 Jahre nach Beginn der Arbeiten nicht abgeschlossen. Ungefähr zwei Drittel der Bände liegen vor, der Rest harrt noch der Veröffentlichung. Allerdings erschien bereits 1935 eine mit deutlich geringerem Aufwand erstellte Handausgabe der gesamten Septuaginta. Sie geht auf Alfred Rahlfs (1865–1935) zurück, der maßgeblich an der Gründung des Göttinger Septuaginta-Unternehmens beteiligt war und mehr als ein Vierteljahrhundert an dessen Spitze stand. Die Textrekonstruktion dieser weniger anspruchsvollen, aber weltweit geachteten Edition stützt sich auf die drei wichtigsten Handschriften, nämlich den Codex Sinaiticus, den Codex Vaticanus und den Codex Alexandrinus. Seit 2011 liegt auch eine von Wolfgang Kraus und Martin Karrer herausgegebene deutsche Übersetzung der Septuaginta mit Erläuterungen und Kommentaren vor.

Die Septuaginta ist deutlich umfangreicher als die hebräische Bibel. Neben Psalm 151, den Zusätzen zu Ester und Daniel und dem ersten Esrabuch betrifft dies Judit, Tobit, 1–4 Makkabäer, die Oden, die Psalmen Salomos, die Weisheit Salomos, Jesus Sirach, Baruch und den Brief des Jeremia. Allerdings enthält keine der alten Handschriften auch tatsächlich sämtliche dieser zusätzlichen Schriften. Der Codex Sinaiticus etwa bietet über die Bücher der hebräischen Bibel hinaus nur Tobit, Judit, 1 Makkabäer, 4 Makkabäer, die Weisheit Salomos und Jesus Sirach. Die Septuaginta blieb, wie erwähnt, ausschließlich in christlichen Manuskripten vollständig erhalten und ist damit in ihrer überlieferten Endgestalt ein christliches Buch. Daher bleibt unsicher, welche der in der Septuaginta zusätzlich anzutreffenden Werke das hellenistische Judentum neben den Büchern der hebräischen Bibel tatsächlich auch zu seinen heiligen Schriften rechnete. Die Septuagintaausgabe von Alfred Rahlfs enthält, wie auch die Septuaginta in deutscher Übersetzung, sämtliche der genannten Schriften und Textergänzungen. Dies sollte allerdings nicht zu dem Fehlurteil verleiten, dass wir damit eins zu eins die Bibel des hellenistischen Judentums vor uns haben. Werke wie die Psalmen Salomos und die Sammlung der Oden, die sowohl im Codex Sinaiticus als auch im Codex Vaticanus fehlen, verdanken ihre Existenz in Handschriften oder Druckausgaben der Septuaginta vermutlich der Tatsache, dass diese jüdischen Schriften sich in Teilgebieten der alten Kirche höchster Wertschätzung erfreuten. Sie wurden erst von christlicher Hand dem griechischen Alten Testament hinzugefügt, ohne wohl jemals Bestandteil eines jüdischen Bibelkanons gewesen zu sein. Meist wird dies auch für das dritte und vierte Makkabäerbuch angenommen. Umgekehrt kann aber kaum ein Zweifel daran bestehen, dass das hellenistische Judentum eine umfangreichere Bibel als das rabbinische Judentum besaß und Werke wie 1 Esra, Judit, Tobit, die ersten beiden Makkabäerbücher, die Weisheit Salomos, Jesus Sirach, Baruch und den Brief des Jeremia zum Kanon rechnete.

Die eine Bibel Israels hat es in der Antike folglich nicht gegeben. Die unterschiedlichen Strömungen des Judentums hatten keine absolut deckungsgleichen Vorstellungen davon, was als heiliges Schrifttum gelten sollte. Dies gilt nicht nur für das hellenistische Judentum mit seiner gegenüber den Rabbinen umfangreicheren Sammlung heiliger Schriften und den Sadduzäern mit ihrer ausschließlichen Fixierung auf die Tora, sondern auch für die Qumrangemeinde am Toten Meer. Dort standen neben dem Weisheitsbuch des Jesus Sirach und dem Tobitbuch auch Werke wie die Henochbücher und das Jubiläenbuch in gleichem Ansehen wie jene Schriften, die in den späteren Tanach der Rabbinen Einzug hielten. Dies zeigt, dass bei den Spätschriften aus alttestamentlicher Zeit die Grenzen des Kanons beweglich waren.

Jüdische Revisionen der Septuaginta und die Hexapla des Origenes

Die Septuaginta war nicht die einzige griechische Übersetzung des Alten Testaments. Nachdem die Christen sie zu ihrer Bibel gemacht hatten, kam es im 2. Jh. aufseiten des Judentums durch Gelehrte wie Aquila, Symmachus und Theodotion zu Neubearbeitungen des griechischen Bibeltextes. Ihre Werke selbst sind nicht erhalten geblieben, doch vermitteln altkirchliche Quellen einen Eindruck davon. Die neuen griechischen Bibeln verfolgten zwei Zielsetzungen: Einerseits bemühten sie sich darum, vor dem Hintergrund des sich entwickelnden frühjüdischen Schriftverständnisses zu einer besseren griechischen Wiedergabe des hebräischen Textes zu gelangen. Andererseits wollten sie angesichts der Rivalität zwischen Judentum und Christentum für bestimmte Begriffe der Septuaginta, die im Neuen Testament eine spezifische Bedeutung gewonnen hatten und

Irenäus verortete Theodotion in Ephesus, dem heutigen Efes in der Türkei. Die Stadt war im Altertum eine der größten und bedeutendsten Städte Kleinasiens. Reste des südöstlichen Säulengangs der Tetragonos-Agora

Das zwischen 155 und 160 entstandene Werk *Dialog mit dem Juden Tryphon* des christlichen Apologeten Justin zeugt von der Auseinandersetzung zwischen der jungen Kirche und dem Judentum und dem Kampf um die Deutungshoheit über das Alte Testament.

dadurch christlich besetzt waren, neue griechische Wörter finden. Damit erfreuten sich die Neuübersetzungen bei Juden großer Beliebtheit, während sie bei Christen berüchtigt waren.

Aquila war nach Darstellung der Quellen ein Proselyt und Schüler von Rabbi Akiba. Seine um 130 entstandene Übersetzung hielt sich geradezu sklavisch eng an den hebräischen Text und war zudem um Einheitlichkeit bemüht. Während die Septuaginta für ein und dasselbe hebräische Wort meist eine Fülle unterschiedlicher und an den jeweiligen Kontext angepasster griechischer Äquivalente auswählt, verwendete Aquila dafür nach Möglichkeit immer denselben griechischen Begriff. Symmachus soll nach dem Zeugnis des Epiphanius von Salamis ein zum Judentum übergetretener Samaritaner gewesen sein. Hieronymus hat seine um 170 angefertigte Übersetzung des Alten Testaments, von der nur wenige Bruchstücke erhalten geblieben sind, ganz besonders geschätzt. Sie ist freier als die Übersetzung des Aquila und passt sich bei der Übertragung hebräischer Satzkonstruktionen häufig der griechischen Syntax an. Über Theodotion sind unterschiedliche Nachrichten überliefert. Irenäus als ältester und glaubwürdigster Zeuge verortet ihn in Ephesus und berichtet, dass er ein jüdischer Proselyt war. Nach Epiphanius von Salamis stammte Theodotion dagegen aus der römischen Provinz Pontus am Schwarzen Meer und gehörte der christlichen Gegenkirche des Markion an, bevor er sich dem Judentum zuwandte. Hieronymus schließlich ordnet Theodotion der judenchristlichen Bewegung der Ebioniten zu. Theodotions griechische Neuübersetzung der hebräischen Bibel, mit der er eine bereits im 1. Jh. von einem unbekannten jüdischen Gelehrten vorgenommene Revision des Septuagintatextes fortführte und ausdehnte, erfreute sich großer Beliebtheit und weiter Verbreitung. An etlichen Stellen, beispielsweise bei Tier- und Pflanzennamen, verzichtete Theodotion auf die Übertragung der hebräischen Wörter und gab sie einfach in griechischer Transkription wieder. Dies verlieh seiner Bibel den Anschein besonderer Authentizität und Ehrwürdigkeit.

Die jüdischen Neuübersetzungen waren aber nicht nur philologisch motiviert, sondern bezogen auch klar gegen das Christentum Stellung. Das hebräische Wort Messias, der Gesalbte, wird von der Septuaginta ganz treffend mit *christos* wiedergegeben. Für Juden war dieser Begriff in dem Moment verbrannt, als das Neue Testament ihn zum Beinamen Jesu erhob, um diesen als den im Alten Testament verheißenen Messias zu kennzeichnen. Aquila wählte daher mit *eleimmenos* ein anderes griechisches Wort, das ebenfalls Gesalbter oder Messias bedeutet, ohne einen Bezug auf Jesus Christus nahezulegen. Ein anderes Beispiel betrifft die Jungfrauengeburt. Jesaja spricht im siebten Kapitel seines Prophetenbuchs davon, dass eine junge Frau (*almah*) schwanger ist und bald ein Kind namens Immanuel gebären wird. Die Septuaginta übersetzt an dieser Stelle das hebräische *almah* mit dem griechischen *parthenos*, das eine Jungfrau bezeichnet. Damit konnte die Verheißung des Jesaja im Anfangskapitel des Matthäusevangeliums zum Schriftbeweis für das Dogma der Jungfrauengeburt werden. Dem wollten Aquila und Theodotion mit ihrer Neuübersetzung die Grundlage entziehen, indem sie *almah* im Griechischen wortgetreu mit *neanis* (junge Frau) wiedergaben. Die Frage nach der richtigen Übersetzung von *almah* in der Immanuelsprophetie des Jesaja, sei es Jungfrau oder junge Frau, führte zu heftigen Kontroversen zwischen Christentum und Judentum, wie es sich bereits im 2. Jh. in Justins *Dialog mit dem Juden Tryphon* und bei Irenäus von Lyon widerspiegelt.

Es verdankt sich in erster Linie der Hexapla des Origenes, dass wir von den nicht erhalten gebliebenen Bibelübersetzungen des Aquila, Symmachus und Theodotion eine konkretere Vorstellung haben. Origenes zählt zu den schillerndsten und umstrittensten Figuren aus der Frühzeit des Christentums. Er gilt als der größte Theologe der griechischen Kirche, doch wurden seine Lehren später verdammt. In seinem Denken strebte Origenes eine Synthese des christlichen Glaubenssystems und der griechischen Philosophie an. In der Lebensgestaltung folgte er streng dem asketischen Ideal und soll sich um des Evangeliums

willen sogar entmannt haben. Seine christliche Existenz war durch ein unerschrockenes Eintreten für den Glauben und eine rastlose wissenschaftliche Arbeit gekennzeichnet. Als Leiter der Katechetenschule in Alexandria konnte er sich vor Schülern kaum retten. Sein Ruhm strahlte weit über Ägypten hinaus, was die Eifersucht des Bischofs Demetrios von Alexandria erweckt zu haben scheint. Nach dem Entzug der Lehrbefugnis musste Origenes seine ägyptische Heimat verlassen und fand in Cäsarea eine neue Bleibe. Seine dort zwischen 230 und 240 entstandene Hexapla war ein philologisches Meisterwerk, das die weitere Geschichte des Bibeltextes nachhaltig beeinflusste.

Der Begriff Hexapla bedeutet „die Sechsfache" und erklärt sich dadurch, dass das Werk den alttestamentlichen Bibeltext parallel in sechs Spalten anordnet. Ganz links steht der hebräische Text, dann folgt dessen griechische Umschrift. In vier weiteren Spalten werden die Übersetzungen des Aquila, des Symmachus, der Septuaginta und des Theodotion geboten. Mit der Hexapla bot Origenes eine Übersicht der unterschiedlichen Übersetzungsvarianten und schuf die Voraussetzungen dafür, im Dialog mit dem Judentum eine Diskussion über die beste Form des griechischen Textes der alttestamentlichen Schriften zu führen. Dabei gab Origenes den Text der Septuaginta in der fünften Spalte seines Werks nicht einfach nur wieder. Vielmehr ergänzte er ihn um Passagen, die im hebräischen Text zusätzlich überliefert waren, und brachte umgekehrt dort, wo der Wortlaut der Septuaginta über den hebräischen Bibeltext hinausging, Tilgungszeichen an. Ungewollt hat Origenes mit der Hexapla allerdings auch beträchtlichen Schaden angerichtet. Die Kirchenväter ließen es beim Umgang mit der Hexapla an Sorgfalt vermissen und zitierten den griechischen Bibeltext teilweise wahllos aus allen Spalten. Zudem flossen beim Kopieren der Septuaginta unter dem Einfluss der Hexapla sowohl Formulierungen aus den Übersetzungen des Aquila, Symmachus und Theodotion als auch die Ergänzungen des Origenes zur Septuaginta in die christlichen Bibelhandschriften ein, ohne dies kenntlich zu machen. Dadurch wurde der Text der Septuaginta verfälscht und seine Rekonstruktion erschwert. Die Hexapla selbst ging verloren. Den Gesamtumfang des Werks schätzt man auf 50 Bände mit rund 6000 Blättern. Davon erhalten blieben lediglich Fragmente späterer Kopien. Diese lassen vermuten, dass beim Kopieren der Hexapla die linke Spalte mit dem hebräischen Bibeltext weggelassen wurde, da sich das Interesse der Benutzer auf den griechischen Wortlaut der Bibel fokussierte und die Kopisten in der Regel die hebräische Schrift ohnehin nicht beherrschten.

Die Vetus Latina

Als Vetus Latina, die alte lateinische Übersetzung, bezeichnet man die frühesten Übertragungen von Texten des Alten und Neuen Testaments in die lateinische Sprache. Das Christentum hat seine Ursprünge im griechischsprachigen Osten des Römischen Reichs, breitete sich aber schnell auch im lateinischsprachigen Westen aus. Die dadurch entstandene Notwendigkeit von lateinischen Bibelübersetzungen betraf in der Frühzeit der Kirche vor allem Gallien, Spanien und Nordafrika, während in Rom und seinem Umland bis in das 3. Jh. Griechisch die Sprache der christlichen Gemeinden war. Den lateinischen Übersetzungen des Neuen Testaments lagen die auf Griechisch verfassten Schriften der neutestamentlichen Autoren in der Ursprache zugrunde. Die lateinischen Übersetzungen des Alten Testaments erfolgten auf der Grundlage der Septuaginta. Dies hatte von vornherein eine schlechte Qualität des alttestamentlichen Bibeltextes zur Folge, der die Übersetzung einer Übersetzung war und sich damit weit vom hebräischen Urtext entfernt hatte. Jede Übersetzung stellt immer auch eine Interpretation dar, führt zu Sinnverschiebungen und birgt zudem die Gefahr von Missverständnissen oder Fehlern. Dieses Problem potenziert sich, wenn das Grundprinzip seriöser philologischer Arbeit, bei Übersetzungen immer auf das Original zurückzugreifen, missachtet wird. Hinzu kommt, dass die Vetus Latina keine einheitliche

Biblische Zitate unter anderem bei dem Kirchenvater Tertullian zählen zu den wichtigsten Quellen zur Erhellung der ältesten lateinischen Bibelübersetzungen. Anonymer Kupferstich aus dem 17. Jh. nach älterer Darstellung, spätere Kolorierung

lateinische Bibel war, sondern als Sammelbegriff für eine Vielzahl ganz verschiedenartiger Übersetzungen griechischer Bibeltexte in das Lateinische steht. Die Vetus Latina stellt damit ein komplexes Phänomen dar, das Textzeugnisse unterschiedlichster Herkunft, Sprachgestalt und Qualität umfasst. Erhalten geblieben ist davon relativ wenig, da die Vetus Latina später durch die Vulgata vollständig verdrängt wurde. Zu den wichtigsten Quellen für die Erhellung der ältesten lateinischen Bibelübersetzungen zählen biblische Zitate bei lateinischen Kirchenschriftstellern wie Tertullian oder Cyprian, die beide in Karthago im heutigen Tunesien wirkten, und Augustin, der Bischof von Hippo im heutigen Algerien war. Manche altlateinischen Bibeltexte konnten mit moderner Technik auf Palimpsesten wieder lesbar gemacht werden, also auf Pergamenthandschriften, bei denen man den ursprünglichen Text abgeschabt hatte, um sie erneut als Beschriftungsmaterial verwenden zu können. Zudem finden sich in Vulgataausgaben zuweilen Randnotizen, in denen altlateinische Lesarten des Bibeltextes festgehalten werden.

Die Vulgata

Mit der Vetus Latina waren im Westen des Römischen Reichs sehr unterschiedliche lateinische Bibelübersetzungen von teilweise zweifelhafter Qualität in Umlauf. Diese Tatsache führte den Kirchenoberen im 4. Jh. immer stärker die Notwendigkeit vor Augen, zu einem einheitlichen und gleichzeitig besseren lateinischen Bibeltext zu kommen. Dass dieses Vorhaben verwirklicht wurde, ist das Verdienst des Hieronymus. Als sich im Laufe der Jahrhunderte die weitgehend von ihm erstellte Revision der lateinischen Bibel als Standardausgabe durchsetzte, wurde sie als Vulgata bezeichnet. Dieser Begriff bringt zum Ausdruck, dass es sich um die allgemein verbreitete oder gebräuchliche Bibel handelt.

Hieronymus kam um 347 in Stridon, einem Ort in Dalmatien, zur Welt. Er war der Spross einer wohlhabenden christlichen Familie, die ihm eine exzellente Ausbildung in Rom ermöglichte. Nach Abschluss des Studiums bemühte sich Hieronymus 367 an der kaiserlichen Residenz in Trier um eine Stellung im Staatsdienst. Von diesen beruflichen Plänen verabschiedete er sich aber schnell und entschloss sich zum asketischen Leben. Nach einem Aufenthalt als Eremit in der syrischen Wüste, wo er von einem zum Christentum konvertierten Juden in die hebräische Sprache eingeführt wurde, und theologischen Studien in Konstantinopel kehrte Hieronymus 382 nach Rom zurück. Dort wurde er zum spirituellen Mentor eines Kreises gebildeter und theologisch interessierter Frauen aus der Oberschicht, die sich dem christlichen Ideal der Askese verschrieben hatten. Zu diesem Zirkel, der sich um die wohlhabende Römerin Marcella scharte, zählten auch Paula und ihre Tochter Julia Eustochia. Zudem wirkte Hieronymus als eine Art Privatsekretär von Bischof Damasus. Damasus war eine illustre Figur, an der sich die Geister schieden. Nach seiner umstrittenen Wahl zum Bischof von Rom wurde die Stadt von mehrwöchigen Unruhen erschüttert, bei denen 150 Menschen ums Leben gekommen sein sollen. Anschließend musste sich Damasus einem Gerichtsverfahren stellen, in dem ihm die Ermordung innerkirchlicher Gegner und die Bestechung kaiserlicher Beamter vorgeworfen wurde. Auch nach dem Freispruch durch den Kaiser sah Damasus sich noch lange Zeit verleumderischen Anschuldigungen ausgesetzt. Er wurde in seinem Auftreten von vielen seiner Zeitgenossen als arrogant empfunden und ließ sich wie hohe Staatsbeamte in der Kutsche durch Rom fahren, war aber ein innovativer Denker und kreativer Gestalter auf dem römischen Bischofsstuhl, der die Entwicklung des Papsttums zielstrebig vorantrieb. Auch die Initiative zu einer neuen lateinischen Bibel ging von ihm aus.

Hieronymus, der mehr an der wissenschaftlichen Erforschung und Kommentierung der Bibel als an den großen dogmatischen Debatten seiner Zeit interessiert war, nahm um 382 im Auftrag von Damasus zunächst die Revision der lateinischen Evangelienübersetzungen in Angriff. Danach überprüfte und korrigierte er den Text des Psalters anhand der Septuaginta. Mit seinem kompromisslosen Eintreten für einen asketischen Lebensstil hatte sich Hierony-

Geschichte des Heiligen Hieronymus: Reise nach Rom – der asketische Frauenkreis – Hieronymus übersetzt das Alte Testament ins Lateinische. Aus der Vivianbibel, der sogenannten Ersten Bibel Karls des Kahlen, um 843/51

mus in Rom viele Feinde gemacht. Als Damasus im Dezember 384 verstarb, verlor Hieronymus seinen Protektor und siedelte nach Palästina über, wohin ihn Paula und Julia Eustochia begleiteten. In Bethlehem entstand um 386 mithilfe des beträchtlichen Vermögens beider Frauen eine ausgedehnte Klosteranlage, in der Hieronymus den Rest seines Lebens verbrachte und sich neben anderen theologischen Studien der Übersetzung des gesamten Alten Testaments widmete. Im Heiligen Land hatte Hieronymus auch Zugang zur Hexapla des Origenes, die er in der Bibliothek von Cäsarea einsehen konnte. Anfangs orientierte sich Hieronymus bei der Durchsicht des lateinischen Bibeltextes an der Septuaginta und der Hexapla, ohne dass der hebräische Urtext eine besondere Rolle spielte. Dabei nahm er sich zunächst erneut den Psalter vor, bevor auch weitere Schriften des Alten Testaments wie die Chronikbücher, das Hohelied und das Buch Hiob einer Überprüfung unterzogen wurden. Die eigentliche Pionierleistung des Hieronymus bestand allerdings in der Revision des lateinischen Alten Testaments anhand des hebräischen Urtextes, an der er von 390 bis zu seinem Tod in 420 arbeitete. Dazu nahm er bezahlten Hebräischunterricht, um seine Sprachkenntnisse zu vertiefen, und hielt engen Kontakt zu gebildeten Juden, die ihm bei Übersetzungsfragen zur Seite standen.

Das Werk des Hieronymus löste heftige Kontroversen aus. Die Septuaginta und indirekt auch die von ihr abgeleiteten altlateinischen Übersetzungen galten als göttlich inspiriert. Daher versetzte das Ansinnen des Hieronymus, diesen Bibeltext unter Mitwirkung jüdischer Gelehrter anhand der hebräischen Handschriften zu korrigieren, viele Zeitgenossen in höchste Sorge und wurde als Sakrileg empfunden. Hinzu kam, dass etliche Gemeinden ihre alten lateinischen Bibelübersetzungen liebgewonnen hatten und sich ungern davon trennen wollten. In Nordafrika wurde sogar ein gefälschter Brief in Umlauf gebracht, in dem Hierony-

Der in Hippo Regius im heutigen Algerien wirkende Augustinus (l.) hatte Vorbehalte gegenüber der Bibelübersetzung des Hieronymus (r.). Seitenflügel eines Altars in der Kathedrale von Camerino von Carlo Crivelli, um 1490

mus seine Bibelübersetzung angeblich reuevoll widerrief und als ein die Christen bewusst in die Irre führendes Machwerk jüdischer Hintermänner enttarnte. Als besonders scharfer Kritiker des Hieronymus und seines Beharrens auf der „Wahrheit des Hebräischen“ erwies sich Augustin. Er führte die eingangs geschilderte Kontroverse, ob Jona unter einem Kürbis oder einem Efeu Schatten fand, genüsslich an, um die hebräische Sprachkompetenz des Hieronymus in Zweifel zu ziehen und die grundsätzliche Problematik seiner Bibelübersetzung zu veranschaulichen. Augustin sah wie Hieronymus die Notwendigkeit einer einheitlichen Revision der lateinischen Bibel, doch sollte diese seiner Ansicht nach im Bereich des Alten Testaments anhand der Septuaginta und nicht anhand des hebräischen Textes erfolgen. Dabei spielten Vorbehalte gegenüber Hieronymus wie auch gegenüber dem Judentum eine Rolle. Erstens verwies Augustin darauf, dass jedem Übersetzer Fehler unterlaufen können und im lateinischsprachigen Westen niemand über die notwendigen Sprachkenntnisse verfügte, um die Übersetzung des Hieronymus einer Kontrolle zu unterziehen. Der Bibeltext könne aber nicht von einer einzelnen Person abhängig sein, schließlich sei auch die Septuaginta von 70 Gelehrten geschaffen worden. Zweitens sah Augustin die Gefahr, dass man bei strittigen Übersetzungsfragen jüdische Gelehrte heranzog, wie es bei der Kürbisaffäre im nordafrikanischen Oea geschehen war, und diese sich schlimmstenfalls als Verfälscher der Heiligen Schrift erwiesen. Zudem hatte Augustin auch die Sorge, eine in stärkerem Maße von der Septuaginta abweichende lateinische Bibel könne die geistliche Gemeinschaft mit der griechischsprachigen Christenheit beeinträchtigen. Vor diesem Hintergrund befürwortete er die pragmatische Lösung, eine von allen nachprüfbare und keine größere Unruhe stiftende Neuübersetzung der Septuaginta ins Lateinische vorzunehmen.

Dass sich die Position des Hieronymus durchsetzte, darf als Glücksfall bezeichnet werden. Seine Übersetzung wurde im Frühmittelalter zur allgemein gebräuchlichen Bibel, also zur Vulgata. Hieronymus sah richtig, dass nur der Rückgriff auf den hebräischen Urtext eine verlässliche Grundlage für die lateinische Fassung des Alten Testaments darstellen konnte. Zudem verlieh er seiner Bibel eine Sprachgestalt, die sich in ihrer Eleganz deutlich von den oft holprigen altlateinischen Übersetzungen abhob. Wenn die Vulgata meist als alleiniges Werk des Hieronymus gilt, entspricht dies im Blick auf das Neue Testament allerdings nicht den Tatsachen. Dort hat er nur die Evangelien überarbeitet. Die anderen neutestamentlichen Bücher der lateinischen Bibel wurden von unbekannten Gelehrten nach ihm einer gründlichen Revision anhand des griechischen Urtextes unterzogen. Zudem konnte sich Hieronymus in einem zentralen Punkt nicht durchsetzen. Wie etliche Kirchenväter des Ostens trat er für ein Altes Testament im Umfang der hebräischen Bibel ein. In der westlichen Kirche wurde dagegen unter maßgeblichem Einfluss Augustins ein Bibelkanon verbindlich, der über die Bücher der hebräischen Bibel hinaus eine Reihe von Schriften enthält, die nur in der Septuaginta überliefert sind. Konkret handelt es sich um Tobit, Judit, die ersten beiden Makkabäerbücher, die Weisheit Salomos, Jesus Sirach, Baruch, den Brief des Jeremia sowie die griechischen Zusätze zu Ester und Daniel. Damit blieb Augustin zumindest ein kleiner Triumph. Die auf den hebräischen Urtext zurückgehende lateinische Übersetzung des Hieronymus konnte er zwar nicht abwenden. Immerhin gelang es ihm aber, eine Vulgata im Umfang der hebräischen Bibel zu verhindern, die dann manch lieb gewonnenes Buch aus der Septuaginta nicht mehr enthalten hätte. Zudem übernahm die Vulgata weitgehend das vom Tanach der Rabbinen abweichende Gliederungsprinzip der Septuaginta. Keine Berücksichtigung fanden allerdings der Psalm 151, die Psalmen Salomos, die Oden und das dritte wie vierte Makkabäerbuch. Das erste Esrabuch der Septuaginta findet sich lediglich in einem Teil der mittelalterlichen Vulgataausgaben. Es wird dort zum dritten Esrabuch, da die lateinische Kirche das Esrabuch der hebräischen Bibel als 1 Esra und das Nehemiabuch als 2 Esra bezeichnet. Das in der Septuaginta zu den Oden zählende Gebet des Manasse begegnet in einzelnen Vulgatahandschriften des Mittelalters als Anhang zum zweiten Chronikbuch.

QVI WLT VENIRE POST ME ABNEGET
SEMETIPSV ET TOLLAT CRVCE SVA
IMPERATRIX RICHENZE
IMPERATOR LOTHARIVS
DVCISSA GERTRVDIS
DVX HEINRICVS
DVX HEINRICVS
DVCISSA MATHILDA
REGIS ANGLICI FILIA HEINRICI
REGINA MATHILDA

Denkwürdiger Tag im Auktionshaus Sotheby's: Am 6. Dezember 1983 kehrte das Evangeliar Heinrichs des Löwen für umgerechnet 32 Millionen Mark nach Deutschland zurück. Krönung von Herzog Heinrich und Herzogin Mathilde, gemalt um 1188

4. Bilder, Pracht und Luxus:

BIBELN DES MITTELALTERS

Einen denkwürdigen Tag wie den 6. Dezember 1983 erlebt auch das Auktionshaus Sotheby's in London nur selten. Unter den Hammer kommt das Evangeliar von Heinrich dem Löwen und seiner Gattin Mathilde von England. Seit Ende des Zweiten Weltkriegs war das wertvolle Objekt aus dem 12. Jh. verschollen. In wessen Namen es nun angeboten wird, bleibt ein wohlgehütetes Geheimnis. Nicht wenige tippen auf das Welfenhaus, das der letzte nachweisbare Besitzer war. Der Schätzwert liegt bei zwei bis vier Millionen Pfund. Der Auktionator beginnt bei einer Million. In atemberaubender Geschwindigkeit schnellen die Gebote in die Höhe. Nach nur drei Minuten wird bei 7,4 Millionen Pfund, umgerechnet 29 Millionen Mark, der Zuschlag erteilt. Nie zuvor war für ein Buch ein auch nur annähernd hoher Geldbetrag bezahlt worden. Allen Dementis zum Trotz hält sich hartnäckig das Gerücht, einer der drei Bieter habe den Preis künstlich nach oben getrieben, ohne ernsthaft am Erwerb des Objekts interessiert gewesen zu sein. Mit Gebühren und Provisionen beläuft sich die Kaufsumme auf mehr als 32 Millionen Mark. Aufgebracht wird sie von den Bundesländern Niedersachsen und Bayern, der deutschen Bundesregierung, der Stiftung Preußischer Kulturbesitz und privaten Spendern. Im Vorfeld der Auktion war die Wiedergewinnung des Evangeliars für die deutsche Öffentlichkeit zu einer nationalen Aufgabe ersten Ranges erklärt worden. Mit einer Sondermaschine der Bundeswehr kehrt eine der kostbarsten Bibelhandschriften des Mittelalters in ihre Heimat zurück, und am Ende bleiben viele Fragen offen. Etliche davon können auch bei einem parlamentarischen Nachspiel im März 1984 nicht zufriedenstellend geklärt werden, als die Bundesregierung zu einer Kleinen Anfrage von mehr als 30 Abgeordneten Stellung bezieht.

Buchherstellung im Mittelalter

Praktisch jede Abhandlung, die sich mit der Buchherstellung im Mittelalter beschäftigt, beginnt mit der auf Latein verfassten Notiz, die ein unbekannter Schreiber in einem Codex des 8. Jh.s hinterlassen hat: „O glücklichster Leser, wasche deine Hände und fasse so das Buch an, drehe die Blätter sanft, halte die Finger weit ab von den Buchstaben. Der, der nicht zu schreiben weiß, glaubt nicht, dass dies eine Arbeit sei. O wie schwer ist das Schreiben: Es trübt die Augen, quetscht die Nieren und bringt zugleich allen Gliedern Qual. Drei Finger schreiben, aber der ganze Körper leidet!" Das handschriftliche Vervielfältigen gelehrter Texte ging körperlich wie geistig an die Substanz. Den Schreibern wurde ein Höchstmaß an Disziplin und Sorgfalt abverlangt. Sie mussten konzentriert ans Werk gehen, Flüchtigkeitsfehler vermeiden und eine gleichmäßige Schönschrift beherrschen.

Bis zur Erfindung des Buchdrucks war die Herstellung von Büchern mühsame Arbeit: Dieser mittelalterliche Schreiber ist umgeben von aufgeschlagenen Büchern. Kolorierter Holzschnitt nach einer Zeichnung aus dem 19. Jh.

Bei der Buchherstellung war der Schreiber allerdings nur eines von vielen Gliedern in einer langen Kette. Bevor ein Buch in die Hände des Auftraggebers überging, hatte es eine Vielzahl handwerklicher wie künstlerischer Arbeitsgänge durchlaufen, insbesondere wenn es sich um eine illuminierte Handschrift handelte. Das Beschreibmaterial wurde aus einer Pergamentmanufaktur bezogen. Zunächst mussten auf den bearbeiteten und zugeschnittenen Pergamentblättern der Seitenspiegel festgelegt und die Zeilen markiert werden, bevor der Text aufgebracht wurde. Für besonders reich ausgestattete Prunkhandschriften fand goldene und silberne Tinte Verwendung. Nachdem die Schreiber ihre Arbeit vollendet hatten, schloss sich die malerische Ausgestaltung des Buches an. Die Herstellung der Farben aus pflanzlichen, tierischen und metallischen Stoffen war eine Kunst für sich. Besondere Sorgfalt verwandte man auf die Anfangsbuchstaben, die Initialen. Sie wurden in auffälligen Farben gestaltet, mit Mustern geschmückt, im Inneren oft mit Bildern ausgemalt und manchmal auch mit Blattgold verziert. Die Seitenränder dekorierte man mit Ranken, Bändern oder Girlanden. Diese Arbeiten wurden durch Musterbücher

erleichtert, in denen sich Beispiele für ausgestaltete Initialen, kunstvolle Ornamente und ansprechend ausgemalte Grundflächen fanden. Besonders anspruchsvoll war das Erstellen ganzseitiger Miniaturbilder, das höchste Kunstfertigkeit erforderte. Die beschriebenen und ausgemalten Blätter wurden dann gefalzt und gebunden. Am Ende fasste man das Werk in die aus Holz gefertigten, mit Leder überzogenen und einer Metallschließe versehenen Buchdeckel ein. Bei Prunkhandschriften stellte der vordere Buchdeckel ein aufwendiges Werk der Goldschmiedekunst dar. Er konnte mit Gold oder Silber, Edelsteinen, Perlen und Elfenbeinminiaturen verziert sein.

Viele Jahrhunderte lang hat sich die Anfertigung von Bibeln überwiegend in den Skriptorien der Klöster abgespielt. Als im Spätmittelalter die Gründung erster Universitäten und der Bildungshunger des kaufkräftigen Bürgertums zu einer verstärkten Nachfrage nach Bibeln und anderen Büchern führte, schossen neben den klösterlichen Schreibstuben immer mehr weltliche Werkstätten aus dem Boden, die sich durch das Kopieren von Musterhandschriften der Buchherstellung in Kleinserien widmeten. Für illuminierte Bücher arbeiteten sie eng mit Malerateliers zusammen.

Lateinische Prachtbibeln und Evangeliare

Die Bibeln des Mittelalters folgen im lateinischsprachigen Westen der Kirche dem Text der Vulgata. Neben den einfach gehaltenen und nicht bebilderten Handschriften für den regelmäßigen liturgischen Gebrauch stechen prunkvoll gestaltete Luxusausgaben der Bibel hervor. Erste illustrierte Bibeln tauchen im 5./6. Jh. auf. Im Frühmittelalter bildeten sich in den Klöstern Europas unterschiedliche Buchmalerschulen, in denen die von geübten Kalligrafen erstellten Kopien des biblischen Textes mit Ornamenten und Miniaturbildern verschönert wurden. Der enorme Textumfang der Bibel führte dazu, dass man sich für reich verzierte Exemplare meist auf ausgewählte Schriftengruppen wie die Evangelien oder den Psalter beschränkte. Zu den kostbarsten Kunstschätzen des Mittelalters zählen Evangeliare, die Kaiser und Könige als Stiftungen für Kirchen oder als Prunkhandschriften für den eigenen Gebrauch in Auftrag gaben. Unter einem Evangeliar versteht man einen

Lorscher Evangeliar: der Beginn des Johannesevangeliums

Die Krönung Heinrichs II. und seiner Gemahlin Kunigunde aus dem Bamberger Perikopenbuch

Codex mit dem vollständigen Text der vier Evangelien. Die abendländischen Evangeliare des Früh- und Hochmittelalters, die in großer Zahl erhalten blieben, folgen mehr oder weniger einem festen Muster. Meist beginnen sie mit Prologen und Briefen des Hieronymus zu seiner lateinischen Bibelübersetzung. Zudem enthalten sie in aller Regel Kanontafeln, die ornamental als Arkaden gestaltet sind. Den Kanontafeln liegt ein im 4. Jh. vom Kirchenvater Eusebius entwickeltes System der Unterteilung der vier Evangelien in Textabschnitte zugrunde. Sie geben in tabellenartiger Form an, in wie vielen und welchen Evangelien eine Perikope zu finden ist. In den reichhaltig verzierten Evangeliaren begegnen neben Abbildungen der Evangelisten und Reproduktionen biblischer Szenen oft auch bildliche Darstellungen der Stifter, in denen sich die Ideologie von der göttlichen Inthronisation der weltlichen Herrscher widerspiegelt.

Zu den wichtigsten Zeugnissen der karolingischen Buchmalerei zählen das Ada-Evangeliar und das Lorscher Evangeliar, die ganz in Goldtinte geschrieben sind und wohl in Aachen im Hofskriptorium Karls des Großen angefertigt wurden. Das zwischen 790 und 810 entstandene Ada-Evangeliar verdankt seinen Namen der Auftraggeberin Ada, die eine Schwester oder Vertraute Karls des Großen war. Künstlerisch besticht das in der Schatzkammer der Trierer Stadtbibliothek aufbewahrte Evangelienbuch durch seine Darstellungen der Evangelisten und seine Initialmalereien. Das noch prachtvoller ausgestaltete Lorscher Evangeliar aus der Zeit um 810 kam nach seiner Entstehung in den Besitz des Klosters Lorsch. Dort hat man die Handschrift 1479 neu gebunden und dabei in zwei Teilbände getrennt. Die Buchdeckel beider Teile trugen kostbare Verzierungen aus Elfenbein. Als das Kloster im Jahr 1556 infolge der Reformation aufgelöst wurde, gelangte der Codex zunächst nach Heidelberg und dann nach Rom. Die Odyssee des ersten Teils mit den Evangelien des Matthäus und Markus endete im späten 18. Jh. nach etlichen Zwischenstationen und Besitzerwechseln in Karlsburg (Alba Julia) in Siebenbürgen, wo er sich heute in der Dependance der Rumänischen Nationalbibliothek befindet. Die Elfenbeintafel mit der Gottesmutter Maria, die ursprünglich den Buchdeckel zierte, gelangte dagegen nach England und fand im Victoria and Albert Museum in London ihre dauerhafte Bleibe. Der zweite Teil des Evangelienbuchs mit Lukas und Johannes verblieb in der Vatikanischen Bibliothek in Rom. Auch hier löste man die Elfenbeintafel, die eine Christusdarstellung bietet, vom Einband ab und überführte sie in die Sammlung der Vatikanischen Museen. Trotz ihres wechselvollen Schicksals weisen die einzelnen Teile der Prunkhandschrift kaum Gebrauchsspuren auf.

Die Prachthandschriften, die im 10. und 11. Jh. auf der Klosterinsel Reichenau im Bodensee entstanden sind, zählen zu den Höhepunkten der Kunst des ottonischen Zeitalters. Das Evangeliar von Otto III. aus der Zeit um 1000, dessen Einband mit Elfenbein und Edelsteinen geschmückt ist, besticht durch zwölf kunstvoll gestaltete Kanontafeln, vier Zierseiten und 29 ganzseitige Miniaturen. Das erste Doppelbild der 278 Blätter umfassenden Pergamenthandschrift ist

Der prachtvolle Buchdeckel des Echternacher Evangeliars ist mit Gold, Elfenbein, Emaille, Edelsteinen und Perlen verziert.

HINAZAREN
TERRA

zugleich auch ihr berühmtestes. Es zeigt auf der rechten Seite den auf dem Thron sitzenden und von Würdenträgern umgebenen Herrscher. Auf der linken Seite sind die als Personen dargestellten Provinzen des Reiches abgebildet, die dem Kaiser barfüßig und in demütiger Haltung ihre Gaben darbringen. Das zwischen 1002 und 1010 als Stiftung für den Bamberger Dom angefertigte Evangeliar von Heinrich II. gilt nicht zuletzt wegen seines Prachteinbandes aus Gold, Edelsteinen und Perlen als ein herausragendes Zeugnis mittelalterlicher Kunstfertigkeit. Die Kanontafeln sind nach dem Vorbild des Evangeliars von Otto III. als Arkaden gestaltet, deren mit Kapitellen geschmückte Säulen entweder einen Rundbogen oder eine Giebeldachkonstruktion tragen. Unter den neun ganzseitigen Miniaturen ragt die ungewöhnliche Darstellung Christi mit dem Lebensbaum heraus, die sich unmittelbar vor dem Matthäusevangelium findet. Das nicht mit dem Evangeliar zu verwechselnde Perikopenbuch Heinrichs II. entstand in der Zeit zwischen 1007 und 1012 und stellt ebenfalls eine Schenkung des ottonischen Herrschers an den Bamberger Dom dar. Der Codex mit seinem Prachteinband bietet 194 Evangelienabschnitte, die Perikopen, in jener Reihenfolge, wie sie während des Kirchenjahrs in der Liturgie Verwendung fanden. Daran angeschlossen finden sich die Lesetexte zu den Gedenktagen der Heiligen. Die mit Abstand bekannteste bildliche Darstellung der Handschrift zeigt die Krönung Heinrichs II. und seiner Gemahlin Kunigunde von Luxemburg durch Christus, der zu seiner Linken und seiner Rechten von den Apostelfürsten Petrus und Paulus flankiert wird. In der unteren Bildhälfte treten in personifizierter Gestalt drei Provinzen auf, die dem Herrscherpaar huldigen und ihm Insignien der Macht darbringen. Dabei dürfte es sich um Italien, Gallien und Germanien handeln. Alle drei Meisterwerke der Reichenauer Schule gelangten 1803 im Zuge der Säkularisation während des napoleonischen Zeitalters aus dem Bamberger Domschatz in die Bayerische Staatsbibliothek München.

Auch die im heutigen Luxemburg gelegene Benediktinerabtei Echternach brachte im 11. Jh. mit ihrer Malerschule zahlreiche Prunkhandschriften hervor. Daraus ragt das um 1045 entstandene Echternacher Evangeliar hervor, das im Jahr 1955 für 1,1 Millionen Mark als bis dahin teuerstes deutsches Buch für das Germanische Nationalmuseum in Nürnberg erworben wurde. Über Auftraggeber und Bestimmungszweck des Echternacher Evangeliars ist nichts bekannt. Mit seinem durchgängig

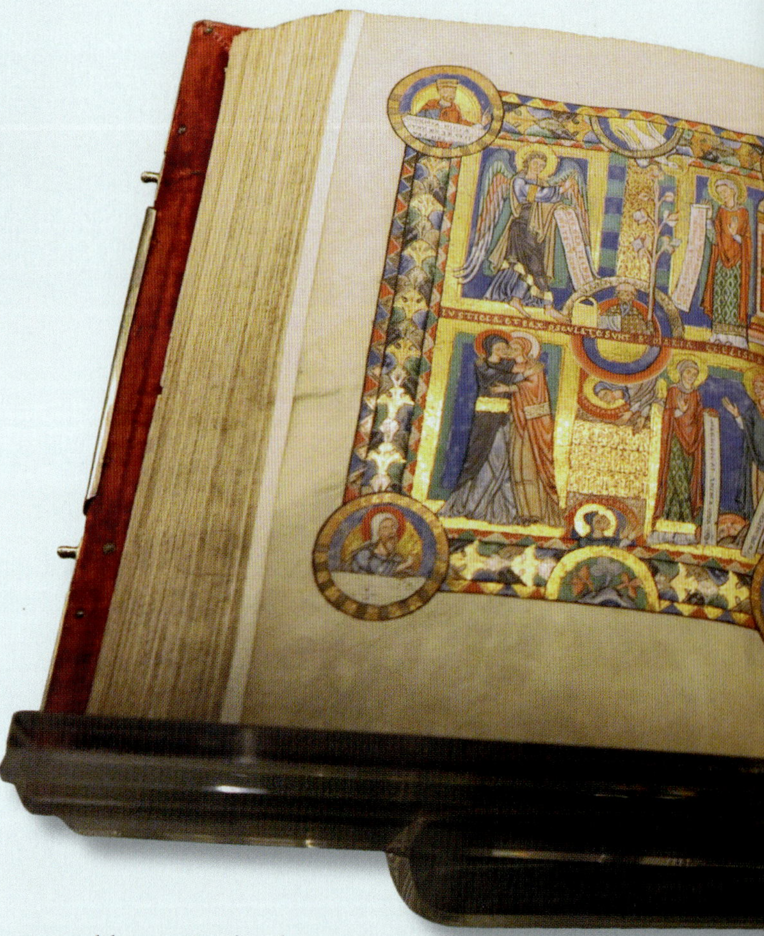

in goldenen Buchstaben geschriebenen Bibeltext, den Initialen aus Gold und Purpur, den Zierfeldern und den zahlreichen Miniaturen ist das Evangelienbuch eine der erhabensten Handschriften des gesamten Mittelalters. Den prachtvollen Buchdeckel aus Gold, Emaille, Edelsteinen und Perlen ziert in der Mitte ein Elfenbeinrelief mit Darstellung der Kreuzigung Jesu. Er wurde von einer Werkstatt in Trier gefertigt und stellt ein Bravourstück der frühmittelalterlichen Goldschmiedekunst dar. Mehr als ein Jahrhundert später entstand das eingangs erwähnte Evangeliar

Zierseiten aus dem Evangeliar Heinrichs des Löwen mit Szenen aus Lukas 1–2: Ankündigung der Geburt Jesu; Verkündigung an die Hirten; Darbringung Jesu im Tempel

Heinrichs des Löwen und seiner Gemahlin Mathilde. Das Meisterwerk der romanischen Buchmalerei fand nach der spektakulären Auktion bei Sotheby's in der Herzog August Bibliothek Wolfenbüttel seine neue Heimat. Das reich verzierte Evangelienbuch wurde von dem welfischen Herrscherpaar um 1188 bei der Benediktinerabtei im nordhessischen Helmarshausen in Auftrag gegeben und war eine Stiftung für den Marienaltar der Braunschweiger Domkirche Sankt Blasius. Der gute Erhaltungszustand des Objekts deutet darauf hin, dass es an seinem Bestimmungsort nur bei hohen kirchlichen Festen in Gebrauch genommen wurde. Am Anfang des Codex preist ein Widmungsgedicht die vornehme Herkunft, das gottgefällige Leben und die vorbildliche Freigebigkeit des edlen Herrscherpaars und benennt das von Gold glänzende Evangeliar neben Kirchen und Reliquien als eine von vielen Stiftungen, die Heinrich und Mathilde in der Hoffnung auf das ewige Leben ihrer Residenzstadt Braunschweig zukommen ließen. Zudem findet sich die Information, dass ein Mönch namens Heriman das Buch auf Weisung des Abtes Konrad von Helmarshausen schuf. Das Evangeliar besticht durch seine Zierseiten mit ihrer individuellen und zum Teil einzigartigen Ikonografie. Die prachtvollen Kanontafeln, die in Form von farbig unterlegten Rundbogenarkaden gestaltet sind, erstrecken sich über 17 Seiten. Zu den Evangelien finden sich bildliche Darstellungen der Evangelisten und 20 ganzseitige Miniaturen mit neutestamentlichen Szenen. Vor dem Johannesprolog ist die Weltschöpfung abgebildet. Den Zierseiten zum Matthäusevangelium wurde ein Widmungsbild der Stifter vorgeschaltet, das auf der oberen Bildhälfte die auf einem Thron sitzende Gottesmutter Maria zeigt, während auf der unteren Bildhälfte das Herrscherpaar zusammen mit den Braunschweiger Stadtpatronen Sankt Blasius und Sankt Ägidius abgebildet sind. Heinrich der Löwe hält dabei das Evangeliar in der Hand und überreicht es Sankt Blasius. In die Zierseiten zum Johannesevangelium ist eine bildliche Darstellung der Krönungszeremonie von Heinrich und Mathilde eingebettet. Dem Herzog und seiner Gemahlin werden von zwei Händen, die aus dem Himmel als dem Thronsitz Christi herabkommen, die Kronen aufgesetzt.

Zu den großen Bücherschätzen des Mittelalters zählen aber nicht nur prachtvolle Evangeliare oder Perikopenbücher, sondern auch lateinische Vollbibeln mit aufwendigen Illustrationen und Verzierungen. Ein anschauliches Beispiel von vielen ist eine Vulgatahandschrift, die im 14. Jh. in Bologna entstand und später in den Besitz der Herzog August Bibliothek Wolfenbüttel gelangte. Ihre kunstvollen Bilder dienen nicht nur der Illustration des Textes, sondern wollen auch Anleitung zu dessen Verständnis geben. Im Buch Genesis befindet sich im Zentrum von vier Rundbildern, die den Sündenfall, die Vertreibung aus dem Paradies, die Entsendung der Taube aus der Arche und die Opferung Isaaks zeigen, eine Darstellung der Kreuzigung Jesu, um den Blick auf den heilsgeschichtlichen Zusammenhang von Sünde und Erlösung zu lenken.

Erste Bibelübersetzungen ins Deutsche

Im lateinischsprachigen Westen der Kirche war während des Mittelalters die Vulgata die alles dominierende Bibel. Allerdings wurden schon im 8. und 9. Jh. erste Teilstücke der Heiligen Schrift auch ins Deutsche übertragen. Dies betraf neben liturgisch relevanten Gebrauchstexten wie dem Vaterunser und dem Psalter vor allem die Evangelienbücher, da den vom Leben und Leiden Jesu handelnden Schriften innerhalb des Neuen Testaments eine ganz besondere Bedeutung beigemessen wurde. Um 800 entstand in der Benediktinerabtei Mondsee im Salzkammergut eine Übersetzung des Matthäusevangeliums. Etwas jünger ist der Althochdeutsche Tatian, der wohl im Jahr 830 im Kloster Fulda angefertigt wurde und sich seit dem 10. Jh. im Kloster St. Gallen befindet. Tatian war ein Christ aus Syrien, der in Rom zu den Schülern Justins zählte und später in den Osten zurückkehrte, wo er wegen seiner streng asketischen Lehren als Häretiker verurteilt wurde. Mit seiner um 170 auf Griechisch verfassten und als Diatessaron bezeichneten Evangelienharmonie schuf er ein im gottesdienstlichen Gebrauch ungeheuer beliebtes und bald auch ins Lateinische übertragenes Werk, das unter Berücksichtigung des Inhalts aller vier Evangelien eine umfassende und in sich geschlossene Darstellung des Lebens Jesu bot. Der Althochdeutsche Tatian ist eine zweisprachige Fassung von Tatians Evangelienharmonie, wobei in der linken Spalte der lateinische Text und in der rechten Spalte die deutsche Übersetzung geboten wird. Als bedeutendster deutscher Bibelübersetzer des Frühmittelalters gilt der Benediktinermönch Notker, der die Leitung der Klosterschule von St. Gallen innehatte. Er hat um das Jahr 1000 neben klassischen Autoren der Antike auch den Psalter und das Buch Hiob ins Deutsche übertragen.

In der Zeit um 1400 entstanden in Buchmacherwerkstätten erste Prachtbibeln, die weit mehr als nur Teilstücke der Heiligen Schrift auf Deutsch bieten. Dazu zählen die Wenzelsbibel, die Ottheinrichbibel und die Furtmeyrbibel. Die mit prunkvollen Malereien versehene Wenzelsbibel ließ König Wenzel IV. von Böhmen zwischen 1390 und 1400 für sich und seine zweite Frau, Sophie von Bayern, anfertigen. Er setzte sich damit über ein Verbot seines verstorbenen Vaters Karl IV. hinweg, der 1369 in seinem Herrschaftsgebiet jede Übersetzung der Vulgata und eine Verbreitung der Bibel in der Volkssprache untersagt hatte. Die in einem Prager Atelier entstandene Prachthandschrift aus Pergament war vermutlich als Vollbibel geplant. Aus dem Prolog geht hervor, dass der reiche Kaufmann Martin Rotlev die Bibel finanzierte und die Übersetzung aus der Vulgata in Auftrag gab. Nach der Absetzung Wenzels im Jahr 1400 wurden die Arbeiten an der Bibel unterbrochen und erst 1441 wieder aufgenommen, nachdem das Buch in den Besitz des späteren Kaisers Friedrich III. aus dem Hause Habsburg gelangt war. Letztlich blieb die heute in Wien in der Österreichischen Nationalbibliothek aufbewahrte Wenzelsbibel unvollendet. Neben dem kompletten Neuen Testament fehlt auch der Schluss des Alten Testaments mit Daniel, den zwölf kleinen Propheten und den ersten beiden Makkabäerbüchern.

Ähnlich prachtvoll wie die Wenzelsbibel ist die Ottheinrichbibel aus der Bayerischen Staatsbibliothek München, die um 1430 im Auftrag des Herzogs Ludwig VII. von Bayern-Ingolstadt angefertigt wurde. Ihr in mittelbairischer Schreibsprache verfasster Text geht in starkem Maße auf eine 1350 im Augsburger Raum entstandene und erhalten gebliebene Übersetzung des Neuen Testaments aus der Vulgata zurück. Bei der in Ingolstadt erfolgten Niederschrift des Textes ließ der Schreiber der großformatigen Prachthandschrift Aussparungen für die Bilder und versah sie mit Maleranweisungen in lateinischer Sprache. Die Illustrationen und Verzierungen lagen in der Hand von Regensburger Künstlern, wurden aber nur auf etwa einem Fünftel der 307 Pergamentblätter vollendet. Den Rest ergänzte in den Jahren 1530 bis 1532 der Lauinger Maler Matthias Gerung im Auftrag des Pfalzgrafen Ottheinrich von Pfalz-Neuburg, der die Bibelhandschrift geerbt hatte und dem sie ihren heutigen Namen verdankt.

Die zwischen 1468 und 1472 in Regensburg entstandene zweibändige Furtmeyrbibel der Universitätsbibliothek Augsburg stellt ein Meisterwerk spätmittelalterlicher Buchmalerei aus der Zeit dar, als sich angesichts des einsetzenden Buchdrucks die

Epoche der handgeschriebenen Bibeln ihrem Ende entgegen neigte. Sie enthält das Alte Testament in einer deutschen Übersetzung aus der Vulgata, die der Textform der Wenzelsbibel ähnelt. Kurioserweise finden sich, vermutlich durch ein Versehen, zwischen den Büchern Deuteronomium und Hiob die ersten fünf Kapitel des Matthäusevangeliums. Den deutschsprachigen Bibeltext schrieb der Kalligraf Georg Rörer. Die Ausschmückung mit kunstvollen Initialen, kolorierten Textpassagen, atemberaubend schönen Miniaturen und floralem Rankenwerk geht auf den renommierten Regensburger Buchmaler Berthold Furtmeyr zurück. Beide Bände werden, obwohl sie das Alte Testament bieten, durch prachtvolle Darstellungen Marias mit dem Jesuskind eröffnet. Auftraggeber der Bibel waren der Adlige Hans III. von Stauff zu Ehrenfels, der als hoher Beamter im Dienst der bayerischen Wittelsbacher stand, und seine Gemahlin Margarethe Schenk von Geyern. Der Kalligraf Rörer

Notker III., genannt Labeo, war der bedeutendste deutsche Bibelübersetzer des Frühmittelalters. Relief am Portal der Stiftskirche in St. Gallen

und der Maler Furtmeyr betrieben in Regensburg eine gut organisierte Kleinserienfertigung handschriftlich vervielfältigter und dann malerisch ausgestalteter Bibeln. Weitere von ihnen in Gemeinschaftsproduktion hergestellte Bibelexemplare sind aus der Bayerischen Staatsbibliothek München und der British Library in London bekannt. Das Münchner Exemplar entstand in den Jahren 1465–1470 für Ulrich von Stauff zu Ehrenfels, den Bruder von Hans III., und seine Ehefrau Clara Hofer von Lobenstein.

Die Armenbibeln

Als im Spätmittelalter das Bürgertum der aufblühenden Städte nach religiöser Bildung und Erkenntnis strebte, zählte die sogenannte Armenbibel (*Biblia pauperum)* zu den beliebtesten und begehrtesten Büchern. Die Armenbibeln sind bebilderte Erbauungsbücher, deren Umfang sich oft nur zwischen 40 und 50 Seiten bewegt. Sie waren damit ungleich erschwinglicher als Vollbibeln und erfreuten sich weiter Verbreitung. Mehr als 80 Exemplare blieben erhalten. Teilweise wurden sie schon seriell im Blockdruckverfahren hergestellt. Dabei schnitzte man Text und Bilder spiegelverkehrt in eine Holzplatte und trug mit einer Walze Farbe auf. Danach wurde die Holzplatte wie ein Stempel auf das Papier gedrückt oder das Papier auf dem Druckstock abgerieben. In der Armenbibel stehen die Bilder im Vordergrund, während der lateinische oder deutsche Text eine nur untergeordnete Rolle spielt. Den Menschen des Mittelalters sollten mit diesen Werken die wichtigsten Geschehnisse der biblischen Geschichte nahegebracht und in visualisierter Form ins Gedächtnis eingeprägt werden, wobei die andächtige Betrachtung des Lebens und Leidens Christi vor dem Hintergrund des Alten Testaments im Mittelpunkt stand. Vermutlich hat die Gattung der Armenbibel um 1300 in den Klöstern des bayerisch-österreichischen Raums ihre Ausprägung erfahren und sich von dort über das gesamte deutsche Sprachgebiet verbreitet. Zu den ältesten erhaltenen Exemplaren zählen die Armenbibel aus dem in der Nähe von Linz gelegenen Augustinerstift St. Florian und die Wiener *Biblia pauperum*, die beide aus der ersten Hälfte des 14. Jh.s stammen.

Charakteristisch für die Armenbibeln ist die Zusammenschau alttestamentlicher und neutestamentlicher Szenen. Der Auswahl und Anordnung der Bilder liegt die Vorstellung zugrunde, dass die zentralen Ereignisse der christlichen Heilsgeschichte schon im Alten Testament thematisiert werden. Diese Art des Umgangs mit der jüdischen Bibel begegnet bereits bei den Autoren der neutestamentlichen Schriften und zieht sich wie ein roter Faden durch die gesamte Kirchengeschichte. Sie wird als typologische Schriftauslegung bezeichnet, weil sie in alttestamentlichen Personen oder Geschehnissen Vorabbildungen (*typoi*) dessen sieht, was im Neuen Testament geschildert wird. Diese Vorbildhaftigkeit kann sich in Form der Parallelität darstellen, indem alttestamentliche und neutestamentliche Motive einander entsprechen. Es gibt aber auch eine antithetische Vorbildhaftigkeit, bei der die alttestamentlichen Gestalten oder Ereignisse als negativ besetzte Typen für ihre neutestamentlichen Gegenstücke betrachtet werden. Beide Formen der Typologie sind in den Armenbibeln präsent.

Aufbau und Gestaltung der Armenbibeln können variieren. Für gewöhnlich ist aber jede einzelne Seite einer *Biblia pauperum* so aufgeteilt, dass eine Szene aus dem Leben Jesu im Zentrum der Bildkomposition steht und von Illustrationen zweier Vorgänge aus dem Alten Testament gerahmt wird, die in Textfeldern erklärt und zu dem neutestamentlichen Hauptbild in Beziehung gebracht werden. In unmittelbarer Nähe des Hauptbildes finden sich vier Miniaturporträts alttestamentlicher Propheten mit Aussprüchen, die sich auf das Bildthema beziehen lassen. Bei der Auswahl der biblischen Szenen kristallisiert sich ein festes Muster heraus, das von Armenbibel zu Armenbibel kopiert und allenfalls geringfügig variiert wurde. Die Abbildung der Anbetung des Jesuskindes durch die Heiligen Drei Könige ist meist von bildlichen Darstellungen dessen umgeben, wie Abner mit 20 seiner Männer David seine Aufwartung macht und wie die Königin von Saba zu Salomo kommt, um Geschenke zu überbringen. Der Auferweckung des Lazarus stellen die Armenbibeln die Auferweckung des Sohns der

Eröffnungsblatt der sogenannten Furtmeyrbibel: Maria mit dem Jesuskind auf der Mondsichel

Dis folck bedudit die heiden
die xpo begerten zu gefugit zu
werden. v. Plebs notat hic ge
tes xpo iungi cupientes Dauid
Die konige von tharsis vnd
saba vnd arabi die brachten
dem gode lobelich opper.

xpus wirt ane gebedet golt
wirauch mirre wirt eme ge
oppert. v. xpus adoratur
aurum thus mirra letatur.

Dis bedudit geistliche das folk
das zu xpisto kommet. v.
Hic triplia gentem nōt ad xpm
venientem. Balaam Eyne
stern sal uff gen von iacob vnd
eyn mentsch sal uff sten vō israhel.

Ysaias Czu eme sullent fliessen alles folck
Vnd ilent die heiden:

Legitur in secundo libro regum Caplo
tercio Quod abner princeps milicie
saulis venit ad dauid in ebron ut ad eum re
duceret ppl'm totum israhel qui adhuc seque
batur domū sauel quod bene figurabat ad
ventum trium magorū qui cum mistias mu
neribus ad xpm venerunt et ipm adorabant.

Man liest in dem andern konige buch daz
abner eyn furste der ritterschefte sauls
quam zu dauid in israhel das er zu eme wid
der brechte alles das folck von israhel das
nach folgete nach konig sauls hus das be
zeichent wol die zukunfft der drier konige
die mit heilgen gaben zu xpo quamen vnde
ene ane beteten.

Dauid Alle heiden die du machte sullen kom
men vnd an beten vur dir herre:

Legitur in tercio libro regum caplo decio
quod regina saba audita fama salomo
nis venit ad eum in ihrlm cum magnis mu
neribus eum honorando que quidam regina
gentilis erat q bene significabat gentes que
cum iam cum muneribus de longinquo ve
niebant adorare.

Man liest in dem dritten konige buch an
dem zehenden cappittel Da die konigine
von saba gehorte die mer von salomone daz
sie quam mit grossen gaben zu iherusalem
ene zu erene die was eyn heydynne Da be
zeichente wol die heyden die von ferre quamē
mit gabe got an zu bedene.

Witwe von Sarepta durch den Propheten Elia und die Auferweckung des Sohns der sunitischen Frau durch den Propheten Elisa zur Seite. Für die Kreuzigung Jesu werden die Opferung Isaaks und die Erhöhung der Schlange durch Moses in der Wüste als alttestamentliche Vorabbildungen angeführt. Die Auferstehung Jesu sehen die Armenbibeln durch Jona, der nach drei Tagen und drei Nächten aus dem Bauch des Walfischs ausgespien wird, und Simson, der um Mitternacht die Stadttore von Gaza wegträgt, vorgezeichnet. Während es sich bei diesen Beispielen um parallelisierende Typologien handelt, sieht dies bei der Darstellung von Jesu Versuchung durch den Teufel anders aus. Dort finden sich als alttestamentliche Entsprechungen zwei Gegenbeispiele zu Jesus und seiner Standhaftigkeit gegenüber dem Bösen, nämlich Eva, die der Versuchung durch die Schlange nachgab, und Esau, der sich zur Veräußerung seines Erstgeburtsrechts verleiten ließ. Mit der Geschichte, wie Maria mit dem Jesuskind in Ägypten den Tempel der Stadt Sotinen betritt und im selben Augenblick die dort angebeteten Götzenbilder zerbersten, hat auch eine beliebte Szene aus dem apokryphen Pseudo-Matthäusevangelium ihren festen Platz in den Armenbibeln. Als alttestamentliche Bezugspunkte werden die Anbetung des goldenen Kalbs in der Wüste und das Aufstellen der von den Philistern geraubten Bundeslade im Tempel Dagons herangezogen.

Das Erfolgsgeheimnis der Armenbibeln liegt darin, dass sie Zitate aus der Heiligen Schrift oder Kurzzusammenfassungen biblischer Texte mit eindrücklichen Bildern verbanden, um damit die Zuverlässigkeit der christlichen Heilslehre zu veranschaulichen. Schattenhaft bietet der alttestamentliche Typos einen Vorverweis auf die neutestamentlichen Erzählungen und verbürgt deren Wahrheit. Die Armenbibeln machten bildlich sichtbar, wie das Christusgeschehen die Erfüllung und Vollendung des Alten Testaments darstellt. Damit spendeten sie Trost und gaben Belehrung. Als Ende des 15. Jh.s dank des Buchdrucks mit beweglichen Lettern die Herstellung von Vollbibeln zu immer erschwinglicheren Preisen einsetzte, verloren die Armenbibeln an Bedeutung und gerieten fast völlig in Vergessenheit.

Eine typische Anordnung biblischer Szenen in den Armenbibeln: Die Anbetung des Jesuskindes durch die Heiligen Drei Könige ist von der Darstellung Abners, der König David seine Aufwartung macht, und der Königin von Saba, die König Salomo Geschenke bringt, umgeben. Armenbibel aus Nordhessen oder Westthüringen, zweites Viertel des 15. Jh.s

Historienbibeln

Großer Beliebtheit erfreuten sich im 14. und 15. Jh. neben den Armenbibeln auch die Historienbibeln, die ebenfalls oftmals reich bebildert waren. Sie ermöglichten vor dem Aufkommen gedruckter Bibelübersetzungen breiteren Bevölkerungsschichten die häusliche Lektüre der biblischen Erzählungen in volkssprachiger deutscher Prosa. Die Berichte der Bibel wurden dabei um apokryphe und profangeschichtliche Erzählungen erweitert. Als lateinische Textgrundlage für die deutsche Übersetzung diente in den Historienbibeln neben der Vulgata auch die im 12. Jh. verfasste *Historia Scholastica* des Petrus Comestor. Bei diesem Werk handelt es sich um eine Art Lehrbuch der Weltgeschichte, das sich von der Erschaffung der Welt bis in die Zeit der Apostel erstreckt. Außer diesen beiden Hauptquellen benutzen die Kompilatoren der Historienbibeln weitere Schriften, die außerbiblische Stoffe enthalten. Dazu zählt das apokryphe Erstevangelium des Jakobus, das in legendenhafter Form die im Neuen Testament im Dunkeln bleibende Familiengeschichte der Jungfrau Maria beleuchtet. Auf großes Interesse stießen zudem die romanhaften Erzählungen über Alexander den Großen, die in vielen Historienbibeln einen festen Platz haben. Zu den bekanntesten Historienbibeln gehören die 460 Blätter umfassende Vorauer Volksbibel von 1467 aus der Bibliothek von Stift Vorau bei Graz, welche die biblischen und profanen Geschichten in bairisch-österreichischer Sprache wiedergibt, und die Lübecker Historienbibel aus der Zeit um 1470, die sich des niederdeutschen Dialekts bedient. Der beliebte Typus der Historienbibel verschwand im 16. Jh. von der Bildfläche, da der Humanismus und die Reformatoren eine Vermischung biblischer und nichtbiblischer Stoffe ablehnten.

Im Anfang war das Wort
und das Wort war bei Gott
und Gott war das Wort.
H.M.

Die Geschäftsbeziehung endete mit einem Gerichtsprozess: Johannes Gutenberg, Johannes Fust und Peter Schöffer betrachten ihre ersten Druckversuche. Motiv aus *Die denkwürdigsten Erfindungen bis zum Ende des XVIII. Jahrhunderts*, Leipzig und Berlin 1882

5. Nur mit der digitalen Revolution vergleichbar:

ERFINDUNG DES BUCHDRUCKS

Im November 1455 wird in Mainz ein denkwürdiger Rechtsstreit geführt. Die notariell beglaubigte Urkunde über das Gerichtsverfahren befindet sich heute im Besitz der Universitätsbibliothek Göttingen. Prozessgegner sind der Kaufmann Johannes Fust und der Buchdrucker Johannes Gutenberg. Fust hatte Gutenberg 1449 und 1451 jeweils ein Darlehen über 800 Gulden gewährt und dafür selbst einen Kredit aufgenommen. Die ersten 800 Gulden waren für die Anschaffung der zum Buchdruck notwendigen Gerätschaften gedacht, die Gutenberg dem Geldgeber als Sicherheit überschrieb. Die Werkstatt wurde im Mainzer Humbrechthof eingerichtet, der einem in Frankfurt lebenden Verwandten Gutenbergs gehörte. Mit den zweiten 800 Gulden beteiligte sich Fust an den laufenden Kosten für ein Gemeinschaftsprojekt, bei dem es sich nur um den Druck der Gutenbergbibel gehandelt haben kann. Als Gutenberg alle Rückzahlungsfristen verstreichen lässt, kommt es zur juristischen Auseinandersetzung. Fust verklagt Gutenberg auf einen Betrag von mehr als 2000 Gulden, den dieser ihm für die beiden Darlehen samt Zins und Zinseszins schulde. Gutenberg hält dagegen, dass es sich gemäß mündlicher Vereinbarung um zinslose Kredite gehandelt habe. Die ersten 800 Gulden, für die er seine Gerätschaften an Fust verpfändet habe, seien ihm nicht vollständig ausgezahlt worden und über die zweiten 800 Gulden wolle er Rechenschaft ablegen. Am Ende konnte oder wollte Gutenberg das erste Darlehen nicht zurückzahlen. Damit gingen alle Gerätschaften vertragsgemäß in den Besitz Fusts über. Dieser betrieb nun gemeinsam mit Gutenbergs Mitarbeiter Peter Schöffer die Druckerei in Eigenregie weiter und brachte 1457 eine qualitativ hochwertige Ausgabe des Psalters in Dreifarbendruck auf den Markt. Im Blick auf das zweite Darlehen folgte das Gericht im Wesentlichen der Rechtsauffassung Fusts. Gutenberg musste das Geld samt Zinsen zurückzahlen und seinen ehemaligen Geschäftspartner an zu-

sätzlichen Gewinnen aus dem Gemeinschaftsunternehmen beteiligen. Bei der Bewertung dieser Vorgänge wird gerne die Legende gestrickt, dass der skrupellose Finanzmagnat Fust den wirtschaftlich unbedarften Idealisten Gutenberg auf hinterhältige Weise seiner Druckwerkstatt beraubte und in den Ruin trieb. In Wahrheit war es um Gutenbergs Zahlungsmoral schlecht bestellt. Zudem hatte er einen Teil der von Fust bereitgestellten Gelder zweckentfremdet und in seine eigene Druckerei auf dem elterlichen Anwesen in Mainz gesteckt, wo er Ablassbriefe und gut nachgefragte Lateinbücher herstellte. Unter dem Strich gingen wohl beide Geschäftspartner mit einem satten Gewinn aus dem Joint Venture heraus. Der Buchdruck war ein ebenso lukratives wie riskantes Geschäft, in dem hohe Investitionen erforderlich waren und mit harten Bandagen um die Verteilung der Erträge gekämpft wurde.

Johannes Gutenberg und die Revolutionierung des Buchdrucks

Johannes Gensfleisch zum Gutenberg kam irgendwann um 1400 als Sohn einer Mainzer Patrizierfamilie zur Welt. Das exakte Geburtsdatum ist nicht überliefert. Auch über die Jugendjahre Gutenbergs lässt sich nur spekulieren. Vermutlich besuchte er die Lateinschule in Eltville und absolvierte ein Universitätsstudium in Erfurt. Von 1434 bis 1444 war Gutenberg in Straßburg als Geschäftsmann und technischer Innovator auf dem Gebiet des Münzhandwerks und der Goldschmiedekunst tätig. Manche glauben, er habe dort bereits das neue Verfahren des Buchdrucks entwickelt, wofür es allerdings an eindeutigen Beweisen fehlt. Im Jahr 1448 kehrte er in seine Geburtsstadt Mainz zurück und nahm zunächst bei seinem Vetter Arnold Gelthus, später dann bei Johannes Fust hohe Darlehen auf, um seine Ideen zur mechanischen Vervielfältigung von Texten in die Praxis umsetzen zu können. Gutenberg hat den Buchdruck nicht wirklich erfunden, aber durch neue Techniken revolutioniert. Dadurch schuf er die Möglichkeit, Bücher in beliebig hohen Stückzahlen schnell und günstig herzustellen, um sie vielen Menschen zugänglich zu machen. In China und Korea hatte man zu jenem Zeitpunkt bereits jahrhundertelang Texte in Holztafeln geschnitzt und vervielfältigt. Dabei wurde das Papier auf den mit Farbe versehenen Platten abgerieben oder der Druckstock wie ein Stempel auf das Papier gepresst. Ein großer Nachteil dieser Technik war, dass die mühselig eingeschnitzten Schriftzeichen nicht wiederverwendbar waren und die hölzernen Druckstöcke sich schnell abnutzten. Seit dem 11. Jh. sind für China und Korea auch Druckpraktiken mit beweglichen Schriftzeichen belegt, die zunächst aus Ton gebrannt und später dann auch aus Metall gefertigt wurden. Die Einzigartigkeit der Erfindung Gutenbergs besteht darin, dass er ein Verfahren des Buchdrucks mit endlos wiederverwendbaren Bleilettern entwickelte und sich dabei als Erster einer Druckpresse zur massenhaften Vervielfältigung von Texten bediente.

Grundgedanke der Erfindung Gutenbergs war die Zerlegung des Textes, wie man ihn aus mittelalterlichen Handschriften kannte, in seine kleinsten Bestandteile. Sämtliche Buchstaben und Satzzeichen wurden einzeln geschnitten und gegossen. Dazu gravierte der Stempelschneider das gewünschte Schriftzeichen in das Kopfende eines Stahlstiftes seitenverkehrt als Relief ein und schlug den Stempel dann in weiches Kupfer. Die Kupfermatrize mit vertieftem Abdruck des Buchstabens oder Satzzeichens wurde in das von Gutenberg entwickelte Handgießgerät eingespannt, bevor man dieses mit einer flüssigen Metalllegierung füllte. Sie bestand zu ungefähr 80 Prozent aus Blei, dem geringe Mengen von Zinn, Antimon, Kupfer und Eisen beigegeben wurden. Die nach dem Erkalten und Aushärten des Gussmaterials gewonnenen Lettern, auf denen das Schriftzeichen

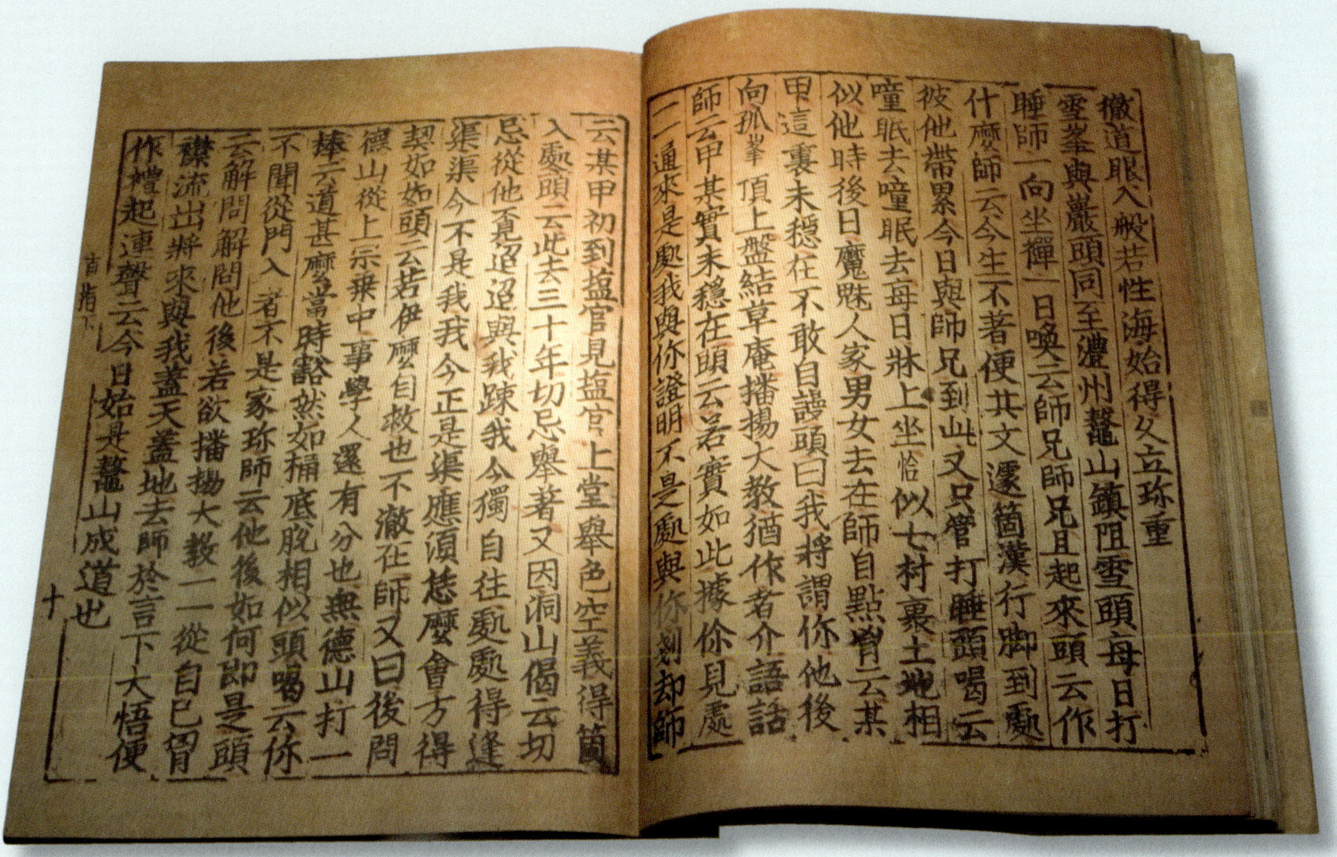

leicht erhöht und spiegelbildlich aufgebracht war, bewahrte man im Setzkasten auf. Zusammen mit dem Blindmaterial für die Zwischenräume konnten die Lettern mittels Winkelhaken zu Wörtern und Zeilen zusammengefügt werden. Dies geschah auf dem Setzschiff, einem gerahmten Holzbrett im Format des Satzspiegels. Gedruckt wurden anfangs immer nur einzelne Seiten. Die Buchdrucker fügten das Setzschiff in den Wagen der Druckpresse ein und trugen auf die fertig gesetzte Buchseite Druckerschwärze auf. Dies geschah mittels eines halbkugelförmigen Lederballens. Das angefeuchtete Papier wurde mit Nadeln in einem beweglichen Holzdeckel über dem Setzschiff fixiert. Danach klappte man den Deckel mit dem Papier vorsichtig auf den Satzspiegel und schob den Wagen unter die Druckplatte der Presse, den Tiegel. Durch einen hohen und gleichmäßigen Druck mit der Gewindespindel wurde die Druckerschwärze vom eingefärbten Typenmaterial auf das Papier übertragen. Für den Druck der Rückseite ließ sich das Papier anhand der Nadelstiche, mit denen es beim Druck der Vorderseite fixiert worden war, annähernd deckungsgleich ausrichten. Die Herstellung der Lettern war ausgesprochen kostenintensiv. Druckereien, die mit mehreren Pressen gleichzeitig arbeiteten, mussten hohe Investitionen tätigen. Den Stehsatz eines gesamten Buches hätte sich niemand leisten können. Um die Zahl der zu gießenden Lettern in Grenzen zu halten, nahm man während des Drucks der aktuellen Seite den Satz der vorangegangenen Seite wieder auseinander und nutzte deren Lettern, um die nachfolgende Seite zusammenzufügen. Gutenbergs Erfindung des mechanischen Buchdrucks mittels gegossener Bleilettern und Druckpresse stellte einen Entwicklungsschritt für die Menschheit dar, der im Bereich der Medien nur noch mit der digitalen Revolution des späten 20. Jh.s vergleichbar ist. Auch für die Bibel läutete sie ein neues Zeitalter ein.

Das älteste erhaltene mithilfe beweglicher Bleilettern gedruckte Buch ist das von dem koreanischen buddhistischen Mönch Baegun Gyeonghan verfasste *Jikji*. Der Druck in chinesischer Schrift stammt aus dem Jahr 1377.

Die Gutenbergbibel

Angesichts der Bedeutung der Heiligen Schrift für die Menschen des Spätmittelalters ist es nicht verwunderlich, dass das erste von Gutenberg gedruckte Buch eine lateinische Bibel war. Die Gutenbergbibel erschien 1455 in einer Auflage von rund 180 Exemplaren. Ungefähr 30 Stück wurden auf Pergament gedruckt, der Rest auf preiswerterem Papier. Als Grundlage des 1282 Seiten umfassenden zweibändigen Meisterwerks der Drucktechnik diente eine handschriftliche Bibel mit dem Standardtext der Pariser Vulgata. Bei der Pariser Vulgata handelt es sich um eine im 13. Jh. an der Sorbonne angefertigte lateinische Bibelausgabe, die im späten Mittelalter zum Mustertext für handschriftliche Kopien der Vulgata wurde. Die von Gutenberg als Vorlage verwendete Bibel ist verschollen. Allerdings befindet sich im Besitz der Library of Congress in Washington eine Mainzer Bibelhandschrift aus der Zeit um 1450, die Gutenbergs mutmaßlicher Vorlage sehr nahekommt. Eine Besonderheit der Pariser Rezension der Vulgata und damit auch der Gutenbergbibel besteht darin, dass in sie drei Schriften eingeflossen sind, die ursprünglich nicht zum Bibelkanon der lateinischen Kirche gehörten, nämlich das dritte Esrabuch, das vierte Esrabuch und das Gebet des Manasse.

Die Pariser Bibel oder Sorbonnebibel diente als Textgrundlage für die 1455 erschienene Gutenbergbibel.

Die Esrabücher stiften mit ihrer nicht einheitlich festgelegten Nummerierung erhebliche Verwirrung. Das dritte Esrabuch, das eine freie Nacherzählung des Esrabuchs der hebräischen Bibel unter Einbeziehung von Textpassagen aus dem zweiten Chronikbuch und dem Nehemiabuch bietet, war in der Septuaginta als erstes Esrabuch den dort zusammengefassten und als zweites Esrabuch bezeichneten Büchern Esra und Nehemia vorgeschaltet. In der lateinischen Kirche, die das Esrabuch der hebräischen Bibel als ersten Esra und das Nehemiabuch als zweiten Esra bezeichnete, wurde es zum dritten Esrabuch und zählte ebenso wenig zum Kanon wie das vierte Esrabuch, eine um 100 entstandene jüdische Apokalypse. Manasse herrschte im 7. Jh. v. Chr. mehr als 50 Jahre als König über Juda. Er hat im Alten Testament einen schlechten Ruf, da er fremden Kulten Eingang in Jerusalem gewährte und die Zauberei förderte. Nach 2 Chronik 33 soll er aber in der assyrischen Gefangenschaft für sein sündhaftes Verhalten Buße getan und daraufhin wieder Gnade in den Augen Gottes gefunden haben. Diese Überlieferung motivierte um die Zeitenwende einen unbekannten jüdischen Denker dazu, ein vermeintlich von Manasse gesprochenes Bußgebet zu entwerfen. Dieses auf Griechisch formulierte Gebet floss in die Septuaginta ein, wo es im Codex Alexandrinus (5. Jh.) und Codex Turicensis (7. Jh.) unter den Oden begegnet. Ab dem 13. Jh. ist das Gebet des Manasse in lateinischer Fassung in einem Teil der Vulgatahandschriften als Anhang zum zweiten Chronikbuch nachweisbar. Indem die Gutenbergbibel unter Einfluss ihrer handschriftlichen Vorlage das Gebet des Manasse und das dritte wie vierte Esrabuch übernimmt, verhalf sie diesen Schriften in der katholischen Kirche des Spätmittelalters zu kanonischem Ansehen, bevor sie 1546 auf dem Konzil von Trient wieder aus dem Bibelkanon ausgeschieden wurden.

Bei der Gestaltung des Schriftbilds und Seitenlayouts hielt sich Gutenberg eng an die als Vorlage herangezogene handschriftliche Bibel, indem er den Text in zwei Kolumnen im Blocksatz anordnete und als Schriftart die Textura wählte. Die in spätmittelalterlichen Handschriften dominante Textura ist gotischen Ursprungs. Sie verleiht mit ihrer gitterförmigen Struktur der fertigen Seite ein sehr geschlossenes Satzbild und lässt sie optisch wie ein Gewebe, eine *textura*, wirken. Bei den Lettern hätte Gutenberg sich theoretisch auf die 26 Buchstaben des Alphabets, jeweils in Klein- und Großschreibweise, und die Satzzeichen beschränken können. Um ein harmonisches Druckbild zu gewinnen und die Textura-Schrift der Kalligrafen so weit wie möglich nachzuahmen, verwendete er allerdings 290 unterschiedliche Schriftzeichen, darunter neben Abbreviaturen (Abkürzungen) auch mehr als 80 Ligaturen. Unter einer Ligatur versteht man die Verbindung zweier Buchstaben zu einer Drucktype, die platzsparend ist und zur Vermeidung unschöner optischer Lücken im Text beiträgt. Die Setzer und Korrektoren mussten über gute Lateinkenntnisse verfügen. Der Satzspiegel hat das Format von 19,5 x 29 Zentimetern. Nach einer Reihe von Druckversuchen entschied sich Gutenberg für die Zahl von 42 Zeilen pro Kolumne. Auf eine Seite passten ungefähr 2600 Buchstaben. Beim Druck kam es naturgemäß auch zu Fehlern, die manchmal zu spät bemerkt wurden. In der Stuttgarter Gutenbergbibel, die das Land Baden-Württemberg im April 1978 für umgerechnet vier Millionen Mark beim New Yorker Auktionshaus Christie's ersteigerte, wurde ein Blatt aus dem Kolosserbrief auf der Rückseite versehentlich mit dem Satz jener Seite bedruckt, die das Ende des Titusbriefs und den Beginn des Philemonbriefs bietet. Während diese Seite somit ein zweites Mal vorhanden ist, fehlen die eigentlich dorthin gehörenden Textabschnitte aus dem zweiten und dritten Kapitel des Kolosserbriefs.

Der gefesselte Manasse als reuiger Sünder. Stich aus der Werkstatt von Jacob de Gheyn II. nach einer Vorlage von Karel van Mander, 1595/96

de hebreis voluminibꝫ additū noue-
rit eque usqꝫ ad duo puncta·iuxta theo-
dotionis dumtaxat editionē: qui sim-
plicitate sermonis a septuaginta inter-
pretibus nō discordat. Hec ergo et uo-
bis et studioso cuiqꝫ fecisse me sciens·
nō ambigo multos fore·qui uel inui-
dia uel supercilio malent contemnere
et uidere preclara quam discere: et de
turbulento magis riuo quam de pu-
rissimo fonte potare. Explicit prolog⁹.
Incipit liber ymnorū uel soliloquiorum. I
Beatus vir qui nō
abijt in cōsilio im-
piorū: et in uia pec-
catorum nō stetit:
et in cathedra pesti-
lētie nō sedit. Sed
in lege domini volūtas eius: ꝛ in lege
eius meditabitur die ac nocte. Et erit
tamqꝫ lignū quod plātatum est secus
decursus aquarū: qd fructū suū dabit
in tpe suo. Et foliū eius nō defluet: ꝛ
omnia queqꝫ faciet prosperabūtur.
Non sic impij nō sic: sed tamqꝫ pul-
uis quē proicit uētus a facie terre. I-
deo nō resurgūt impij ī iudicio: neqꝫ
peccatores in cōsilio iustorū. Quoniam nouit dominus viā iustoꝝ: ꝛ iter
impiorum peribit.
Quare fremuerūt gētes: et ppli me-
ditati sunt inania? Astiterūt
reges terre et principes cōuenerunt in
unū: aduersus dūm ꝛ aduersus xpm ei⁹.
Dirumpam⁹ vincla eoꝝ: ꝛ piciam⁹
a nobis iugū ipoꝝ. Qui habitat ī ce-
lis irridebit eos: ꝛ dūs subsānabit eos.
Tunc loquetur ad eos in ira sua: ꝛ in
furore suo cōturbabit eos. Ego autem cōstitut⁹ sum rex ab eo super syon
montem sanctū ei⁹: pdicās preceptū
eius. Dominus dixit ad me filius
meus es tu: ego hodie genui te. Po-
stula a me et dabo tibi gentes heredi-
tatem tuā: et possessionē tuā terminos
terre. Reges eos ī uirga ferrea: ꝛ tan-
qꝫ uas figuli cōfringes eos. Et nūc
reges intelligite: erudimini q̄ iudica-
tis terrā. Seruite dūo ī timore: et ex-
ultate ei cū tremore. Apprehendite di-
sciplinam: ne quādo irascatur dominus ꝛ pereatis de uia iusta. Cum ex-
arserit in breui ira eius: beati omnes
qui confidunt in eo. Psalmus david
cū fugeret a facie absolon filij sui. II
Domine qd multiplicati sunt qui
tribulāt me? multi insurgūt ad-
uersum me. Multi dicūt anime mee:
nō est salus ipsi in deo eius. Tu aūt
dūe susceptor me⁹ es: gloria mea ꝛ ex-
altās caput meū. Voce mea ad do-
minū clamaui: ꝛ exaudiuit me de mō-
te sācto suo. Ego dormiui ꝛ soporat⁹
sum: ꝛ exurrexi quia dūs suscepit me.
Non timebo milia populi circūdan-
tis me: exurge dūe saluū me fac deus
meus. Quoniam tu pcussisti omēs
aduersantes michi sine causa: dentes
peccatorū cōtriuisti. Domini est sal⁹:
et super populū tuum benedictio tua.
In finem in carminib⁹ psalm⁹ david. III
Cum inuocarē exaudiuit me deus
iusticie mee: i tribulatione dila-
tasti michi. Miserere mei: et exaudi o-
rationē meā. Filij hominū usqꝫ quo
graui corde: ut quid diligitis vanita-
tem et queritis mēdacium? Et scitote
quoniā mirificauit dūs sāctum suū:
dūs exaudiet me cū clamauero ad eū.
Irascimini et nolite peccare: qui di-
citis in cordibus vestris in cubilibus
vestris compungimini. Sacrificate
sacrificiū iusticie ꝛ sperate in domino:
multi dicunt qs ostendit nobis bona.

Da der Druck nur in Schwarz-Weiß erfolgte und sämtlicher Buchschmuck später von Hand nachgetragen wurde, war jede Gutenbergbibel ein Unikat. Von den erhalten gebliebenen 49 Exemplaren sieht keines wie das andere aus. Zur Standardausstattung gehörte die Rubrizierung, die handschriftliche Ergänzung von Überschriften und Kapitelzahlen mit roter Tinte. Anfängliche Experimente Gutenbergs mit einem mehrfarbigen Druck hatten nicht zu qualitativ zufriedenstellenden Ergebnissen geführt. Im Münchener und Wiener Exemplar der Gutenbergbibel blieb die *Tabula rubricarum* erhalten, eine Liste aller gewünschten roten Einfügungen, die nach Abschluss des Drucks manuell ergänzt werden sollten. In manchen Gutenbergbibeln sieht man, dass die Rubrikatoren nicht immer mit der notwendigen Sorgfalt arbeiteten. Zuweilen ließen sie den Buchtitel in der Kopfzeile, die Kapitelangabe oder die Zwischenüberschrift weg. Zudem unterliefen ihnen gelegentlich Schreibfehler. Auch wenn die Bibel bereits rubriziert war, handelte es sich noch um ein unfertiges Buch. Um einen durchweg lesbaren Text zu erhalten, mussten die beim Satz freigelassenen Flächen für Zierinitialen von Kalligrafen gefüllt werden. Einen im Zweifelsfall verzichtbaren Luxus stellte dagegen die Verschönerung der Bibel mit Bildmotiven und Rankenschmuck dar. Die Buchmalereien variierten je nach den Wünschen und der Finanzkraft des Käufers, wobei auch der Bestimmungszweck der Bibel eine Rolle spielte. Wenn sie dem regelmäßigen gottesdienstlichen Gebrauch oder dem Studium dienen sollte, wie es offenkundig auf die erhalten gebliebenen Exemplare aus München, Stuttgart und Kassel zutrifft, war sie auf Papier gedruckt und recht schlicht gehalten. Daneben stehen Luxusbibeln aus Pergament wie das Göttinger und das Berliner Exemplar der Gutenbergbibel, die kunstvoll ausgemalte Initialen sowie reichhaltige Randverzierungen mit prachtvollen Bildmotiven und Rankenmustern aufweisen. Zwischen 1458 und 1460 erschien in Bamberg eine weitere lateinische Bibel, deren Druck vermutlich ehemalige Gesellen Gutenbergs aus dessen Mainzer Werkstatt besorgten. Sie hat aufgrund einer größeren Schrifttype nur 36 Zeilen pro Kolumne und ist dadurch im Umfang um fast 500 Seiten gewachsen. Von dieser zweiten Auflage der Gutenbergbibel blieben nur 13 Exemplare vollständig erhalten.

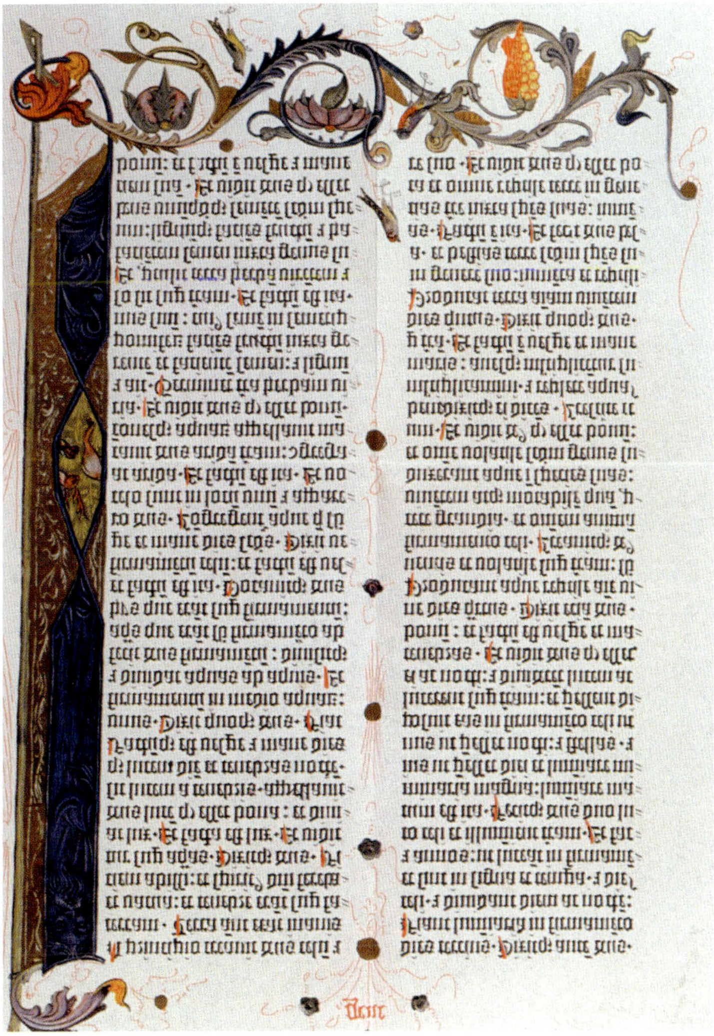

Kunstvoll verziertes Blatt mit dem Beginn des Psalters in der 42-zeiligen Ausgabe der Gutenbergbibel in der Staatsbibliothek zu Berlin

Seite aus der 36-zeiligen Bamberger Ausgabe der Gutenbergbibel

Deutsche Bibeldrucke vor Luther

Der Buchdruck ermöglichte nicht nur eine Herstellung der Vulgata in höheren Stückzahlen, sondern trug auch zur raschen Verbreitung deutscher Bibeln bei. Vor allem das zahlungskräftige städtische Bürgertum hatte ein starkes Verlangen danach, zur persönlichen geistlichen Erbauung eine Bibel in der Umgangssprache zu besitzen. Die Aussage von Johannes Aurifaber aus dem Jahr 1566, die Bibel habe voller Staub unter der Bank gelegen, bis Luther sie hervorzog und mit seiner Übersetzung allen Menschen in verständlicher Sprache zugänglich machte, ist eine Übertreibung. Vor dem Erscheinen von Luthers Septembertestament 1522 sind 14 hochdeutsche und vier niederdeutsche Druckausgaben der Bibel belegt. Die Zentren des hochdeutschen Bibeldrucks waren Straßburg, Augsburg und Nürnberg. Im Jahr 1466 brachte Johannes Mentelin in Straßburg die erste gedruckte Bibel in deutscher Sprache auf den Markt. Zur Senkung der Herstellungskosten wählte er für den zweispaltigen Satz eine relativ kleine Drucktype, die einer rundgotischen Handschrift nachempfunden war und 61 Zeilen pro Spalte zuließ. Damit schuf er eine kompakte Bibel von kaum mehr als 800 Seiten, deren Kaufpreis sich im Vergleich mit der lateinischen Gutenbergbibel im Rahmen hielt, aber immer noch bei zwölf Gulden lag und damit in etwa dem Wert von vier Ochsen entsprach. Die Initialen und weiterer Buchschmuck wurden auch hier von Kalligrafen und Malern eingefügt. Beim Text griff Mentelin auf eine sehr wörtliche und zu seiner Zeit bereits sprachlich veraltete Übersetzung zurück, die um 1400 im süddeutschen Raum aus einer spanischen Rezension der Vulgata erstellt worden war. Anders als in der Pariser Vulgata und der Gutenbergbibel fehlen in der spanischen Vulgata und damit auch in der Mentelinbibel das Gebet des Manasse und das vierte Esrabuch, während das dritte Esrabuch vorhanden ist. Zudem bietet die Mentelinbibel im Neuen Testament im Anschluss an den Galaterbrief den apokryphen Laodizenerbrief. Ein Schreiben des Apostels Paulus an die Gemeinde von Laodizea wird am Ende des biblischen Kolosserbriefs erwähnt, blieb aber nicht erhalten. Dies führte irgendwann zwischen dem 2. und 4. Jh. zur Fälschung eines Laodizenerbriefs, der eine Aneinanderreihung von Aussagen aus anderen Paulusbriefen bietet. Dieser Brief stand in der lateinischen Kirche in hohem Ansehen und wurde in einen Teil der Vulgatahandschriften aufgenommen, womit er auch in die Mentelinbibel und die weiteren von ihr abhängigen deutschen Bibeln gelangte.

Beginn des Prologs der Mentelinbibel aus dem Jahr 1466

Trotz ihrer antiquierten und holprigen Sprachgestalt, die den lateinischen Satzbau nachahmt, erfreute sich die Mentelinbibel großer Beliebtheit. Sie wurde vor 1470 in Straßburg von Heinrich Eggestein in leicht verbesserter Form nachgedruckt und zur direkten oder indirekten Vorlage von zwölf weiteren hochdeutschen Bibeldrucken vor Luther. Daraus ragen die Zainerbibel und die Kobergerbibel hervor. Günther Zainer war vermutlich in Straßburg bei Mentelin tätig, bevor er in Augsburg eine eigene Buchdruckerei gründete. Dort brachte er 1475 eine Bibel heraus, die den Text der Mentelinbibel anhand der Vulgata verbesserte und auch sprachlich modernisierte. Zudem nahm Zainer das Gebet des Manasse als Anhang zum zweiten Chronikbuch auf. Drucktechnische Innovationen Zainers machten die Arbeit der Rubrikatoren und der für die Initialen zuständigen Kalligrafen überflüssig. Die bis dahin handschriftlich nachgetragenen Kapitelüberschriften wurden nun genau wie der restliche Text gesetzt und vor dem Druck rot statt schwarz eingefärbt. Auch die Initialen wurden in der Zainerbibel mitgedruckt und nicht mehr von Hand eingefügt. Am Anfang jedes biblischen Buches sind sie als prachtvolle Miniaturbilder gestaltet, die im Holzschnittverfahren gefertigt und nachträglich koloriert wurden. Für die Kapitelinitialen wurden Großbuchstaben in den Satz eingefügt und mit roter Druckfarbe versehen. Zusammen mit der zeitgleich publizierten Pflanzmannbibel war die Zainerbibel damit der erste illustrierte deutsche Bibeldruck. Nachdem sie 1477 nochmals in einer leicht revidierten Neuausgabe auf den Markt gekommen war, wurde sie von der ebenfalls in Augsburg hergestellten Sorgbibel abgelöst. Anton Koberger betrieb in Nürnberg eine für damalige Verhältnisse gigantische Druckwerkstatt, in der er mit rund 100 Mitarbeitern

Incipit epistola sancti Jeronimi presbiteri ad
paulinum de omnibus divine hystorie libris

Prologus

Brůder Ambroſius der hat
vns pracht ein cleine gab. Do
mit hat er auch praucht die
aller ſůſſten prieffe · die von
dē anegange ꝺ freuntſchaft ·
des glauben jezund des bewer
ten glaubens vnd auch alter
freuntſchaft hab wir auſge
ſprochen. Wann worum das iſt ein ware noturfti
keit · vnd iſt zů ſamen gefůgt mit dem leym criſti ·
die nit heimlichkeit der dinge · noch gegenwirtikeit
allein der leichnam · vorſetzen noch betrieglich noch
zů ſmeichende zů plauſung · ſunder gottes forcht · vñ
die fleis gôtlicher ſchrift vorſůnet. Wir leſē in den
alten hiſtorien · das etzliche haben vmbgangen das
lande vñ haben beſůcht newes volck · vnd habē vber
gangen das mer · auff das das ſy mochten vor in ge
ſehen · was ſy bekanten aus den pûchern. Vnd alſo
hat durchgangen pictagoras die menphiticos pha
tes · vnd plato egiptum · vnd architam tarētinum ·
vnd auch die port ytalie · die vor zeiten iſt geheiſſen
die gros grecia · vnd hat die gar ſchwerlichen vber:
gangen · alſo deñ do vor was ein meiſt zů athenis ·
vnd was eins ytlichē lerers mechtig · vñ das in der
heidniſchen ſchůle athademie vber all ſein lere hat
den laut · der ward dar nach ein pilgraim vnd ein
junger · vnd wolt vil lieber fremde kunſt mit ſcha:
me lernen · weñ ſein eigne kunſt an ſchame aus ge
ben. Vnd do er nu die ſchrift [illegible] gleich
erweyſe als ſy fluchtig were in aller werlte. Dar:
nach ward er geuangen von den merraubern · vnd
auch ward er verkauft · eim grauſamē wutrich vñ
dem ward er gehorſā · vnd geuangen zůgefůrt vnd
ward do ein gefaſſelter knecht. Jdoch daz er was ein
naturlich meiſter ſo was er in dem gemůt grôſſer
weñ er was · wir leſen das etzlich edel lut von dem
euſſern teil hiſpanie vnd auch von den enden gallia
rum · ſein kummen zů tyto liuio · vnd des geſprech
floß als ein michel pach · vnd die menſchen die gen
rom nit mochten gezieचen · zů ir beſcheulichkeit die
fůrt zů ir eines menſchen leumut. Vnd das alter
hat ein vngehortes vnd ein offenbars wunder aller
werlt · alſo das ſy waren engegen gegangen in ein
ſoliche groſſe ſtat · das ſy noch etwas ſůchten. Aus
der ſtat appolonius aber der zaubrer nach dem ge:
ſprech des pobels · oder der naturlichen menſchē · als
das veriechen die pictagorici · vnd er gieng ein in
perſas · er durch ging caucaſum den perck · daz waſ
ſer albanos · ſatas · maſagitas · vnd durch ging die
reichſten lande in judea · alſo kam er zů letzten an
das aller preitſte waſſer phyſon · das vbergieng er
nit ſunder er kom hin in progman · auf das das er
wurde hôren ytharcham der do ſaß auf dem guldin
ſtůl vnd was lerend vnd von dem pruñen tantali
wie man den trincken ſol · vnd der hat winczig iun
ger · vnd die lerte er von der natur vnd ſitten vnd
von dem lauff des tages vnd der geſtirn. Vnd dar
nach wandert er durch elamiten · vnd durch die ba:
bilonier · vnd die caldeos · medos · vnd aſſirios · par
tos · ſirios · phenicas · arabes · paleſtinos · vnd kerte
wider zů allexandriam · vnd durch wandert morē
lande auff das das er wurd ſehen in der heidniſchen
ſchůlen den tiſch der ſuñen der wol verleumůt waz
vnd den wolt er ſehen in dem ſant. Vnd fand der
man an allen ſteten was er lernet · vnd alſo nam er
alwege zů vnd was alwegen peſſer vber ſich ſelber.
Vnd er hat geſchribē vber das fôrderlich acht pûch
er naturlicher kunſt. Capitulum ii.

Das rede ich von werntlichen menſchen
ſint eins mals daz paulus der xij pote: daz
vas der auſerwelung · vnd der meiſter der
heiden · der der von gewiſſen eins ſôlichen gaſtes ·
in im alſo hat geredt. Was ſol daz ſein der ſůcht ir
derforſchung daz in mir redt criſtus. Darnach hat
er beſůcht damaſcum vnd arabiam: darnach ſteig
er auf gen jrl'm das er wolt ſechē petrum vnd pleib
bey im xv tage. Vnd diſe ſiben vnd acht: bedeuten
geiſtlichen das er ſol ſein ein zůkunftiger prediger
der heiden vnd die zů vnterweiſē. Aber anderweid
nach xiiij iaren do nam er mit im barnaba vnd ty:
to · vnd leget aus das ewangelium mit den xij bot:
ten · das er villeicht ycht lief oder hett gelauffen ver
gebens vnd vmb ſunſt. Es hat vnd ich weys nit
was verborgne craft: vnd wirckung daz werck liep
licher ſtymē: wirt aus gegoſſē in die oren des iung
gern: ſo ſy ſtercklich lautent aus dē munde des mei:
ſters. Vñ dorumb vnd do eſtenis ellend was zů ro:
di · vnd do man las das gedichte damaſtenis das er
hat gehabt wid in. Vnd do ſy ſich des alle gewun:
derten vnd lobten: vnd do erſeufzte er vnd ſprach.
Was hetten ſy getan · hetten ſy gehort das ein tyer ·
ſôliche wort het aus gedônet. Capitulum iii.

Diſe dink ſprich ich nicht · darū das icht dez
gleichen in mir ſey · ſo das du mugſt ge:
lernen von mir · aber das du mugſt geho:
ren von mir: beſunder dein hitz vnd fleis zů der ler
nung · ſol bewert werden auch an vns. Wann ler:
lichs gemůt · vnd ſynnen einer lere iſt lobes wert.
Wir mercken nit was du findeſt: ſunder was du
ſůchſt. Ein weiches wachs vnd das gering iſt vnd
gepeug [illegible] zů den formē: auch ob nu die hend der mei:
ſters vnd des werckers auf hôren: jdoch iſt es gancz
in ſeiner craft was doraus werden mag. Paulus
der xij botte geendet do von das er das geſetz moyſi
vnd prpheten hab gelernet: zů den fůſſen gamaliels
vnt das er alſo geharniſcht was mit den geiſtlichē
pfeilē: vnd do von ſprach er hinnach ſicherlich. Die
waffen vnſer ritterſchaft ſint nit fleiſclichē · ſunder
der gewalt dez herrē · zůſtôren alle hôhe die ſich erhebe
vber die kunſt gotz: vnd wir ſein vachend alle ver:
nunft vnd verſtentlichkeit gehorſam ſein zů criſto:
vnd wir ſein bereit vndertenig zůmachē alle vnge:
horſamkeit. Er ſchreibt das thimotheus ſey gelert
worden mit heiliger ſchrift von ſeinē kintlichen ta:
gen: vnd den vermant er zů dem fleys ꝺ letzen: vnd
daz er nit vſaum die gnad die im gegebē ſey wôden
mit ꝺ auflegung der hand des prieſters. Er gepeut
tyto das er vnt ādern tugendē die do zů gehôrē einē
biſchof · die er entworffē hat mit kurczen reden · daz

der man entlehen von seynem freunde. vnd das weyb von irer nachbewrin dye silberen vaß vn̄ die gulden vnd klayder. wann der herr gibt genad seym volck vor den egiptiern. Vnd moyses was gar eyn grosser mann in dem lannd egipt. vor den knechten pharaons vn̄ vor allem volck. Vnd er sprach. Dise ding spricht der herre. Zu mitternacht gee ich eyn in egipt .vnd eyn yegkliche erste gepurt in dem land der egiptier dye stirbt vō der erstēgepurt pharaons ď do sitzet auff seynē künigßstul bis zu der ersten geburt der diern die do ist zu der mül. vnd alle dy erstgeboren der vih.vnd wirt groß geschray in allē dem lannd egipt. das eyn sölicher vor nit was noch darnach ist künfftig. Aber bey allen den sünen israhel ergrillet nit eyn hund. von dē menschen bis zu dē vih. dz ir wissend mit wie großē wunderē der herre teylt die egiptier vn̄ israhel Vnd alle deyne knecht geen ab zu mir.vnd anbettend mich.sagēd. Du gee auß vn̄ alles volck das dir ist vndertenig. Nach disen dingē werdē wir außgeen.vn̄ er gieng auß gar zornig vō pharaon. Der herr sprach zu moyses.pharao ď erhört euch nit.das manig zaichē werdē gethā in dem land egipt. Wan moyses vnd aaron die tetten alle die wunder vor pharaon dye do seyn geschribē. Vn̄ der herr erherttet dz hertz pharaons.er ließ nicht dy sün israhel vō seym land.

Das .XII. Capitel wie got gebotte dē kindern israhel zu eren den tag irer erlösung zu ewigen tagē.vn̄ wie sy auß egipten komen.

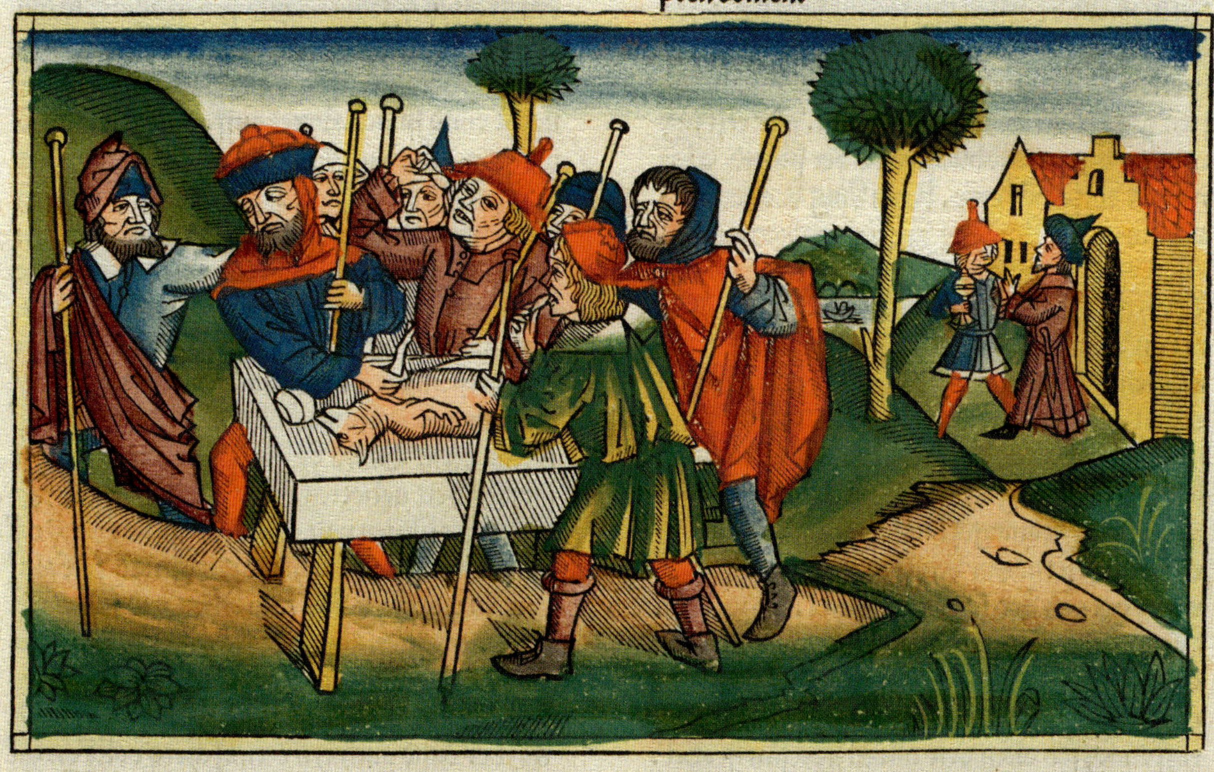

Vnd der herr sprach zu moyses vn̄ aaron in dē land egipt. Diser monat wirt euch ei anfāg ď monet. er wirt der erst vnder dē monendē des iares. Redt zu allen dē samungen ď sün israhel.vn̄ sprecht zu in. An dem zehendē tag des monetz. eyn yegklicher nem eyn lamb durch das hauß gesind vnd durch seyn hewser. Vnd ob die zal ist mynder das sy nit mag begnügen zeessen dz lamb. Er nem seynen nachbawren. der do ist zu gefüget seynē hauß. nach der zal der selen. dye do mügē benügen zu dē essen des lambs. Wan̄ dz lamb soll sei on maßen. mēlichs ierigs.nach dem selben sitten nembt auch eyn kitzleyn. vnd behalt es bis an den vierzehendē tag des monetz. Vn̄ alle dy menig der sün israhel opferet das an dē abent.vnd nemend von seym blut vn̄ legend es auff yetweders geschwel vn̄ auff die obertür der hewser do yn sy essend. Vnnd sye essen dz fleisch in der nacht gebrattē mit fewer vnnd vngesewerten brot mit wilden lactucken. Kein ding essent von im roeh noch gesottē mit wasser.aber allein gebrattē bey dē fewer. Das haubt mit dē füssen.vn̄ mit dē yngewayd werdent ir essen.kein ding beleybe vō im bis an dē morgen. Vn̄ ob icht vber beleybt das verbrent mit fewer.vn̄ also süllēd ir essen. Gürtend ewer lende vnnd habend schuh an den füssen. halt

auf 24 Pressen Druckerzeugnisse unterschiedlichster Art herstellte. Zudem besaß er mehrere Papiermühlen. Seine weitgespannten Geschäftsbeziehungen und sein stattliches Betriebskapital erlaubten es ihm, bei der Ausstattung seiner 1483 erschienenen und textlich im Wesentlichen auf der Zainerbibel beruhenden Bibelausgabe mehr zu wagen als seine Vorgänger. Die Kobergerbibel besticht durch eine gefällige neue Drucktype, eine reichhaltige Rubrizierung und 109 großformatige Holzschnitte, die wenige Jahre zuvor bereits in den beiden Ausgaben der Kölner Bibel erschienen waren. Zahlungskräftige Kunden konnten die Bilder in Malerwerkstätten prachtvoll kolorieren lassen. Das Buch, von dem schätzungsweise 1500 Exemplare gedruckt wurden, war ein Verkaufsschlager.

Die angesprochene Kölner Bibel ist der älteste niederdeutsche Bibeldruck des vorreformatorischen Zeitalters. Sie kam um 1478 parallel in zwei Versionen des Niederdeutschen heraus, um Regionen mit unterschiedlichen Mundarten bedienen zu können. Während die eine Kölner Bibel in niedersächsischer Dialektform gehalten ist, weist die andere Kölner Bibel eine mit dem Niederländischen verwandte niederrheinische Sprachgestalt auf und basiert im alttestamentlichen Teil hochgradig auf dem 1477 als Druck erschienenen Delfter Alten Testament. Angesichts der Brisanz, die eine volkssprachliche Bibel in der Dominikanerhochburg Köln in sich barg, geben sich die Hersteller der beiden Bibeln nicht zu erkennen. Es handelte sich wohl um ein Gemeinschaftswerk der Kölner Drucker Heinrich Quentell und Bartholomäus von Unckel, an dem Anton Koberger aus Nürnberg als Investor beteiligt war. Wegweisend wurden die Kölner Bibeln mit ihren 113 Holzschnitten im Großformat, die einen Meilenstein der deutschen Bibelillustration des vorreformatorischen Zeitalters markieren und deren Druckstöcke sich Anton Koberger nach Beendigung des Joint Venture für seine Nürnberger Bibel sichern konnte. Die Motive der Holzstiche waren, wie aus dem Vorwort der Kölner Bibeln hervorgeht, Gemälden aus Klöstern und Kirchen nachempfunden. Nicht zuletzt die Wiederverwendung der Holzstiche in der auflagenstarken Kobergerbibel sicherte ihnen einen hohen Verbreitungsgrad und immense Popularität. Sie wurden nicht nur in der Mehrzahl der weiteren vorreformatorischen Druckausgaben nachgeahmt, sondern bildeten auch die Vorlage für die Illustrationen der italienischen Bibel in der Übersetzung von Niccolò Malermi, die Lucantonio Giunta 1494 in Venedig herausgab.

In den Traditionsstrang der vier niederdeutschen Bibeln vor Luther gehören neben den beiden Kölner Bibeln noch die Lübecker Bibel von 1494 und die Halberstädter Bibel von 1522. Die Lübecker Bibel mit ihren kunstvoll gestalteten Initialen und Bildern hat die niedersächsische Ausgabe der Kölner Bibel zum Vorbild, deren Text allerdings an zahlreichen Stellen überarbeitet oder neu aus der Vulgata übersetzt wurde. Die 153 Holzschnitte sind Neuschöpfungen eines unbekannten norddeutschen Künstlers. Mit ihrer Konturenschärfe und Plastizität entfalten sie eine ästhetische Wirkung, die eine nachträgliche Kolorierung entbehrlich machte. Die Halberstädter Bibel, die Lorenz Stuchs im Haus seines Geldgebers Ludwig Trutebul druckte, bietet im Kern einen überarbeiteten Text der Lübecker Bibel. Die meisten ihrer mehr als 100 Illustrationen wurden aus der Kölner Bibel übernommen, deren bereits in der Kobergerbibel wiederverwendeten und offenkundig sehr langlebigen Druckstöcke Lorenz Stuchs in Nürnberg käuflich erworben hatte. Sechs neue Holzschnitte, darunter eine Darstellung des Hieronymus als Bibelübersetzer, steuerte der Halberstädter Künstler Conrad Drake bei. Die Tragik der Halberstädter Bibel liegt darin, dass sie im Juli 1522 und damit nur wenige Wochen vor Luthers Septembertestament auf den Markt kam. Der Konkurrenz aus Wittenberg war sie in keiner Weise gewachsen, zumal sofort auch niederdeutsche Fassungen von Luthers Neuem Testament erschienen. Die Halberstädter Bibel wurde wirtschaftlich zu einem Fiasko und trieb das Verlagshaus von Ludwig Trutebul in den Bankrott. Das Druckwesen bot ungeahnte Gewinnmöglichkeiten, blieb angesichts der Investitionskosten für Gerätschaften, Gießmaterial und Papier jedoch weiterhin ein hochriskantes Geschäft. Mit Büchern konnte man außerordentlich viel Geld verdienen, im Falle des Misserfolgs aber schnell auch in die völlige Katastrophe schlittern.

Darstellung der Opferung des Passalamms aus Exodus 12 in der Kobergerbibel aus dem Jahr 1483. Handkolorierter Holzschnitt eines unbekannten Künstlers

Deutsche Bibeldrucke vor Luther			
JAHR	TITEL	DRUCKORT	DRUCKER
1466	Mentelinbibel	Straßburg	Johannes Mentelin
1470	Eggesteinbibel	Straßburg	Heinrich Eggestein
1475	Zainerbibel	Augsburg	Günther Zainer
1475	Pflanzmannbibel	Augsburg	Jodocus Pflanzmann
1476–1478	Sensenschmidtbibel	Nürnberg	Andreas Frisner / Johann Sensenschmidt
1477	Zweite Zainerbibel	Augsburg	Günther Zainer
1477	Sorgbibel	Augsburg	Anton Sorg
um 1478	Kölner Bibel niederrheinisch	Köln	Heinrich Quentell / Bartholomäus von Unckel
um 1478	Kölner Bibel niedersächsisch	Köln	Heinrich Quentell / Bartholomäus von Unckel
1480	Zweite Sorgbibel	Augsburg	Anton Sorg
1483	Kobergerbibel	Nürnberg	Anton Koberger
1485	Grüningerbibel	Straßburg	Johann Grüninger
1487	Schönspergerbibel	Augsburg	Johann Schönsperger
1490	Zweite Schönspergerbibel	Augsburg	Johann Schönsperger
1494	Lübecker Bibel	Lübeck	Steffen Arndes
1507	Otmarbibel	Augsburg	Johann Otmar
1518	Zweite Otmarbibel	Augsburg	Silvan Otmar
1522	Halberstädter Bibel	Halberstadt	Lorenz Stuchs / Ludwig Trutebul

Erste Druckausgaben der hebräischen Bibel

Einige Jahrzehnte nach Gutenbergs Revolutionierung des Buchdrucks erschienen auch erste Druckausgaben der hebräischen Bibel. Während die hebräischen Bibelhandschriften aus der Zeit der Renaissance, etwa die 1396 entstandene Bibel aus der Biblioteca Mediceo-Laurenziana in Florenz oder die 1481 in Toledo gefertigte Bibel aus der Universitätsbibliothek von Genua, prachtvoll ornamentiert und illustriert sind, handelt es sich bei den ersten Druckausgaben um schlicht gehaltene Bücher, die dem wissenschaftlichen Studium der heiligen Schriften des Judentums dienten. Die mechanische Vervielfältigung hebräischer Texte mit ihren komplexen Schriftzeichen stellte die für Stempelschnitt, Matrizenherstellung, Gusstechnik und Satz verantwortlichen Druckhandwerker vor besonders hohe Herausforderungen. Im späten 15. Jh. entwickelte sich das in der Lombardei gelegene Städtchen Soncino zu einem Zentrum qualitativ hochwertiger hebräischer Druckerzeugnisse, nachdem Josua Salomo Soncino und sein Neffe Gerson ben Mose Soncino aus Deutschland dorthin eingewandert waren. Viele Jahrhunderte später wurde diese renommierte Buchdruckerfamilie zum Namensgeber der 1924 in Berlin gegründeten und 1937 aufgelösten *Soncino-Gesellschaft der Freunde des jüdischen Buches*, einer bibliophilen Vereinigung zur Pflege der jüdischen Buchkultur, der unter anderem Leo Baeck, Max Brod und Martin Buber angehörten. Im Jahr 1488 erschien in Soncino die erste vollständige Druckausgabe der hebräischen Bibel. Sie bietet den hebräischen Text mit Vokal- und Betonungszeichen. Die zweite Auflage der Soncinobibel wurde 1494 in der Druckwerkstatt der Soncinos in Brescia hergestellt.

Während sich seit Menschengedenken die Bearbeitung und Weitergabe des hebräischen Bibeltextes ausschließlich innerhalb des Judentums abgespielt hatte, begann sich dies in der Zeit um 1500 infolge

Die ehemalige Druckerei der Familie Soncino, in der 1488 die erste vollständige Druckausgabe der hebräischen Bibel erschien

des Humanismus zu verändern. Nun entdeckten auch christliche Verleger ihr Interesse am jüdischen Schrifttum und brachten Druckausgaben der hebräischen Bibel auf den Markt. Eine herausragende Rolle spielt in diesem Zusammenhang der aus Antwerpen stammende Kaufmann Daniel Bomberg, der in Venedig ein Verlagshaus gründete. Dort publizierte er 1516/17 die erste sogenannte Rabbinerbibel. Angefertigt wurde sie von Felix Pratensis, einem hochgebildeten Juden und Sohn eines Rabbiners, der zum Christentum konvertierte und in den Augustinerorden eintrat. Die Rabbinerbibel des Felix Pratensis enthält neben dem hebräischen Text einschließlich seiner aramäischen Übersetzung, dem Targum, auch die Kommentare mittelalterlicher Gelehrter wie Raschi oder Ibn Esra. Zudem verzeichnet sie abweichende Lesarten aus anderen Handschriften. Der Humanist Johannes Reuchlin erwarb um 1520 für acht Gulden ein Exemplar dieser Auflage, nachdem er schon länger auch Besitzer der Soncinobibel gewesen war. Noch bedeutsamer ist die von Bomberg 1524/25 in Venedig veröffentlichte und auch als Bombergiana bezeichnete zweite Rabbinerbibel. Sie wurde von Jakob ben Chajim, einem ebenfalls zum Christentum übergetretenen Juden aus Tunis, auf der Grundlage der ersten Rabbinerbibel geschaffen. Das Besondere an diesem vierbändigen Werk ist, dass es auch die Masora, die textkritischen Kommentare der jüdischen Gelehrten von Tiberias, enthält. Allerdings boten die herangezogenen Handschriften das masoretische Material in fehlerhafter oder unvollständiger Form, und Jakob ben Chajim nahm teilweise willkürliche Korrekturen vor, was den Wert der kritischen Druckausgabe trübt. Dennoch galt ihr aus mehreren Handschriften zusammengestellter Mischtext bis in das frühe 20. Jh. als das Maß aller Dinge und lag auch den ersten beiden Auflagen der von Rudolf Kittel herausgegebenen Biblia Hebraica zugrunde. Das Verlagshaus von Daniel Bomberg veröffentlichte zwischen 1519 und 1523 zudem die erste Druckausgabe des babylonischen Talmuds. Ein Exemplar davon wurde im April 2015 bei Sotheby's in New York versteigert und wechselte für den stolzen Preis von 9,3 Millionen Dollar den Besitzer.

Beförderte den Humanismus im katholischen Europa: die Eroberung Konstantinopels durch Mehmed II. im Jahr 1453

6. Zurück zu den Quellen:

DER HUMANISMUS

Wochenlang beschießt die Artillerie des osmanischen Sultans und fanatischen Glaubenskriegers Mehmed II. die Stadtmauern von Konstantinopel. Tag und Nacht fliegen die Geschosse. Die größte Kanone hat eine Länge von neun Metern und ist für Kugeln im Gewicht von 600 Kilogramm ausgelegt. Am Morgen des 29. Mai 1453 gelingt es den Angreifern, die Mauern zu durchbrechen. Sie plündern die Stadt und richten ein verheerendes Massaker unter der Bevölkerung an. „Am Mittag färbten sich Straßen und Gassen rot von Blut", heißt es im Bericht eines Zeitzeugen. Wer mit dem Leben davonkommt, wird in die Sklaverei verkauft. Am nächsten Tag besteigt der oberste Imam die Kanzel der Hagia Sophia und verkündet den Sieg im Namen Allahs. Die Eroberung von Konstantinopel durch die mehr als 100 000 Kämpfer umfassende Streitmacht der Osmanen versetzte die christliche Welt in eine Schockstarre und markierte einen tiefen Einschnitt. Sie besiegelte nicht nur den Untergang des Byzantinischen Reiches, sondern hatte auch weitreichende geistesgeschichtliche Folgen. Schon in den Jahrzehnten davor waren zahlreiche Gelehrte aus dem Osten in den lateinischen Westen ausgewandert. Insbesondere Italien war ein beliebtes Ziel. Mit dem Fall Konstantinopels gewann diese Entwicklung an Dynamik und Intensität. Begünstigt durch den ungefähr zeitgleich aufgekommenen Buchdruck fanden die von den Zuwanderern mitgebrachten griechischen Handschriften schnell Verbreitung. Dieser Zufluss antiker Gelehrsamkeit und griechischen Denkens beflügelte die beginnende Renaissance und den Humanismus im katholischen Europa. Eine Maxime der Humanisten lautete „ad fontes", zu den Quellen. Dies betraf nicht nur die Schriften großer Philosophen wie Platon oder Aristoteles, die nun im griechischen Original statt in der lateinischen Übersetzung gelesen wurden, sondern färbte auch auf den Umgang mit der Bibel ab. An den Universitäten des lateinischen Westens etablierte sich im späten 15. Jh. das Studium der griechischen und hebräischen Sprache, um die Heilige Schrift im Urtext lesen zu können. Zu den zentralen Gestalten des sogenannten Bibelhumanismus zählen Johannes Reuchlin und Erasmus von Rotterdam. Ohne ihr Wirken wäre die Bibelübersetzung Luthers in der vorliegenden Form nicht möglich gewesen.

Johannes Reuchlin und sein Kampf für das Judentum

Johannes Reuchlin, der am 29. Januar 1455 in Pforzheim zur Welt kam, war die Leitfigur des frühen deutschen Humanismus. Er wurde von seinen Zeitgenossen als Sprachgenie bewundert, da er neben Deutsch und Latein auch Italienisch, Griechisch und Hebräisch beherrschte. Nach dem Besuch der Lateinschule des Pforzheimer Dominikanerklosters nahm Reuchlin 1470 im Alter von 15 Jahren das Studium der Grammatik, Philosophie und Rhetorik an der Universität in Freiburg auf. Drei Jahre später begleitete er den Sohn des Markgrafen Friedrich von Baden als Erzieher zu dessen Studienaufenthalt nach Paris. Dort kam es zu ersten intensiven Begegnungen mit Vertretern des Humanismus. Von dem italienischen Gelehrten Gregorio Tifernate wurde Reuchlin an der Sorbonne in das Studium der griechischen Sprache eingeführt. Von 1474 bis 1477 absolvierte Reuchlin ein Magisterstudium an der Universität Basel. In Basel verfasste er mit dem lateinischen Wörterbuch *Vocabularius breviloquus* auch sein erstes literarisches Werk, bevor er die juristische Laufbahn einschlug.

Bronzestandbild Johannes Reuchlins vor der Pforzheimer Schlosskirche

Im Anschluss an ein Jurastudium in Orléans und Poitiers begleitete Reuchlin im Frühjahr 1482 den württembergischen Grafen Eberhard im Bart zu einem Besuch bei Papst Sixtus IV. nach Rom. Dort war er an den Verhandlungen des Grafen mit der Kurie über eine Reihe kirchenrechtlicher Angelegenheiten beteiligt. Auf dieser und weiteren Italienreisen empfing er durch die Begegnung mit italienischen Humanisten neue geistige Impulse. Ein Jahr später trat Reuchlin in den württembergischen Hofdienst ein, wo er sich als Berater, Rechtsgelehrter und Mitglied des Hofgerichts einen Namen machte. Graf Eberhard betraute ihn mit wichtigen diplomatischen Missionen. So nahm Reuchlin im April 1486 als Abgesandter Württembergs an der Krönung des späteren Kaisers Maximilian zum römisch-deutschen König im Aachener Dom teil. Schon zwei Jahre zuvor hatte Reuchlin an der Universität Tübingen den juristischen Doktorgrad erworben. Im Januar 1502 wurde er zu einem der drei Richter des Schwäbischen Bundes gewählt und war damit auf dem Höhepunkt seiner Laufbahn angekommen.

Trotz vielfältiger Erfolge als Jurist und Diplomat begründete Reuchlin seinen Ruhm für die Nachwelt mit seinen humanistischen Studien. Eine besondere Leidenschaft hegte er für die hebräische Sprache. Mit ihr beschäftigte er sich, seitdem er 1484 in Tübingen Hebräisch-

nis literulis tibi pingam ut et illo ſcribendi modo nõ careas. Oportet igitur omnium primum alphabeti uerſum proponere ſic.

th ſ r q z z p p a ſ n n m m l ch c i t h z v h d g b a

א ב ג ד ה ו ז ח ט י כ ך ל מ ם נ ן ס ע פ ף ץ צ ק ר ש ת

Nunc conſtructionis uerborum exorſa pertexere ſtudebimus.

פועל vndecim habet uariationes.

פועלו פועלהו פועלך פועלי פועלם פועלכם

פועלינו פועלה פועלך פועלן פועלכן

פועלים habet decem uariationes.

פועליו פועליך פועלי פועליהם פועליכם

פועלינו פועליה פועליך פועליהן פועליכן

Auszug aus Reuchlins Hebräischlehrbuch *De rudimentis hebraicis*, das Martin Luther bei der Übersetzung des Alten Testaments unentbehrliche Dienste leistete

vorlesungen bei Flavius Mithridates, einem vom Judentum zum Christentum konvertierten sizilianischen Gelehrten, gehört hatte. Sogleich begeisterte Reuchlin den niederländischen Humanisten Rudolf Agricola für das Studium des Hebräischen und tauschte sich brieflich mit ihm über die Bedeutung der unterschiedlichen Gottesbezeichnungen im Urtext des Alten Testaments aus. Im Spätsommer 1492 konnte Reuchlin in Linz durch Privatunterricht bei dem kaiserlichen Leibarzt und Gelehrten Jacob ben Jechiel Loans seine Hebräischkenntnisse vertiefen. Im selben Jahr kam er endlich auch in den langersehnten Besitz einer hebräischen Bibel, die ihm der Ulmer Humanist Johannes Streler aus Pisa mitbrachte. Es handelte sich um ein Exemplar der allerersten Druckausgabe des hebräischen Bibeltextes, die 1488 in Soncino erschienen war. Daneben besaß Reuchlin eine Vielzahl weiterer hebräischer Schriften, darunter auch Bibelkommentare des großen mittelalterlichen Gelehrten Raschi. Dem Hebräischen kam für viele der Humanisten eine geradezu heilige Bedeutung zu. Es galt als eine Art Schlüssel zur Entdeckung der Wahrheit. Keine andere Sprache, so Reuchlin, verbinde ihn mehr mit Gott als das Hebräische. Es erscheine ihm als die Sprache, mittels derer Gott und die Engel vom Himmel aus mit den Menschen Umgang pflegten. Mit seinem 1506 erschienenen Werk *De rudimentis hebraicis* (Über die Grundlagen des Hebräischen) wurde Reuchlin zu einem der Begründer der modernen Hebraistik. Es handelt sich um eines der ersten Lehrbücher des Hebräischen, die von einem christlichen Gelehrten verfasst wurden. Auf mehr als 600 Seiten bietet es neben einer hebräischen Grammatik auch ein umfängliches hebräisch-lateinisches Wörterbuch. Martin Luther besorgte sich das Werk unmittelbar nach dessen Erscheinen. Später leistete es ihm bei der Übersetzung des Alten Testaments unentbehrliche Dienste.

Eine zentrale Rolle spielte Reuchlin im sogenannten Judenbücherstreit, der die letzte Phase seines Lebens überschattete. In den Jahren 1508 und 1509 veröffentlichte Johannes Pfefferkorn in Köln eine Reihe von Schmähschriften gegen das Judentum. Pfefferkorn war ein zum Christentum konvertierter Jude, der unter dem Einfluss des Dominikanerordens stand. Die Dominikaner wollten wie zuvor schon in Frankreich, Italien und Spanien nun auch in Deutschland ein straffes System der Inquisition aufbauen. Man bezeichnete sie mit einem Wortspiel auch als *Domini canes*, Spürhunde des Herrn, die ständig auf der Suche nach vermeintlichen Ketzern waren. In seinen Pamphleten rief Pfefferkorn die Juden dazu auf, Jesus als Messias anzuerkennen

Reuchlins Streitschrift *Augenspiegel*, die im Herbst 1511 in Tübingen gedruckt wurde, ziert eine für die Zeit typische Brille.

Doctor Johannsen Reuchlins
der K.M. als Ertzhertzogen zů Osterreich auch Chur
fürsten vnd fürsten gemainen bundtrichters im
Schwaben warhafftige entschuldigung
gegen vnd wider ains getaufften iuden
genant Pfefferkorn vormals ge
truckt vßgangen vnwarhaf
tigs schmachbüchlin

Augenspiegel

¶ Am end dißes büchlins findt man ain correctur etlicher wör
ter so inn dem truck versehen sind im teutschen vnnd latin/bezaich
net durch die zal der bletter

und sich taufen zu lassen. Gleichzeitig warnte er vor vermeintlich falscher Rücksichtnahme gegenüber dem Judentum und forderte die Vernichtung seines Schrifttums. Am 19. August 1509 erließ Kaiser Maximilian auf Betreiben der Dominikaner eine Verfügung. Darin verpflichtete er die Juden im Reich dazu, sämtliche Schriften, die nach Pfefferkorns Urteil Widersprüche zum Mosegesetz und den Propheten aufwiesen oder Gotteslästerungen enthielten, auszuliefern und der Vernichtung preiszugeben. Dabei ging es um den Talmud und Gebetsbücher, aber auch um rabbinische Auslegungen religiöser Texte und Werke aus dem Bereich der mystischen Kabbala. Als es bald darauf in Städten wie Frankfurt, Mainz und Bingen zur Beschlagnahme hebräischer Bücher kam, erhob sich seitens der Magistrate und etlicher geistlicher Würdenträger derart großer Protest, dass Kaiser Maximilian einen Rückzieher machen musste. Mit einer zweiten Verfügung vom 10. November 1509 stoppte er die Aktion und setzte zur Überprüfung der Vorgänge eine Expertenkommission unter Leitung des Mainzer Erzbischofs ein, in die auch Johannes Reuchlin berufen wurde. In seiner auf den 6. Oktober 1510 datierten Stellungnahme sprach sich Reuchlin als einziger von sieben Gutachtern für den Schutz der jüdischen Literatur aus. Lediglich jüdische Schmähschriften gegen das Christentum wie etwa die *Toledot Jeschu* solle man konfiszieren und vernichten. Daraufhin kam es zu einem mehrjährigen Streitschriftenkrieg, der immer weiter ausuferte. Reuchlin, der seine Position 1511 in der Schrift *Augenspiegel* nochmals untermauerte, wurde wegen seiner judenfreundlichen Haltung zum Ziel heftiger Angriffe. Die Universitäten Köln, Löwen und Paris verdammten den *Augenspiegel* als ketzerisches Werk und betrieben seine Verbrennung. Im Gegenzug ergriffen in ganz Europa führende Humanisten Partei für Reuchlin. Zudem veröffentlichten Reuchlins Unterstützer die *Dunkelmännerbriefe*. Bei ihnen handelt es sich um fingierte Briefe, in denen die Gegner des Humanismus parodiert und der Lächerlichkeit preisgegeben werden. Nachdem Reuchlin 1514 in einem Prozess in Speyer noch vom Verdacht der Ketzerei freigesprochen worden war, verdammte und verbot Papst Leo X. 1520 den *Augenspiegel* wegen seiner freundlichen Haltung gegenüber den „gottlosen Juden“. Vergebens hatte sich Reuchlin 1517 in einem Brief nach Rom um eine Aussöhnung bemüht. Dem Werben Luthers gab Reuchlin trotzdem nicht nach. Der Reformation stand er ablehnend gegenüber. Lieber wollte er dem Beispiel der Apostel folgen und wegen des Festhaltens an seinen Überzeugungen Unrecht erleiden, als die Autorität des Papstes infrage zu stellen. Nach dem Tod seiner zweiten Frau trat Reuchlin um 1521 in Stuttgart der auf die Marienverehrung fokussierten Salve-Regina-Bruderschaft bei. Wenn er in deren Mitgliederlisten sogar unter den geweihten Priestern aufgeführt wird, beruht dies allerdings auf einem Missverständnis. Reuchlin starb, nachdem er in den letzten beiden Jahren seines Lebens noch an den Universitäten in Ingolstadt und Tübingen Hebräisch und Griechisch gelehrt hatte, 1522 in Stuttgart.

Erasmus von Rotterdam und sein griechisches Neues Testament

Dank der bahnbrechenden Erfindung von Johannes Gutenberg waren binnen weniger Jahrzehnte unzählige Ausgaben der Vulgata, mehrere Drucke der hebräischen Bibel sowie eine Vielzahl von Bibeln in europäischen Landessprachen wie Deutsch, Französisch oder Italienisch erschienen. Was noch fehlte und geradezu in der Luft lag, war ein gedrucktes Neues Testament im griechischen Urtext. Im frühen 16. Jh. entbrannte ein regelrechtes Wettrennen um den Ruhm der Erstausgabe. Im spanischen Alcalá arbeitete seit 1502 ein Gelehrtenteam fieberhaft an der Complutensischen Polyglotte, einer mehrsprachigen Bibel, die im Bereich des Neuen Testaments den griechischen Urtext bieten sollte. Die Spanier hatten klar die Nase vorn, mussten sich aber auf der Zielgeraden Erasmus von Rotterdam geschlagen geben, obwohl dieser erst deutlich später in das Rennen eingestiegen war.

Erasmus, der führende Kopf des Humanismus und Wegbereiter der europäischen Aufklärung, blickte auf eine schwierige Kindheit und Jugend zurück. Er war um 1469 in Rotterdam als zweites uneheliches Kind eines katholischen Priesters und

einer verwitweten Arzttochter zur Welt gekommen. Erasmus litt zutiefst unter seiner illegitimen Geburt und versuchte sie später mit einer ebenso romantischen wie tragischen Liebesgeschichte zu verklären. Demnach waren seine Eltern heimlich verlobt, doch wurde ihnen von der Familie des Vaters die Hochzeit verwehrt. In seiner Verzweiflung ging der Vater nach Rom. Dort erreichte ihn ein Brief der Familie mit der falschen Nachricht, seine schwangere Braut sei verstorben. In seiner tiefen Trauer weihte der Vater sein Leben Gott und wurde Priester. Als er nach Hause zurückkehrte und den Betrug bemerkte, wollte er weder sein Priestergelübde brechen noch berührte er seine Braut jemals wieder. Diese schöne Geschichte ist allerdings frei erfunden, zumal Erasmus seinen um drei Jahre älteren Bruder, der nicht ins Bild passt, elegant verschweigt.

Schon in der Lateinschule entwickelte Erasmus einen Eifer für das antike Schrifttum. Als junger Mann trat er in das nahe Gouda gelegene Augustinerkloster Steyn ein, wo er mit gleichgesinnten Mönchen Tag und Nacht die lateinischen Klassiker studierte und im April 1492 die Priesterweihe empfing. Sein weiterer Lebenslauf weist ihn als wahren Europäer und Kosmopoliten aus. Von 1495 bis 1499 studierte Erasmus an der Sorbonne in Paris Theologie. Dabei gewann er Zutritt zur Welt der französischen Humanisten. Zwischen 1499 und 1506 weilte Erasmus überwiegend in England und den Niederlanden, um sich intensiv mit der griechischen Sprache und Literatur zu beschäftigen. Von 1506 bis 1509 betrieb er Studien in Italien und promovierte in Turin zum Doktor der Theologie. In Venedig machte Erasmus die Bekanntschaft des renommierten Verlegers Aldus Manutius und ließ bei ihm einige seiner Werke drucken. Anschließend zog es ihn nach England zurück, wo er von 1510 bis 1514 am Queens' College in Cambridge Griechisch und Theologie lehrte. Danach wurde Basel mit Unterbrechungen zum wichtigsten Ort seines Lebens und Wirkens.

Als Erasmus im Jahr 1514 erstmals nach Basel kam und das Druckhaus von Johann Frobel betrat, verschleierte er seine wahre Identität. Er wollte sich inkognito ein Bild davon machen, ob er dem noch unbekannten, aber dem Vernehmen nach sehr fähigen Drucker seine Manuskripte anvertrauen konnte. Dazu gab Erasmus sich als sein eigener Bevollmächtigter aus. Alles, was Frobel mit ihm über die Herausgabe der Schriften des Erasmus vereinbare, habe die gleiche Rechtskraft, als ob es mit Erasmus selbst vereinbart worden sei. Außerdem, so beteuerte der fremde Besucher, sehe er Erasmus äußerlich so ähnlich, dass er oftmals für ihn gehalten werde. Was mit einer schelmischen Maskerade begann, war der Beginn einer lukrativen Geschäftsbeziehung und mündete bald in eine enge Freundschaft. Die 1516 bei Frobel erschienene erste Druckausgabe des griechischen Neuen Testaments ist ein Meilenstein in der Wissenschaftsgeschichte. Auch kommerziell wurde das Werk zu einem bis dahin einzigartigen Erfolg. Es erlebte in den Jahren 1519, 1522, 1527 und 1535 vier jeweils gründlich überarbeitete Neuauflagen.

Das Interesse an der textkritischen Erforschung des Neuen Testaments war bei Erasmus schon 1504 erwacht, als er in der Parkabtei bei Löwen auf ein in Vergessenheit geratenes Werk des italienischen Gelehrten Lorenzo Valla mit dem Titel *In novum testamentum annotationes* (Erläuterungen zum Neuen Testament) stieß. Valla hatte Mitte des 15. Jh.s den zu jener Zeit als unantastbar geltenden Text der Vulgata anhand griechischer Bibelhandschriften überprüft und für zahlreiche Stellen des Neuen Testaments Verbesserungsvorschläge gemacht. Erasmus war derart begeistert von Vallas Werk, dass er die von ihm entdeckte Handschrift sofort bei einem Pariser Verleger in Druck gab. Gleichzeitig erkannte er die Dringlichkeit einer griechischen Druckausgabe des Neuen Testaments, mit deren Hilfe man zu einer zuverlässigeren lateinischen Übersetzung kommen konnte. Dieses Projekt nahm Erasmus 1515 in Basel nun in Angriff. Dazu zog er acht mittelalterliche Bibelhandschriften aus dem Besitz des Basler Dominikanerklosters heran, die um 1435 durch den Dominikaner Johannes von Ragusa aus Konstantinopel in die Schweiz gelangt waren. Zwei der Handschriften hatten die Dominikanermönche Johannes Reuchlin als Dauerleihgabe auf Lebenszeit überlassen, der sie nun seinerseits Erasmus zur Verfügung stellte. Keiner

Führender Kopf des Humanismus und Wegbereiter der europäischen Aufklärung: Erasmus von Rotterdam. Porträt des flämischen Malers und Medailleurs Quentin Metsys aus dem Jahr 1517

NOVVM IN

strumentū omne, diligenter ab ERASMO ROTERODAMO recognitum & emendatum, nō solum ad græcam ueritatem, uerumetiam ad multorum utriusq; linguæ codicum, eorumq; ueterum simul & emendatorum fidem, postremo ad probatissimorum autorum citationem, emendationem & interpretationem, præcipue, Origenis, Chrysostomi, Cyrilli, Vulgarij, Hieronymi, Cypriani, Ambrosij, Hilarij, Augustini, una cū Annotationibus, quæ lectorem doceant, quid qua ratione mutatum sit.

Quisquis igitur amas ueram Theologiam, lege, cognosce, ac deinde iudica. Neq; statim offendere, si quid mutatum offenderis, sed expende, num in melius mutatum sit.

APVD INCLYTAM GERMANIAE BASILAEAM.

CVM PRIVILEGIO MAXIMILIANI CAESARIS AVGVSTI, NE QVIS ALIVS IN SACRA ROMANI IMPERII DITIONE, INTRA QVATVOR ANNOS EXCVDAT, AVT ALIBI EXCVSVM IMPORTET.

der Codices enthielt das komplette Neue Testament, insgesamt deckten sie aber alle neutestamentlichen Schriften ab.

Die Arbeiten an der Textausgabe erfolgten in größter Eile, da Erasmus und sein umtriebiger Verleger von dem weit fortgeschrittenen Konkurrenzprojekt im spanischen Alcalá wussten. Erasmus hat später selbst gesagt, dass sein Werk eher kopfüber herabstürzte als dass es sorgfältig ediert worden wäre. Ohne Rücksichtnahme auf den Wert der kostbaren Bibelhandschriften korrigierte er mit der Schreibfeder einfach das in sie hinein, was ihm an Verbesserungen und Änderungen erforderlich schien. Danach gab er sie als Manuskript direkt in die Druckerei, wo auch noch die Setzer ungehemmt ihre Zeichen und Markierungen am Seitenrand einfügten. Als Korrektor war auch der Straßburger Humanist Nikolaus Gerbel an dem Unternehmen beteiligt. Die Handschriften, die Erasmus zur Verfügung standen, stammen aus dem 12. bis 15. Jh. und bieten den sogenannten byzantinischen Reichstext. Dieser stellte zu jener Zeit die allgemein verbreitete Textform dar, welche die handschriftliche Überlieferung beherrschte. Er ist aber nach heutiger Erkenntnis von deutlich schlechterer Qualität als der von alten Majuskeln aus dem 4. Jh. wie dem Codex Vaticanus und Codex Sinaiticus repräsentierte alexandrinische Text, der erst im 19. Jh. ins Blickfeld rückte. Hinzu kam, dass für die Johannesoffenbarung nur eine Handschrift verfügbar war, in der aufgrund eines Blattverlustes die letzten sechs Verse fehlten. Diese übersetzte Erasmus für seine Druckausgabe einfach aus der Vulgata ins Griechische zurück, wobei ihm einige Versehen unterliefen. Erst für die korrigierte zweite Auflage von 1519 konnte Erasmus den Schluss der Johannesoffenbarung aus einer anderen griechischen Handschrift ergänzen. Ein Nachdruck dieser Ausgabe, den Nikolaus Gerbel 1521 in Straßburg vornahm, diente Martin Luther auf der Wartburg als Ausgangstext für seine deutsche Bibelübersetzung.

Im Wettrennen mit dem spanischen Konkurrenzunternehmen trug Erasmus den Sieg davon. Im Februar 1516 wurde sein fast 1000 Seiten umfassendes Werk unter dem Titel *Novum instrumentum omne* veröffentlicht und erntete den Ruhm der Erstausgabe. In zwei Kolumnen bietet es links den griechischen Bibeltext und rechts eine neue lateinische Übersetzung. Daran schließen sich mit den *Annotationes* Erläuterungen zum Text an, die nahezu den gleichen Umfang wie der Textteil selbst haben. Bis zum Erscheinen der spanischen Konkurrenzausgabe im Jahr 1520 hatte die Textedition des Erasmus eine mehrjährige Monopolstellung auf dem Buchmarkt. In der Welt der Humanisten wurde sie mit Begeisterung aufgenommen. Zudem erfreute sich das Werk der wohlwollenden Unterstützung Roms, auch wenn es in der lateinischen Kolumne an vielen Stellen vom Text der Vulgata abwich und damit bei Traditionalisten auf Widerspruch stieß. Erasmus eröffnete seine Druckausgabe mit einem dreiseitigen Widmungsbrief an Papst Leo X., in dem er die Gemeinsamkeiten zwischen der Absicht des Papstes, den Ruhm und das Ansehen der Kirche wiederherzustellen, und seinem eigenen Ziel, die Christenheit durch die Rückbesinnung auf den griechischen Originaltext des Neuen Testaments zu ihrer ursprünglichen Reinheit zurückzuführen, betont. Papst Leo X. bedankte sich am 10. September 1518 mit einem kurzen Antwortschreiben und hob den Nutzen der wissenschaftlichen Arbeit des Erasmus für die Theologie hervor. Dieses Antwortschreiben aus Rom wurde ab der zweiten Auflage des *Novum testamentum*, wie Erasmus sein Werk nun nannte, werbewirksam auf der Rückseite des Titelblatts abgedruckt und verlieh dem Buch praktisch das päpstliche Gütesiegel.

Nach Fertigstellung der Erstausgabe des griechischen Neuen Testaments hielt sich Erasmus zwischen 1517 und 1521 überwiegend in den Niederlanden auf. Im belgischen Löwen war er 1517 an der Gründung des Collegium Trilingue beteiligt. Diese Einrichtung zum Studium des Lateinischen, Griechischen und Hebräischen geht auf eine testamentarische Stiftung des wohlhabenden Humanisten Hieronymus Buslidius zurück. Sie wurde europaweit zum Vorbild ähnlicher Institutionen wie dem Collegium Carolinum in Zürich oder dem Collège de France in Paris. Im Jahr 1521 ließ sich Erasmus dauerhaft in Basel nieder und unternahm kaum noch

Titelblatt der ersten Druckausgabe des Griechischen Neuen Testaments aus dem Jahr 1516

Betonte den Nutzen der wissenschaftlichen Arbeit des Erasmus für die Theologie: Papst Leo X., hier mit den Kardinälen Luigi de' Rossi und Giulio de' Medici. Gemälde von Raffael, 1517/18

längere Reisen. Im Stadtzentrum bezog er ein Haus, das Johann Frobel gehörte. Da der kränkliche und zur Hypochondrie neigende Humanistenfürst eine Allergie auf Ofenluft entwickelte, ließ ihm sein fürsorglicher Verleger und Vermieter sogar eigens einen Kamin einbauen. Obwohl Erasmus in seinem 1518 erschienenen Werk *Colloquia familiaria* (Vertraute Gespräche) deutliche Kritik an der katholischen Kirche geübt hatte und von der theologischen Fakultät in Löwen als vermeintlicher Sympathisant Luthers angefeindet wurde, konnte er sich nicht für die Reformation erwärmen. Er setzte auf eine Erneuerung der bestehenden Kirche und lehnte radikale Veränderungen ab. Von seinem Naturell her war er eher auf Ausgleich bedacht und darum bemüht, der zunehmenden konfessionellen Polarisierung durch humanistische Ideale entgegenzuwirken. Zudem befürchtete er, dass die von Luther heraufbeschworenen Konflikte der Sache des Humanismus schaden könnten. In Löwen hatten sich die Luthergegner bereits auf das Collegium Trilingue und das Studium der Bibel in der Ursprache eingeschossen. Das Verhältnis zu Luther selbst war ab 1525 unwiderruflich zerrüttet, nachdem der Reformator ihn aufgrund ihrer unterschiedlichen Auffassungen über die Willensfreiheit des Menschen mit derben Worten immer wieder öffentlich verunglimpft hatte. Als sich 1529 in Basel die Reformation durchsetzte, wandte Erasmus der Stadt den Rücken zu und ging nach Freiburg im Breisgau. Die Bilderstürmer, die sämtliche Kunstwerke aus den Kirchen Basels entfernten, um sie auf dem Platz vor dem Münster zu verbrennen, waren ihm zuwider. Auch die Abschaffung der lateinischen Messe und die Auflösung der Klöster lehnte er ab. Erst 1535 kehrte Erasmus nach Basel zurück, wo er am 12. Juli 1536 verstarb.

Der von Erasmus herausgegebene griechische Text des Neuen Testaments setzte sich trotz seiner Unzulänglichkeiten auf ganzer Linie durch und blieb bis in das späte 19. Jh. unangefochten. Zu seiner Verbreitung trugen einflussreiche Druckausgaben des 16. und 17. Jh.s bei. Der französische Verleger Robert Estienne brachte zwischen 1546 und 1551 in vier Auflagen ein griechisches Neues Testament auf dem Markt, das im Kern dem Text der letzten Erasmusausgabe von 1535 folgte, aber auch Gebrauch von der spanischen *Complutensia* machte. Die ersten drei Auflagen erschienen in Paris, die vierte in Genf, wohin Estienne nach seinem Übertritt zum Calvinismus mit seiner Druckerei umgesiedelt war. Theodor Beza, der Nachfolger Calvins in Genf, veröffentlichte zwischen 1565 und 1604 nicht weniger als neun Druckausgaben des Neuen Testaments, die auf dem Text der Estienne-Ausgabe von 1551 beruhen. Die geschäftstüchtige holländische Verlegerfamilie Elzevir wiederum brachte von 1624 bis 1678 sieben Auflagen des Neuen Testaments mit dem Text der Beza-Ausgabe auf den Markt. Die Bibeln von Elzevir bestachen durch ihren qualitativ hochwertigen Druck und ihre gute Ausstattung. Bonaventura Elzevir und sein Neffe Abraham Elzevir priesen im lateinischen Vorwort der Ausgabe von 1633 ihr Produkt mit den Worten „Du besitzt also einen Text, der nun von allen angenommen wird (*textum ergo habes, nunc ab omnibus receptum*) und in dem nichts verändert oder verdorben wiedergegeben wird" an. Mit dieser Bücherreklame prägten sie die mythische Überhöhung des auf Erasmus zurückgehenden Bibeltextes als allgemein verbindlichem *Textus receptus*, der das Wort Gottes angeblich unverfälscht wiedergibt.

Ein Großinquisitor mit humanistischer Ader

Die von Erasmus auf der Zielgeraden ausgebremste Complutensische Polyglotte entstand auf Initiative des spanischen Erzbischofs Francisco Jiménez de Cisneros. Sie stellte für ihre Zeit sowohl philologisch als auch drucktechnisch eine absolute Meisterleistung dar. Wenn man sie im Blick auf die Verbreitung und den Wirkungsgrad einer Kosten-Nutzen-Analyse unterzieht, zählt sie allerdings zu den großen Desastern der Wissenschaftsgeschichte. Francisco Jiménez de Cisneros war eine mehr als zwiespältige Persönlichkeit, bei der das kompromisslose Vorgehen gegen den Islam mit ei-

ner glühenden Leidenschaft für die humanistische Bildung einherging. Im Januar 1492 war nach langen Kämpfen die Alhambra in Granada als letzte Bastion der maurischen Herrschaft über die iberische Halbinsel gefallen und die Reconquista, also die Rückeroberung, zu ihrem Abschluss gekommen. Im März 1492 erließen Königin Isabella von Kastilien und König Ferdinand von Aragón das Alhambra-Edikt, das den Startschuss für massive Repressalien gegen nicht bekehrungswillige Juden und Muslime in den spanischen Territorien darstellte.

In der nun folgenden Schreckensherrschaft der christlichen Inquisition spielte Francisco Jiménez de Cisneros eine führende Rolle. Er verfügte über exzellente Verbindungen zum Hof und war Beichtvater von Königin Isabella. Nach seiner 1495 erfolgten Ernennung zum Erzbischof von Toledo betrieb er mit aller Härte die Zwangschristianisierung der Mauren und schreckte dabei auch vor dem Mittel der Bücherverbrennung nicht zurück. Im Jahr 1499 wurden auf seinen Befehl in Granada 5000 islamische Schriften zum Opfer der Flammen, darunter neben Koranausgaben und theologischen Abhandlungen auch Werke aus dem Bereich der Philosophie, Geschichtsschreibung und Naturwissenschaften. Einzig die arabischen Bücher über die Medizin blieben verschont, da man sich von ihnen noch Nutzen versprach. Heinrich Heine verarbeitete diese Vorgänge in seinem 1821 erschienenen Drama *Almansor*. Der junge Maure Almansor ist in der Hoffnung, seine Geliebte Zuleima wiederzusehen, aus dem Exil in seine spanische Heimat zurückgekehrt. Er erfährt von der misslichen Lage der im Land verbliebenen Mauren und vernimmt, dass der furchtbare Jiménez mitten auf dem Marktplatz von Granada den Koran auf den Scheiterhaufen warf. Almansors alter Diener Hassan kommentiert dies mit den Worten „Das war ein Vorspiel nur, dort wo man Bücher verbrennt, verbrennt man auch am Ende Menschen", die zu traurigem Ruhm gelangten. Auch für das Liebespaar gibt es kein Happy End. Zuleima ist zum Christentum konvertiert und einem Spanier als Ehefrau versprochen. Almansor gelingt es mit Hassans Hilfe, seine Geliebte auf ihrer Hochzeitsfeier zu entführen. Als sie auf der Flucht von vermeintlichen Verfolgern eingeholt werden, erkennen sie nicht, dass es sich um Almansors Vater Ali und dessen Gefährten handelt. Die Verliebten wähnen sich am Ende und stürzen sich in eine Felsenschlucht, um wenigstens im Tode vereint zu sein.

Im selben Jahr, in dem Jiménez de Cisneros die Bücherverbrennungen in Granada anordnete, gründete er nahe Madrid die Universität von Alcalá de Henares, die 1508 nach Fertigstellung der Bauten den Lehrbetrieb aufnahm. Bereits 1502 hatte sich in Alcalá auf Initiative des Erzbischofs und Inquisitors eine Schar von Gelehrten zusammengefunden, um das ehrgeizige Projekt der Biblia Polyglotta Complutensia zu verwirklichen. Unter einer Polyglotte versteht man eine mehrsprachige Bibel, die neben dem hebräischen bzw. griechischen Urtext eine Reihe unterschiedlicher alter Übersetzungen in Parallelkolumnen bietet. Die Mutter aller Polyglotten war die hebräisch-griechische Hexapla des Origenes. Die Bezeichnung Complutensia bezieht sich darauf, dass Alcalá in römischer Zeit den Namen Complutum trug. Jiménez de Cisneros wollte nach eigenem Bekunden das Studium der Bibel in der Ursprache wiederbeleben, wie es den Idealen des Humanismus entsprach, und dafür eine akkurate Textausgabe zur Verfügung stellen. Die ersten vier Bände sind dem Alten Testament gewidmet, das in drei parallelen Kolumnen abgedruckt ist. In der Mitte steht der lateinische Text der Vulgata, in den beiden anderen Spalten finden sich der hebräische Urtext und der erstmals in Druckfassung vorgelegte griechische Text der Septuaginta mit einer direkt zwischen die Zeilen eingefügten lateinischen Übersetzung. Mit diesem dreispaltigen Druckbild wollten die Herausgeber, wie sie im Vorwort betonen, die Vormachtstellung der katholischen Kirche zum Ausdruck bringen. Diese werde durch die Vulgata repräsentiert, während die hebräische Textspalte für die Synagoge und die Spalte mit der Septuaginta für die orthodoxe Kirche stünden. So wie Christus auf Golgatha von den beiden Räubern umgeben war, werde die katholische Kirche von der Synago-

Beauftragte die Complutensische Polyglotte: der Erzbischof, spätere Kardinal und Generalinquisitor Francisco Jiménez de Cisneros. Relief von Felipe Bigarny und Fernando del Rincón

ge und der orthodoxen Kirche flankiert. Zusätzlich findet sich im unteren Seitenfeld der Text des Targum Onkelos, einer aramäischen Fassung der Tora, einschließlich lateinischer Übersetzung. Im fünften Band druckt die Polyglotte das Neue Testament zweispaltig im griechischen Urtext und auf Latein ab. Abgerundet wird das Gesamtwerk durch einen sechsten Band, der ein hebräisches und aramäisches Wörterbuch, eine hebräische Grammatik und ein griechisches Wörterbuch enthält.

Für die Realisierung seines Mammutprojekts scheute Jiménez de Cisneros, der 1507 zum Generalinquisitor von Kastilien aufgestiegen war, weder Kosten noch Mühen. Die Bearbeitung der hebräischen und aramäischen Texte übernahmen jüdische Konvertiten. Dazu zählte Alfonso de Zamora, der als Sohn eines Rabbiners eine exzellente Ausbildung in der hebräischen Grammatik genossen hatte, bevor er angesichts der Repressalien gegen die spanischen Juden zum Christentum übertrat und später an der Universität von Alcalá orientalische Sprachen lehrte. Die anderen Teile der Polyglotte lagen in den Händen renommierter Fachgelehrter für Griechisch und Latein. Zum Ankauf von Handschriften und Druckausgaben wendete Jiménez de Cisneros Unsummen an Geld auf. Zudem gelang es ihm, für sein Unternehmen eine Reihe wertvoller Bibelhandschriften aus der Vatikanischen Bibliothek in Rom auszuleihen. Diese boten für das Neue Testament eine deutlich bessere Textqualität als die von Erasmus von Rotterdam für seine Edition herangezogenen griechischen Codices. Bereits am 10. Januar 1514 und damit mehr als zwei Jahre vor dem Konkurrenzwerk des Erasmus lag der fünfte Band der Polyglotte mit dem Neuen Testament in gedruckter Form vor. Die Auslieferung wurde allerdings zurückgestellt, da man die Complutensia nicht in Einzellieferungen, sondern komplett auf den Buchmarkt bringen wollte. Nachdem im Juli 1517 auch die vier Bände mit dem Alten Testament fertiggestellt waren, dauerte es nochmals drei Jahre, bis Papst Leo X. die Freigabe für die Polyglotte erteilte. Meist erklärt man sich diese Verzögerung damit, dass die aus der Vatikanischen Bibliothek ausgeliehenen Handschriften noch nicht wieder in Rom eingetroffen waren. Es gibt aber auch die Vermutung, Erasmus habe sich beim Kaiser oder beim Papst mehrjährige Exklusivrechte für den Vertrieb seines griechischen Neuen Testaments gesichert.

Levitikus 13,1–8 in der Complutensischen Polyglotte

Die Tragik der Complutensischen Polyglotte liegt darin, dass sie ein Vermögen verschlang und wissenschaftlich neue Maßstäbe setzte, aber einen nur geringen Wirkungsgrad entfaltete. Insgesamt wurden lediglich 600 Exemplare gedruckt. Etwa zwei Drittel der Auflage wurden 1522 auf dem Seeweg nach Italien versandt und gingen verloren, als das Schiff in einen Sturm geriet. Das qualitativ unterlegene Werk des Erasmus von Rotterdam erwies sich dagegen als Verkaufsschlager. Es erlebte innerhalb von knapp 20 Jahren fünf Auflagen, wobei allein die Erstauflage 1200 Exemplare umfasste. In die vierte Auflage von 1527 ließ Erasmus erstmals Textvarianten der Complutensischen Polyglotte einfließen, womit diese zur Optimierung ihres Konkurrenzwerks beitrug und unfreiwillig dessen Vormachtstellung untermauerte. Jiménez de Cisneros blieb es erspart, diese Nackenschläge noch mitzuerleben. Der Großinquisitor mit humanistischer Ader war bereits 1517 kurz vor Abschluss des epochalen Werks, das er als umtriebiger Wissenschaftsorganisator in Gang gesetzt und mit großem Eifer begleitet hatte, verstorben.

Obwohl der Complutensischen Polyglotte keine Neuauflagen vergönnt waren, verhallte sie aber in der Wissenschaftswelt nicht gänzlich ungehört. Indem nicht nur Erasmus selbst von ihr Gebrauch machte, sondern später auch einzelne ihrer Textvarianten in der auf der Erasmusedition beruhenden Estiennebibel Berücksichtigung fanden, wirkte sie zumindest in bescheidenem Maße auf den Textus receptus ein. Zudem diente die Complutensia als Vorbild für andere mehrsprachige Bibeln wie die Antwerpener Polyglotte (1569–1572), die Pariser Polyglotte (1629–1645) und die Londoner Polyglotte (1655–1657), die aber beim griechischen Text des Neuen Testaments alle der Edition von Robert Estienne folgen. Zudem drucken diese Polyglotten neben der Vulgata auch alte syrische und teilweise sogar arabische und äthiopische Übersetzungen der neutestamentlichen Schriften ab.

Cap.xiii.

לעלה ואחד לחטאת וכפר עליה
הכהן וטהרה׃ וידבר
יהוה אל משה ואל אהרן לאמר׃
נשא אדם כי יהיה בעור בשרו שאת
או ספחת או בהרת והיה בעור
בוא בשרו לנגע צרעת והובא אל
אהרן הכהן או אל אחד מבניו
הכהנים׃ וראה הכהן את הנגע
בעור הבשר ושער בנגע הפך
ראה לבן ומראה הנגע עמק מעור
בשרו נגע צרעת הוא וראהו
הכהן וטמא אתו׃ ואם בהרת
לבנה הוא בעור בשרו ועמק אין
מראה מן העור ושערה לא הפך
סגר לבן והסגיר הכהן את הנגע
יום שבעת ימים׃ וראהו הכהן ביום
שבע השביעי והנה הנגע עמד בעיניו
לא פשה הנגע בעור והסגירו
שנה הכהן שבעת ימים שנית׃ וראה
הכהן אתו ביום השביעי שנית
והנה כהה הנגע ולא פשה הנגע
ספח בעור וטהרו הכהן מספחת הוא
וכבס בגדיו וטהר׃ ואם פשה
תפשה המספחת בעור אחרי
ראה הראתו אל הכהן לטהרתו ונראה
שנית אל הכהן׃ וראה הכהן והנה
פשה פשתה המספחת בעור וטמאו

vnū in holocaustū: & alterū p pctō. Orabitq̄ p ea sacerdos: & sic mundabitur. Ca. 13.

LOcutusq̄ ē dn̄s ad moysen & aarō dicens. Hō ī cuius cute & carne ortus fuerit diuersus color siue pustula: aut quasi lucēs q̄ppiam id est plaga lepre: adducetur ad aarō sacerdotē vel ad vnū quēlibet filiorū eius. Qui cū viderit lepram in cute & pilos in albū mutatos colorē: ipsamq̄ speciē lepre humiliorē cute & carne reliqua: plaga lepre est: & ad arbitrium eius separabitur. Si aūt lucis candor fuerit in cute: nec humilior carne reliqua & pili coloris pristini: recludet eum sacerdos septem diebus: & considerabit die septimo. Et siquidē lepra vltra non creuerit: nec transierit in cute priores terminos: rursū recludet eū septē diebus aliis: & die septimo contēplabitur. Si obscurior fuerit lepra: & non creuerit in cute: mundabit eā: quia scabies est: lauabitq̄ hō vestimēta sua: & mūdus erit. Q̄d si postq̄ a sacerdote visus est & redditus mundicie: iterum lepra creuerit: adducetur ad eū: & imūdicie cō

vnā in holocaustū: & vnā pro pctō: &
μίαν εἰς ὁλοκαύτωμα, καὶ μίαν περὶ ἁμαρτίας, καὶ
ppitiabit pro ea sacerdos: & purgabitur.
ἐξιλάσεται περὶ αὐτῆς ὁ ἱερεύς, καὶ καθαρισθήσεται.

C.13. A

ET locutꝰ ē dn̄s ad moysen & aarō: dicēs: hoī si alicui fiat in cute corporis eius
καὶ ἐλάλησε κύριος πρὸς μωυσῆν καὶ ἀαρών, λέγων, ἀνθρώπῳ ἐάν τινι γένηται ἐν δέρματι χρωτὸς αὐτοῦ
cicatrix significatiōis vl lucēs: & fiat in cute
οὐλὴ σημασίας ἢ τηλαυγής, καὶ γένηται ἐν δέρματι
corporis eius tactus lepre: ducetur ad aarō
χρωτὸς αὐτοῦ ἁφὴ λέπρας, ἀχθήσεται πρὸς ἀαρὼν
sacerdotē: vel vnū filioꝝ eius sacerdotū: & videbit
τὸν ἱερέα, ἢ ἕνα τῶν υἱῶν αὐτοῦ τῶν ἱερέων, καὶ ὄψεται
sacerdos tactū in cute corporis eius: & si
ὁ ἱερεὺς τὴν ἁφὴν ἐν δέρματι τοῦ χρωτὸς αὐτοῦ, καὶ ἡ
capillus in tactu mutauerit albū: & aspectus tactus
θρὶξ ἐν τῇ ἁφῇ μεταβάλλῃ λευκήν, καὶ ἡ ὄψις τῆς ἁφῆς
humilis a cute corporis eius: tactus
ταπεινὴ ἀπὸ τοῦ δέρματος τοῦ χρωτὸς αὐτοῦ, ἁφὴ
lepre est. & videbit sacerdos: & polluet illū. si
λέπρας ἐστίν. καὶ ὄψεται ὁ ἱερεύς, καὶ μιανεῖ αὐτόν. ἐὰν
āt clara alba fuerit in cute corporis
δὲ τηλαυγὴς λευκὴ ᾖ ἐν τῷ δέρματι τοῦ χρωτὸς
eius et humilis nō fuerit aspectus eius a cute:
αὐτοῦ καὶ ταπεινὴ μὴ ᾖ ἡ ὄψις αὐτῆς ἀπὸ τοῦ δέρματος
et capillus eius nō mutauit pilū albū:
τος, καὶ ἡ θρὶξ αὐτοῦ οὐ μετέβαλεν τρίχα λευκήν,
ipa āt est obscura: et segregabit sacerdos tactū
αὐτὴ δέ ἐστιν ἀμαυρά, καὶ ἀφοριεῖ ὁ ἱερεὺς τὴν ἁφὴν
septē dies. et videbit sacerdos tactū die
ἑπτὰ ἡμέρας. καὶ ὄψεται ὁ ἱερεὺς τὴν ἁφὴν τῇ ἡμέρᾳ τῇ
septima: et ecce tactus manet corā eo: nō creuit
ἑβδόμῃ, καὶ ἰδοὺ ἡ ἁφὴ μένει ἐναντίον αὐτοῦ, οὐ μετέ
uit tactus in cute: et segregabit sacerdos
πεσεν ἡ ἁφὴ ἐν τῷ δέρματι, καὶ ἀφοριεῖ ὁ ἱερεὺς
eū septē dies scdo. et videbit sacerdos eū
αὐτὸν ἑπτὰ ἡμέρας τὸ δεύτερον. καὶ ὄψεται ὁ ἱερεὺς αὐ
die septima scdo: et ecce obscurus
τὸν τῇ ἡμέρᾳ τῇ ἑβδόμῃ τὸ δεύτερον, καὶ ἰδοὺ ἀμαυρὰ
tactus: nō creuit tactus ī cute: et mūdabit
ἡ ἁφή, οὐ μετέπεσεν ἡ ἁφὴ ἐν τῷ δέρματι, καὶ καθαριεῖ
eū sacerdos: significatio eīn est. et cū lauauerit
αὐτὸν ὁ ἱερεύς, σημασία γάρ ἐστιν. καὶ πλυνάμενος
vestimēta sua: mūdus erit. si āt commutata
τὰ ἱμάτια αὐτοῦ, καθαρὸς ἔσται. ἐὰν δὲ μεταβα
creuerit significatio ī cute: postq̄
λοῦσα μεταπέσῃ ἡ σημασία ἐν τῷ δέρματι, μετὰ τὸ
vidit eū sacerdos vt mūdaret eū: et visus fuerit
ἰδεῖν αὐτὸν τὸν ἱερέα τοῦ καθαρίσαι αὐτόν, καὶ ὀφθήσε
B
scdo a sacerdote: et videbit sacerdos: et ecce
ται τὸ δεύτερον τῷ ἱερεῖ, καὶ ὄψεται ὁ ἱερεύς, καὶ ἰδοὺ με
creuit significatio in cute: et polluet eū
τέπεσεν ἡ σημασία ἐν τῷ δέρματι, καὶ μιανεῖ αὐτὸν

Pritiua chal.

Interp. chal.

in holocaustum et vnū pro peccato: & propiciabit pro ea sacerdos: & munda erit. Ca. 13.

LOcutusq̄ est dn̄s cum moyse & aaron: dicens. Homo in cuiꝰ cute carnis fuerit diuersus color aut pustula aut lucēs aliquid: et fuerit in cute carnis eius in plagam lepre: adducetur ad aaron sacerdotē: aut ad vnū de filiis suis sacerdotibꝰ. Et videbit sacerdos plagam in cute carnis: & si capillus plage versus est in albedinem & aspectus plage profundior est cute carnis eiꝰ: plaga lepre est: videbitq̄ eam sacerdos: et immundū iudicabit eum. Si autē macula alba est in cute carnis eius: & aspectus eius non est profundior cute: & capillus nō est versus in album: recludet sacerdos eū q̄ habet plagā septē diebus. Videbitq̄ eā sacerdos in die septimo: & si plaga stetit sicut erat: & nō creuit plaga in cute: recludet eum sacerdos septē diebus aliis. Videbitq̄ eū sacerdos iterū in die septimo et si obscura fuerit plaga & non creuit plaga in cute mundū iudicabit eum sacerdos: pustula eni est. Et lauabit vestimēta sua & mūdabitur. Si autē rursus creuerit pustula in cute: postq̄ visa est a sacerdote vt mūdaret eum: ostendetur iterū sacerdoti. & videbit sacerdos: & si creuit pustula in cute: imundū iudicabit euz

Transla. Chal.

Ca.xiii.

לעלתא וחד לחטאתא ויכפר עלה כהנא ותדכי׃ ומליל יי עם משה
אמר הוה עדה ועם אהרן למימר׃ אנש ארי יהי במשך בשריה עמקא או עדיא או בהרא ויהי
כתש אתא במשך בשריה למכתש סגירו ויתיתי לות אהרן כהנא או לות חד מבנוהי כהניא׃
חזה הפך חור ויחזי כהנא ית מכתשא במשך בשרא ושערא במכתשא אתהפך למחור ומחזי מכתשא
חזה סאב עמיק ממשך בסריה מכתש סגירותא הוא ויחזיניה כהנא ויסאיב יתיה׃ ואם בהרא
חורא היא במשך בסריה ועמיק לית מחזהא מן משכא ושערה לא אתהפך למחור
סגר חזה כתש ויסגר כהנא ית מכתשא שבעא יומין׃ ויחזיניה כהנא ביומא שביעאה והא מכתשא
קום יסף קם כד הוה לא אוסיף מכתשא במשכא ויסגריניה כהנא שבעא יומין תנינות׃
עמם יסף ויחזי כהנא יתיה ביומא שביעאה תנינות והא עמא מכתשא ולא אוסיף מכתשא
דכה עדה צבע במשכא וידכיניה כהנא עדיתא היא ויצבע לבושוהי וידכי׃ ואם אוספא תוסיף
דכה עדיתא במשכא בתר דאתחזי לכהנא לדכותיה ויתחזי תנינות לכהנא׃ ויחזי כהנא
יסף סאב והא אוסיפת עדיתא במשכא ויסאיביניה

Zur eigenen Sicherheit entführt: Martin Luther wird im Auftrag Friedrichs des Weisen im Thüringer Wald überfallen und auf die Wartburg gebracht. Illustration aus dem Jahr 1887

7. Junker Jörg schreibt Geschichte:

LUTHER AUF DER WARTBURG

Martin Luther befindet sich auf dem Heimweg nach Wittenberg. Auf dem Wormser Reichstag hatte er sich geweigert, seine Lehren zu widerrufen. Das kaiserliche Edikt, das den Ketzer mit der Reichsacht belegt und die Verbreitung seiner Schriften verbietet, ist schon verfasst. Es bedarf nur noch der Zustimmung der Reichsstände und der formellen Veröffentlichung. Sobald es in Kraft tritt, ist jeder im Reich angehalten, Luther gefangen zu nehmen und an den Kaiser auszuliefern. Die Zusage des freien Geleits garantiert dem Kirchenrebellen zumindest die gefahrlose Rückreise nach Kursachsen. Am 3. Mai 1521 erreicht die Kutsche mit Luther und seinen beiden Reisegefährten das thüringische Möhra. Dort übernachtet Luther im Stammhaus der Familie, in dem sein Vater geboren wurde. Am nächsten Tag geht es durch den Thüringer Wald in Richtung Waltershausen. Als die Kutsche oberhalb von Steinbach, heute ein Ortsteil von Bad Liebenstein, einen steilen Hohlweg durchfährt, wird sie von vermummten Reitern gestoppt. Drohend erheben sie ihre Armbrüste, zerren Luther aus dem Wagen und galoppieren mit ihm davon. Schnell verbreitet sich das Gerücht, der Reformator sei verschleppt und ermordet worden. Doch der Überfall ist eine Finte. Kurfürst Friedrich der Weise von Sachsen hielt es nach den Ereignissen von Worms für besser, den aufsässigen Kirchenreformer zu dessen eigenem Schutz für einige Zeit aus der Schusslinie zu nehmen. Die bewaffneten Entführer bringen Luther auf die Wartburg bei Eisenach. Dort lebt er zehn Monate unerkannt als Junker Jörg und schreibt Geschichte. Die Bibelübersetzung, die auf der Wartburg mit der Übertragung des Neuen Testaments ins Deutsche ihren Anfang nahm, gilt bis heute als die größte literarische Leistung des Reformators. Er selbst hat sie im Rückblick immer wieder als sein Lebenswerk betrachtet.

Das Leben als Junker Jörg

Gegenüber der Besatzung und dem Gesinde der Wartburg wird Luther als inhaftierter Ritter ausgegeben. Außer dem Burghauptmann Hans von Berlepsch kennt niemand die wahre Identität von Junker Jörg. Der vermeintliche Gefangene trägt nicht nur einen neuen Namen, sondern verändert auch sein Äußeres. Die Tonsur, die kahl geschorene Fläche inmitten des Haarkranzes, ist schnell verschwunden. Luther lässt sich eine üppige Haartracht und einen Bart wachsen. Das Mönchsgewand hat er gegen die Kleidung der Ritter eingetauscht. Die spartanisch eingerichtete Studierstube Luthers befindet sich im Nordteil der Burganlage. Die Situation in seinem Refugium vergleicht er mit der Verbannung des Apokalyptikers Johannes auf die Insel Patmos. Trotz des Lebens in der Anonymität und Einsamkeit ist der Reformator aber nicht von der Außenwelt abgeschnitten. Er hält schriftlich regen Kontakt mit den Wittenberger Freunden, auch wenn diesen sein Aufenthaltsort unbekannt bleibt. Alle Briefe und Sendungen laufen über Georg Spalatin, seinen Vertrauensmann in der kurfürstlichen Kanzlei. Spalatin war nach der Priesterweihe als Hauslehrer in den kursächsischen Hofdienst eingetreten und seit 1512 Verwalter der im Wittenberger Schloss untergebrachten Universitätsbibliothek. Später wirkte er auch als Geheimsekretär, geistlicher Berater und Hofprediger Friedrichs des Weisen. Im Auftrag des Kurfürsten hatte er Luthers Entführung auf die Wartburg organisiert. Der Gemütszustand Luthers ist schwankend. Einerseits empfindet er Dankbarkeit für die Errettung, andererseits hasst er die Schutzhaft, in der er sich faktisch befindet. Die ungewohnte schwere Kost und der Bewegungsmangel setzen ihm zu. Ständig plagen ihn Verstopfungen. In der Einsamkeit der dunklen Gemäuer mit ihren ungewohnten Geräuschen sieht er sich vom Teufel und den Dämonen verfolgt. Trotz dieser widrigen Begleitumstände lässt die Muße der Schreibstube die Zeit auf der Wartburg zu einer der produktivsten Schaffensperioden im Leben Luthers werden.

Weite Teile von Luthers Wartburgaufenthalt waren durch die literarische Auseinandersetzung mit katholischen Gegnern geprägt. Der Theologe Jakob Latomus hatte im Frühjahr 1521 eine Schrift veröffentlicht, in der er die Verurteilung von Luthers Lehren durch die theologische Fakultät in Löwen verteidigt. Der Reformator verfasste im Gegenzug auf der Wartburg die Abhandlung *Wider Latomus*. Außerdem musste er sich mit Publikationen gegen die päpstliche Gründonnerstagsbulle von 1521, die dem Kirchenvolk die bereits am 3. Januar erfolgte Exkommunikation des Wittenberger Rebellen bekannt gab, und gegen die im April 1521 erfolgte Verurteilung seiner Lehren durch die Pariser theologische Fakultät wehren. Hinzu kam eine Reihe von Schriften, in denen sich Luther mit den Mönchsgelübden, der Beichte und der Umgestaltung der Messe auseinandersetzte. Im November 1521 entstand die Wartburgpostille, eine theologische Auslegung zu den neutestamentlichen Predigttexten der Advents- und Weihnachtszeit. Mit großer Aufmerksamkeit verfolgte Luther die Entwicklungen in Halle, wo der Mainzer Erzbischof Albrecht den Gläubigen für die Besichtigung seiner Reliquiensammlung und die Zahlung von Opfergeldern Ablass von den Sünden versprach. Am 1. Dezember 1521 verfasste der Reformator einen Mahnbrief an den Erzbischof, in dem er das Ablasswesen anprangert und zudem das Recht der Priester auf die Ehe betont. Die Übersetzung des Neuen Testaments, die zur bedeutendsten Leistung Luthers auf der Wartburg wurde, fällt erst in die Endphase seines dortigen Aufenthalts. Den entscheidenden Anstoß dazu gab Philipp Melanchthon.

Während seines Aufenthalts auf der Wartburg war Luther als „Junker Jörg“ getarnt. Gemälde von Lucas Cranach, um 1521

Der „kleine Grieche“ an Luthers Seite

Philipp Melanchthon wurde 1497 unweit von Karlsruhe im damals zur Kurpfalz gehörenden Bretten geboren. Sein eigentlicher Nachname lautete Schwartzerdt. Er war mit dem Humanisten Johannes Reuchlin verwandt, der früh seine Begabung erkannte und ihn nach Kräften förderte. Im März 1509 schenkte Reuchlin seinem Großneffen eine griechische Grammatik und versah das Buch mit einer handschriftlichen Widmung, in der er ihn als Melanchthon anredete. Dabei handelt es sich um die ins Griechische übertragene Form des Namens Schwartzerdt. Der hochbegabte Knabe wurde auf diese Weise früh als Humanist geadelt. Dass er seinen neuen Namen zeitlebens nur schwer aussprechen konnte und sich später meist Melanthon nannte, steht auf einem anderen Blatt. Im Herbst 1509 nahm Melanchthon im Alter von gerade einmal zwölf Jahren das Studium an der Universität Heidelberg auf. Zügig erwarb er im Juni 1511 den Grad des Baccalaureus der freien Künste. Als er bald darauf mit 14 Jahren auch schon die Magisterprüfung ablegen wollte, wurde er wegen seines jugendlichen Alters zurückgestellt. Daraufhin wechselte er an die Universität Tübingen, wo er nach dem Magisterabschluss Vorlesungen über die klassischen Autoren der Antike hielt. Daneben vertiefte er seine humanistischen Studien und perfektionierte seine griechischen Sprachkenntnisse. Zudem lernte er Hebräisch.

Im Jahr 1518 stiftete Kurfürst Friedrich von Sachsen seiner 1502 gegründeten Universität zu Wittenberg jeweils einen Lehrstuhl für Griechisch und Hebräisch. Er wollte damit dem Zeitgeist des Humanismus entsprechend das Studium der alten Sprachen fördern. Als die Besetzung der Griechischprofessur anstand, suchte der Kurfürst den Rat von Johannes Reuchlin, woraufhin dieser ihm Philipp Melanchthon als bestens geeigneten Kandidaten empfahl. Zwischen Luther und Melanchthon entwickelte sich auf Anhieb ein inniges Verhältnis, zumal beiden Gelehrten die Erforschung der biblischen Texte in der Ursprache eine Herzensangelegenheit war. Der Reformator bezeichnete den neuberufenen Kollegen wegen seiner kleinen und schmächtigen Statur scherzhaft als Graeculus, den kleinen Griechen. In seinen in der artistischen Fakultät angesiedelten Vorlesungen behandelte Melanchthon neben den Klassikern der griechischen Literatur wie Homer oder Thukydides auch das Neue Testament im Urtext. Später erstreckte sich seine Lehrtätigkeit auch auf die theologische Fakultät. Weil für die Hebräischprofessur zunächst kein geeigneter Kandidat zur Verfügung stand, unterrichtete Melanchthon in seiner Wittenberger Anfangszeit zudem hebräische Grammatik und hielt Vorlesungen über den Psalter.

Ebenfalls von Lucas Cranach porträtiert: der „kleine Grieche" Philipp Melanchthon im Jahr 1532

Luther und Melanchthon vereinte eine lebenslange Arbeitssymbiose, die auf enger persönlicher Verbundenheit und höchster gegenseitiger Wertschätzung beruhte. Im Dezember 1518 rühmte Luther in einem Brief an Reuchlin seinen neuen Kollegen überschwänglich als bewundernswerten Mann, der nahezu nichts an sich habe, was nicht über die Grenzen eines Menschen hinausgehe. Vom Temperament her waren sie völlig unterschiedlich. Der schnell aufbrausende Luther stieß mit seiner groben und ungestümen Polemik andere Menschen immer wieder vor den Kopf. Der besonnen auftretende Melanchthon war dagegen ein stets um Sachlichkeit bemühter Feingeist und ging diplomatisch auf die Gegner zu. Er zeichnete sich als Autor vieler reformatorischer Schriften aus, allen voran die bis heute für die evangelischen Kirchen lutherischer Prägung verbindliche *Confessio Augustana* (Augsburger Bekenntnis). Bei Disputationen und Gesprächen agierte er oft als geschickter Verhandlungsführer auf lutherischer Seite. Deshalb bezeichnet man ihn zuweilen als den Außenminister der Reformation. Auch bei der gemeinsamen Arbeit an der Bibelübersetzung ergänzten Luther und Melanchthon sich vortrefflich. Während die ausdrucksstarke und bildreiche Sprache der deutschen Bibel ein Verdienst von Luther darstellt, liegt Melanchthons Beitrag in der philologischen Gründlichkeit der Übersetzung.

Bei Johannes Reuchlin, der seiner katholischen Kirche allen Konflikten zum Trotz zeitlebens verbunden blieb, löste die Hinwendung Melanchthons zur Sache der Reformation wenig Begeisterung aus. Noch 1519 hatte er seinem Großneffen in Aussicht gestellt, dass er ihm seine mit kostbaren griechischen und hebräischen Büchern bestückte Bibliothek vermachen werde. Wenige Monate später versuchte Reuchlin angesichts der Entwicklungen in Wittenberg, Melanchthon zur Annahme einer Professur in Ingolstadt zu bewegen und ihn auf diese Weise dem Einfluss Luthers zu entziehen. Melanchthon lehnte dies im März 1520 mit der Begründung ab, er müsse den Ruf Christi über das persönliche Verlangen stellen. Zudem hob er die enge Bindung an die Wittenberger Freunde hervor. Dies muss Reuchlin nachhaltig verstimmt haben. Als er 1522 verstarb, erbte nicht Melanchthon, sondern das Michaelisstift in Pforzheim den kostbarsten Teil seiner Bibliothek.

1532

Euangeliū Johannis des gotlichen Cantzlers und geliebten Jungers unsers herren Jesu

Christi/Durch den wirdigen vnd hochgelarten hern Nicolaum Krumpach der heyligen schrifft Licentiaten/vn̄ Pfarhern zu Quernfurt yns deutsch gebracht/allen Christglaubigen menschen nutzlich vnd trőstlich zulesen.

¶ Getruckt zu Leypßgk durch Wolffgang Stőckel .1522.

Der Anstoß zur Bibelübersetzung

Zwischen 1466 und 1522 erschienen 18 deutsche Bibeldrucke, deren Übersetzung auf der Vulgata beruhte. Darin zeigt sich eindrucksvoll das gesteigerte Interesse der Gläubigen, auch ohne Lateinkenntnisse die Bibel lesen zu können und ihre Auslegung nicht einem kleinen Kreis von Fachleuten zu überlassen. Nachdem der Humanismus den Blick auf die biblischen Schriften in der Ursprache eröffnet und entsprechende Druckausgaben hervorgebracht hatte, lag eine am Urtext orientierte Verdeutschung des Alten und Neuen Testaments geradezu in der Luft. In Wittenberg wurde spätestens seit 1519 das Projekt einer neuen Bibelübersetzung erörtert. Eine wichtige Rolle spielte dabei Andreas Bodenstein von Karlstadt. Er forderte erstmals in einer Flugschrift vom April 1519 und im Jahr darauf auch in der Vorrede seiner Abhandlung *Welche Bücher heilig sind*, dass neue deutsche Bibeln gedruckt werden müssten, um auch Laien und Ungelehrten das Lesen oder Hören der Heiligen Schrift zu ermöglichen. Karlstadt konnte sich dabei auf Erasmus von Rotterdam berufen, den er nach eigenem Bekunden mehr verehrte als die Kirchenväter Ambrosius und Augustin. Erasmus war, obwohl er selbst nur auf Latein publizierte, seit 1515 nachdrücklich für die Einführung volkssprachlicher Bibeln eingetreten, da die Heilige Schrift alle Christen angehe und auch von Laien verstanden werden könne.

Die erste reformatorische Teilübersetzung des Neuen Testaments wurde im Frühsommer 1521 von Luthers Freund und Ordensbruder Johannes Lang aus Erfurt herausgegeben, der das Matthäusevangelium sehr wörtlich aus dem Griechischen ins Deutsche übertragen hatte. Das Werk erfuhr innerhalb eines Jahres zwei Nachdrucke. Zur selben Zeit arbeitete in Querfurt der Pfarrer und Humanist Nikolaus Krumpach an Übersetzungen der drei übrigen Evangelien, des ersten Timotheusbriefs, des Titusbriefs und der beiden Petrusbriefe aus dem Urtext, die 1522 auf den Markt kamen. Luther hatte 1520 in seiner „Adelsschrift“ (*An den christlichen Adel deutscher Nation von des christlichen Standes Besserung*) den Gedanken des Priestertums aller Gläubigen entfaltet. In diesem Zusammenhang sprach er dem katholischen Klerus die Deutungshoheit über die Bibel ab. Das vom Papst beanspruchte Monopol auf die normative Bibelauslegung sei eine der drei Mauern Roms, die es niederzureißen gelte. Wenn nach Luthers Überzeugung allein die Bibel klare Orientierung bot und alle Christen über die Befähigung verfügten, anhand der Heiligen Schrift ein Urteil in Glaubensfragen zu fällen, musste ihnen auch ein Lesen und Verstehen der Bibel ermöglicht werden. Vor diesem Hintergrund war es nur konsequent, dass Luther Ende 1521 auf den durch Johannes Lang und Nikolaus Krumpach in Fahrt gekommenen Zug der am Urtext orientierten Bibelübersetzungsbewegung aufsprang.

Bereits im Frühsommer 1521 arbeitete Nikolaus Krumpach in Querfurt unter anderem an der Übersetzung des Johannesevangeliums, die 1522 in Leipzig erschien.

Eine wichtige Rolle bei dem Projekt einer neuen Bibelübersetzung spielte Andreas Bodenstein von Karlstadt: Er forderte erstmals 1519 den Druck neuer deutscher Bibeln. Kupferstich aus dem 16. Jh.

Den entscheidenden Anstoß zu seiner Bibelübersetzung erhielt Luther, als er Anfang Dezember 1521 für einige Tage sein Refugium auf der Wartburg verließ und heimlich in Wittenberg weilte. Auf dem Weg dorthin hätte er sich in Jena beinahe selbst verraten, weil er im Gasthaus *Schwarzer Bär* vor aller Augen im hebräischen Psalter las. Die Gründe für den riskanten Abstecher von der Wartburg sind unbekannt. Zuweilen wird angenommen, dass Luther die Nachrichten über die reformatorischen Entwicklungen in Wittenberg beunruhigten und er nach dem Rechten sehen wollte. Manche vermuten sogar in innerreformatorischen Konflikten den maßgeblichen Grund dafür, warum Luther ausgerechnet in der Wartburgzeit mit der Bibelübersetzung begann. Er habe erkannt, dass er die deutsche Bibel nicht nur als Waffe gegen das Papsttum, sondern auch als abgrenzende Schranke gegen gefährliche Strömungen innerhalb der evangelischen Bewegung brauche. Die während der Abwesenheit Luthers in Wittenberg eingetretenen Neuerungen wie Klosteraustritte, Einstellung der Privatmessen, Aufhebung der Fastengebote und Genehmigung der Priesterehe fanden allerdings die ungeteilte Zustimmung des Reformators. Wahrscheinlich trieben ihn im Dezember 1521 in erster Linie die Flucht aus der Einsamkeit innerhalb der Burgmauern und das Verlangen nach einem Gedankenaustausch mit den engsten Vertrauten nach Wittenberg.

Während seines heimlichen Aufenthalts in der Stadt war Luther bei Nikolaus von Amsdorf zu Gast, der an der Wittenberger Universität Theologie und Philosophie lehrte. Bei dieser Gelegenheit fertigte Lucas Cranach in Amsdorfs Haus das berühmte Bildnis Luthers als Junker Jörg an. Nikolaus von Amsdorf hatte Luther 1521 zum Wormser Reichstag begleitet und war auf dem Rückweg Augenzeuge der vorgetäuschten Entführung nahe Bad Liebenstein geworden. In der Zeit von Luthers Wartburgaufenthalt wurde er in Wittenberg gemeinsam mit Philipp Melanchthon zum wichtigsten Sachwalter des Reformators. Als Luther in aller Stille im Haus von Amsdorf weilte, kam es zu einer Zusammenkunft, bei der die schon länger im Raum stehende Idee der Bibelübersetzung konkrete Gestalt annahm. In einer wohl aus den 1530er-Jahren stammenden Tischrede nimmt der Reformator darauf Bezug. In humorvoll zugespitzter Form behauptet er, von Melanchthon zur Verdeutschung des Neuen Testaments gezwungen worden zu sein. Melanchthon habe gesehen, dass der eine Matthäus, der andere Lukas verdolmetschte, und so habe er auch die etwas dunkel gewordenen Paulusbriefe gerne wieder ans Licht und in eine rechte Ordnung bringen wollen.

Seite aus Luthers Handexemplar der Vulgata von 1519 mit handschriftlichen Randglossen des Reformators

Mit der Bemerkung zum Matthäusevangelium bezog sich Melanchthon zweifellos auf die deutsche Ausgabe von Johannes Lang. Beim Lukasevangelium hatte er wohl Kenntnis davon, dass Nikolaus Krumpach in Querfurt an dessen Übersetzung aus dem Griechischen arbeitete und weit vorangeschritten war. Melanchthons Aussage ist in ihrem Gesamtsinn schwer zu erfassen und wird unterschiedlich interpretiert. Vermutlich legte er dar, dass sich die ersten reformatorischen Teilübersetzungen der Bibel auf die Evangelien fokussierten, und verwies auf die Notwendigkeit, auch die in der Dunkelheit versunkenen oder von der kirchlichen Tradition verdunkelten Paulusbriefe durch eine Verdeutschung wieder ins gebührende Licht zu rücken. Damit überzeugte er Luther vom Projekt der Bibelübersetzung. Dass diese aus dem Urtext erfolgen musste, stand angesichts der Prägung des reformatorischen Denkens durch den Humanismus außer Frage. Melanchthon hatte zu den Gesprächen im Haus von Amsdorf eigens die Erasmusausgabe des griechischen Neuen Testaments mitgebracht, in die sich Luther und seine Vertrauten vertieften.

Übersetzung des Neuen Testaments auf der Wartburg

Unmittelbar nach seiner Rückkehr auf die Wartburg machte sich Luther ans Werk. Kurz vor Weihnachten 1521 erwähnt er in Briefen an Johannes Lang und Wenzeslaus Linck, den Generalvikar des deutschen Augustinerordens, erstmals seine Arbeit an der Bibelübersetzung. Wenn Luther mit dem Neuen Testament begann, lag dies sicher daran, dass es sich um den aus seiner Sicht wichtigeren Teil der Bibel handelte. Es gab dafür aber auch pragmatische Gründe. Die Übersetzung der neutestamentlichen Schriften erschien ihm mit den beschränkten Ressourcen auf der Wartburg eher machbar als die Arbeit am hebräischen Text des Alten Testaments, wo er in höherem Maße auf die philologische Sachkompetenz seiner Wittenberger Vertrauten angewiesen war. Am 13. Januar 1522 schreibt Luther an Nikolaus von Amsdorf: „Unterdessen werde ich die Bibel übersetzen, obwohl ich damit eine Last auf mich genommen habe, die über meine Kräfte geht. Ich sehe jetzt, was überset-

Übersetzung des Neuen Testaments auf der Wartburg

lis ꝛ i terrā noiat: vt det vobis ſm diui-
tias glie ſue virtute corroborari per ſpm
ei⁹ in interiorē hoiē: xpm habitare p fidē
cordib⁹ vr̄is, in charitate radicati ꝛ funda-
ti, vt poſſitis cōprehēdere cū oib⁹ ſctis q̄
ſit latitudo ꝛ lōgitudo ꝛ ſublimitas et p̄-
fundū. Scire etiā ſupeminētē ſciētie cha-
ritatē xp̄i: vt ipleamini i ōēz plenitudinē
dei. Ei aūt q̄ potēs ē oia facere ſupabun-
dāter q̄ petim⁹ aut intelligim⁹ ſ3 v̄tutē
q̄ opat i nobis: ipi glia i eccl'ia ꝛ i xp̄o ieſu i oēs gn̄ationes ſeculi ſeculoꝝ. Amen.

¶ C. S. Inſtruit apoſtolus epheſios ad ſeruan-
dem vnitatem eccleſiaſticam in connexione et di-
ſtinctione membrorum ac deinde inducit ad mo-
rum honeſtatem. Capitulum. iiij.

Obſecro itaq3 vos ego vin-
ctus in dño: vt digne am-
buletis vocatiōe q̄ voca-
ti eſtis: cū oī hūilitate
et māſuetudine cū pati-
entia ſupportantes inui-
cem in charitate ſolliciti
ſeruare vnitatē ſpiritus
in vinculo pacis. Unū corpus ꝛ vn⁹ ſpiritus: ſicut vocati eſtis i vna ſpe vocatio-
nis veſtre. Un⁹ dñs: vna fides: vnum ba-
ptiſma. Un⁹ deus ꝛ pr̄ oim, q̄ ſup oēs, et
per oia ꝛ i oib⁹ nobis. Unicuiq3 aūt nr̄z
data eſt gr̄a ſm mēſurā donatiōis chriſti.
Propter qđ dicit. Aſcēdens in altū capti-
uā duxit captiuitatē: dedit dona hoibus.
Qđ aūt aſcēdit: qđ eſt, niſi: q2 ꝛ deſcendit
primū in iferiores ptes terre: Qui deſcē-
dit ipe eſt ꝛ q̄ aſcēdit ſup oēs celos: vt ad-
impleret oia. Et ipe dedit quoſdā q̄dem
apoſtolos: quoſdā aūt, ppħetas alios v̄o
euāgeliſtas: alios āt paſtores ꝛ doctores
ad cōſummationē ſctoꝝ i op⁹ miniſterij
in edificationē corporis xp̄i: donec occur-
ramus oēs i vnitatē fidei ꝛ agnitionis filij dei, in virū pfectū in mēſurā etatis ple-
nitudinis xp̄i: vt iā nō ſim⁹ paruuli flu-
ctuātes: ꝛ circūferamur oī vēto doctrine,
in nequitia hoim, in aſtutia ad circūuen-
tionē erroris. Ueritatē aūt facietes i charitate creſcam⁹ i illo p oia qui eſt caput:
chriſtus, ex quo totū corpus ꝯpactū ꝛ cō-
nexū per oēm iuncturam ſubminiſtratio-
nis, ſm operationem in menſurā vniuſ-
cuiuſq3 mēbri augmentū corporis facit
in edificationē ſui in charitate. Hoc igitur dico: et teſtificor in dño: vt iam non
ambuletis ſicut et gentes ambulāt in va-
nitate ſenſus ſui: tenebris obſcuratū ha-
bentes intellectum: alienati a via dei per

ignorātiā: q̄ eſt in illis propter cecitatem
cordis ipſorum q̄ deſperātes ſemetipſos
tradiderūt impudicitie, in operationē im̄ū-
dicie oīs, i auariciam. Uos aūt non ita di-
diciſtis chriſtū: ſi tū illū audiſtis: ꝛ i ipſo
edocti eſtis: ſicuti eſt veritas i ieſu. Depo-
nite vos ſm priſtinā cōuerſationē vete-
rem hoiem: q̄ corrumpit ſm deſideria erroris. Renouamini aūt ſpū mentis vr̄e:
et iduite nouū hoiem: q̄ ſm deū creatus
eſt i iuſticia ꝛ ſctitate veritatis. Propter
quod deponentes mendaciū loquimini
veritatē vnuſquiſq3 cū proximo ſuo: qm̄
ſumus inuicem membra. Iraſcimini: et
nolite peccare. Sol nō occidat ſuper ira-
cūdiam vr̄am. Nolite dare locū diabolo.
Qui furabat: iam nō furetur: magis aūt
laboret operādo manibus ſuis qđ bonū
eſt: vt habeat vnde tribuat neceſſitatem
patienti. Oīs ſermo malus ex ore vr̄o nō
procedat: ſed ſi q̄s bon⁹ eſt ad edificationē fidei: vt det gr̄am audientib⁹. Et nolite contriſtare ſpm̄ ſctm̄ dei in quo ſignati
eſtis in die redēptiōis. Oīs amaritudo et
ira ꝛ indignatio ꝛ clamor et blaſphemia
tollat a vobis cum omni malicia. Eſtote
aūt inuicē benigni: miſericordes: donātes
inuicē, ſicut ꝛ de⁹ i xp̄o donauit vobis.

¶ C. S. Ap̄ls inducit epheſios ad ſequendum
chriſtum in fauore charitatis: in decore ſanctita-
tis: ac veritate cognita: ꝛ inſtruit perſonas iun-
ctas matrimonio. Capitulum. v.

Eſtote ergo imitatores
dei ſicut filij chariſſimi
ꝛ ambulate in dilectio-
ne: ſicut ꝛ xp̄us dilexit
nos: ꝛ tradidit ſemetip-
ſum p nobis oblatio-
nem et hoſtiam deo in
odorē ſuauitatis. For-
nicatio aūt ꝛ oīs imūdicia aut auaricia:
nec noietur in vobis: ſicut decet ſanctos
aut turpitudo: aut ſtultiloquiū: aut ſcur-
rilitas: que ad rē non pertinet: ſ3 magis
gr̄arū actio. Hoc eñ ſcitote intelligentes
q̄ oīs fornicator: aut imundus: aut aua-
rus quod eſt idoloꝝ ſeruit⁹: nō habet he-
reditatē in regno chriſti ꝛ dei. Nemo vos
ſeducat inanibus verbis; propter hec eñ
venit ira dei in filios diffidentie. Nolite
ergo effici participes eorum. Eratis eñ
aliquando tenebre: nunc autem lux i domino. Ut filij lucis ambulate. Fructus
enim lucis eſt in omni bonitate et iuſticia et veritate, probātes quid ſit benepla-
citum deo. Et nolite cōmunicare operib⁹

Ad ꝯ depo-
nere.
De cōſe. di.
4. c. i. Ro. 6.
Col. 3. b.
De cōſe. di.
4. c. q̄ſq̄s.
et ca. ne ꝗs
lud.
De pe. di. z.
ca. quō re-
nouari.
De apoſt. c.
quidam.
Hebr. z. a.
1. pe. z. a.
Zacha. 8. c.
Ps. 4.
Iaco. 4. b.
1. pe. 4. b.
Col. 3. b.

Iob. 13. b.
1. io. 4. b.
Di. 46. c.
clerici. 3. z.
q. 4. ca. in
eo.

1. q. 1. c. cū
oīs. ꝛ ca. ſi
cut vrgeri.
Col. 3. a.
De pe. di.
4 §. hanc
ſocietati.

zen heißt und warum es bisher von niemandem in Angriff genommen worden ist, der seinen Namen dabei bekannte. Das Alte Testament aber werde ich nicht anrühren können, wenn ihr nicht dabei seid und mitarbeitet. Ja, wenn es etwa ginge, dass ich bei irgendjemandem von euch heimlich ein Zimmer haben könnte, würde ich bald kommen und mit eurer Hilfe das Ganze von Anfang an übersetzen, damit das eine würdige Übersetzung wird, was die Christen lesen. Denn ich hoffe, dass wir unserem Deutschland eine bessere als die Vulgata geben werden. Es ist ein großes und würdiges Werk, um welches wir uns alle bemühen sollten, da es Eigentum aller und der gemeinen Wohlfahrt gewidmet sein soll."

Diese Zeilen spiegeln die Schwierigkeiten und die Größe der Aufgabe wider. Sie zeigen aber auch den ungeheuren Anspruch Luthers, dem deutschen Volk eine Bibel zur Verfügung zu stellen, welche die Vulgata qualitativ übertrifft. Fast 20 Jahre später lobt Luther in einer Tischrede seine Bibel rückblickend als gutes und köstliches Werk, das allen griechischen und lateinischen Versionen überlegen sei. Man finde darin mehr als in allen Kommentaren, denn er und seine Mitstreiter hätten den Lesern sämtliche Stöcke und Pflöcke, die den Weg zum Verständnis des Textes blockierten, beiseitegeräumt.

Die wichtigste Grundlage für die Übersetzung des Neuen Testaments auf der Wartburg war das Novum Testamentum Graece des Straßburger Humanisten Nikolaus Gerbel. Das im März 1521 erschienene Buch bietet einen Nachdruck der zweiten Auflage der Erasmusausgabe von 1519, allerdings unter Ausschluss der lateinischen Übersetzung und der *Annotationes*, der philologischen Anmerkungen des Erasmus. Wie aus einem Brief Luthers vom 1. November 1521 hervorgeht, hatte ihm Gerbel ein Exemplar des Buches als Geschenk zukommen lassen. Der Reformator bezeichnet die Textausgabe Gerbels bildhaft als Gattin, die der Straßburger Freund ihm zugeführt habe und mit der er vertrauten Umgang pflege. Wahrscheinlich empfing Luther das Buch während des Wormser Reichstages aus dem nahe gelegenen Straßburg und führte es bei der inszenierten Entführung in seinem Reisegepäck mit sich. Daneben benutzte Luther entweder schon auf der Wartburg oder bei der späteren Durchsicht der Übersetzung in Wittenberg auch die Originalausgabe des Erasmus, von dessen *Annotationes* er sich an etlichen Stellen inspirieren ließ. Luthers Übersetzung des Neuen Testaments fußt zwar auf dem griechischen Urtext, ist aber auch von der Vulgata beeinflusst. Unmittelbar nachdem beim heimlichen Zwischenaufenthalt in Wittenberg der Beschluss zur Verdeutschung der Bibel gefallen war, bat er Spalatin brieflich darum, ihm eine lateinische Bibel auf die Wartburg zu senden, die Melanchthon besorgen werde. Sprachliche Untersuchungen zeigen, dass Luther gelegentlich der Vulgata gegenüber dem griechischen Text den Vorzug gibt. Für Mutmaßungen, dass Luther bei seiner Übersetzungsarbeit auf der Wartburg zudem eine deutschsprachige Bibel, etwa die Zainerbibel, vergleichend heranzog, gibt es keine Beweise. Auch das Matthäusevangelium von Johannes Lang scheint er nicht benutzt zu haben, obwohl er es kannte.

Zu den großen Mythen, die sich um die Zeit auf der Wartburg ranken, gehört der sagenumwobene Tintenfleck an der Wand von Luthers Schreibstube. Ausgangspunkt der Legendenbildung ist eine auf die Bibelübersetzung bezogene Aussage Luthers, die er 1524 in seinem Sendschreiben an die Ratsherren der deutschen Städte macht. Vom Teufel würden seine Sprache und Schreibfeder mehr geachtet als sein Geist, so führt der Reformator aus, denn die Heilige Schrift und die Sprachen machten dem Teufel die Welt zu eng und fügten ihm Schaden in seinem Reich zu. Für Luther gehörte der unablässige Kampf mit den bösen Mächten zu den Grunderfahrungen seines inneren Lebens. Seine bildlich gemeinte Aussage von der Einschüchterung und Schädigung des Teufels durch die mit Tinte geschriebene Heilige Schrift deutete man später dahingehend, dass er auf der Wartburg mit einem Tintenfass nach ihm geworfen habe. Ein passend dazu an die Wand gemalter Tintenfleck wurde schnell zur Besucherattraktion. Im Jahr 1713 veröffentlichte Johann Gottfried Gregorii unter dem Pseudonym Melissantes sein Buch *Das Erneuerte Alterthum*. Es handelt sich um eine Art Reiseführer für die berühmten Ritterburgen und Bergschlösser Deutschlands. Im Kapitel zur Wartburg kommt der Autor auch auf die Lutherstube zu sprechen. Hinter dem Ofen werde die Stelle gezeigt, wohin Luther das Tintenfass nach dem Teufel ge-

Die Lutherstube auf der Wartburg: Von der Wand, an der sich der legendäre Tintenfleck befunden haben soll, haben Besucher im Laufe der Zeit kleine Stückchen als Souvenir abgekratzt.

worfen habe, und in unmittelbarer Nähe des Flecks hätten die Besucher ihre Namen in die Wand geritzt. Später brach man bei Führungen auf der Wartburg auch gerne ein Stück Putz mit Tintenspritzern heraus und nahm es als Souvenir mit nach Hause. Bis zur Mitte des 19. Jh.s wurde die Stelle mit dem Tintenfleck regelmäßig ausgebessert und nachgefärbt. Heute sucht man bei einer Besichtigung der Lutherstube vergeblich nach Tintenspuren an der Wand.

Rückkehr nach Wittenberg

Im Februar 1522 ereilte Luther auf der Wartburg ein Hilferuf aus Wittenberg. Der Magistrat war mit der geordneten Einführung der reformatorischen Neuerungen überfordert. Weihnachten 1521 hatten Andreas Karlstadt und Justus Jonas in der voll besetzten Wittenberger Stadtkirche erstmals die Messe in deutscher Sprache gefeiert. Dabei empfingen die Gläubigen das Abendmahl in beiderlei Gestalt, also auch mit Darreichung des ihnen bis dahin verweigerten Kelches. Die Gottesdienstreformen wurden vom Wittenberger Stadtrat grundsätzlich gebilligt, liefen aber nicht nur friedlich ab. Studenten hatten Anfang Dezember 1521 sowohl in der Stadtkirche als auch im Franziskanerkloster katholische Gottesdienste gestürmt, Messbücher weggenommen, Altäre umgekippt und Priester mit Steinen beworfen. Der Stadtrat musste daraufhin Wachen zum Schutz der kirchlichen Gebäude abstellen. Zudem kam es in den Straßen Wittenbergs zu tätlichen Übergriffen auf Mönche, die dem Klosterleben treu geblieben waren. Für weitere Unruhe sorgte Ende Dezember 1521 die Ankunft der „Zwickauer Propheten". Bei ihnen handelte es sich um radikale Vertreter der Reformation, die neben kirchlichen Reformen auch soziale und politische Veränderungen forderten. Nach ihrem Scheitern in Zwickau waren sie nach Wittenberg gekommen. Dort glaubten sie einen geeigneten Boden für die Verbreitung ihrer Gedanken zu finden und beriefen sich für ihre Lehren auf geheime Offenbarungen Gottes. Auch enge Weggefährten Luthers ließen sich von ihnen beeindrucken. Eine weitere Eskalationsstufe wurde erreicht, als im Februar 1522 unter maßgeblicher Beteiligung von Andreas Karlstadt und Gabriel Zwilling der Sturm auf die Kirchen Wittenbergs einsetzte, um Bilder und andere religiöse Kunstwerke zu entfernen.

Luther sah durch diese Entwicklungen die Sache der Reformation bedroht und war nicht mehr in seinem Refugium zu halten. Als er sich Anfang März gegen den Willen des Kurfürsten nach Wittenberg begab, hatte er eine vollständige Übersetzung des Neuen Testaments aus dem Griechischen im Handgepäck. Vom 9. bis zum 16. März 1522 nahm Luther in seinen berühmt gewordenen Invokavitpredigten in der Wittenberger Stadtkirche zu den Reformen Stellung. Er begrüßte sie im Wesentlichen, kritisierte aber das Tempo und die Radikalität ihrer Durchsetzung. Die gewaltsame Zerstörung von Bildern und Altären verurteilte er entschieden. Radikale Kräfte innerhalb der reformatorischen Bewegung legten das alttestamentliche Bilderverbot des Dekalogs streng aus und standen jeglicher Form von Bildern ablehnend gegenüber. Luther verwarf nur die Anbetung der Bilder und Figuren in Kirchen und auf Altären, nicht aber bildliche Darstellungen an sich. Mit seinen Predigten gelang es ihm, die Ordnung wiederherzustellen. Danach konnte er sich auf die Herausgabe des Neuen Testaments konzentrieren. Der in nur elf Wochen auf der Wartburg entstandene Text bedurfte vor der Drucklegung noch des Feinschliffs, der unter Beteiligung von Philipp Melanchthon erfolgte.

Der Hofmaler Lucas Cranach gehörte zu den Investoren, die Luthers Bibelübersetzung mit auf den Weg brachten. Bronzestatue von Frijo Müller-Belecke im Cranachhof Wittenberg

8. Ein Meisterwerk in elf Wochen:

DAS SEPTEMBERTESTAMENT

Unter den Buchdruckern in Wittenberg herrscht Goldgräberstimmung. Der Fortgang der Reformation hat das Interesse an Druckwerken in ungeahnte Höhen getrieben und sorgt für reißenden Absatz. Mehr als ein halbes Jahrhundert war die abgelegene Kleinstadt an der Elbe von Gutenbergs revolutionärer Erfindung völlig unberührt geblieben. Nun wurde sie innerhalb weniger Jahre zu einem Zentrum des Druckerhandwerks. Die Pressen sind ständig in Bewegung. Zur gewaltigen Flugschriftenproduktion kommt die Herstellung von Büchern in bis dahin nicht gekannter Größenordnung hinzu. Martin Luther hat durch seinen Kampf gegen die Papstkirche die Welt aus den Angeln gehoben. Mit seinem außergewöhnlichen schriftstellerischen Talent ist er geradezu über Nacht zum meistgelesenen Autor Europas aufgestiegen. Allein seine berühmte Adelsschrift wird im Sommer 1520 in einer Auflage von 4500 Exemplaren gedruckt, die sogleich vergriffen sind. Auf Honorar verzichtet der Reformator im Gegensatz zu anderen Autoren seiner Zeit grundsätzlich. Nun steht mit der Bibelübersetzung ein noch lukrativeres Geschäft vor der Tür. Nachdem Luther sich beim Wormser Reichstag standhaft auf die Bibel berufen hat, will jeder sie in deutscher Sprache besitzen. Zu den Investoren, die das große Geld wittern, zählen der berühmte Hofmaler Lucas Cranach und der Goldschmied Christian Döring. Die umtriebigen Geschäftsleute sind ständig auf der Suche nach neuen Betätigungsfeldern. Nach ihrem Einstieg in den Buchdruck wird man sie in den Wittenberger Steuerlisten bald als zwei der wohlhabendsten Bürger der Stadt führen.

Die schillernde Welt des Wittenberger Buchdrucks

Wittenberg war bis in das späte 15. Jh. ein verschlafenes Kleinod in der tiefsten Provinz. Der überraschende Aufstieg zur Residenzstadt und zu einem geistigen Zentrum des Humanismus verdankte sich Thronstreitigkeiten in Sachsen. Zwischen den gemeinsam regierenden Brüdern Kurfürst Ernst und Herzog Albert war es zu unüberbrückbaren Differenzen gekommen. Deshalb erfolgte 1485 eine Teilung der sächsischen Gebiete. Mit Leipzig, Dresden und Meißen fielen alle bedeutenden Städte an das albertinische Herzogtum Sachsen. Zu den Zentren des ernestinischen Kurfürstentums Sachsen wurden Torgau, Weimar und Wittenberg. Kurfürst Friedrich der Weise, der seinem 1486 verstorbenen Vater Ernst von Sachsen in der Herrschaft folgte, erhob Wittenberg zu seinem Hauptsitz und ließ bald darauf ein dreiflügeliges Renaissanceschloss als Residenz errichten. Zudem brauchte das Kurfürstentum Sachsen eine eigene Hochschule, denn mit Leipzig war bei der Teilung auch die einzige Universität des Landes an Herzog Albert gegangen. Im Jahr 1502 erfolgte die Gründung der Wittenberger Universität, mit deren Eröffnung die bescheidenen Anfänge des Druckwesens in der Stadt verbunden sind. Wittenberg hatte zu jenem Zeitpunkt um die 2000 Einwohner und eine überschaubare Zahl an Studenten. Mit der Buchproduktion konnte man kaum den Lebensunterhalt bestreiten. Die Drucker kamen und gingen. Kontinuität trat erst mit Johann Rhau-Grunenberg ein. Der Erfurter Drucker ließ sich 1508 in Wittenberg nieder und stellte in höheren Stückzahlen Bücher für den akademischen Lehrbetrieb der inzwischen deutlich gewachsenen Universität her. Sein Kernprodukt waren Textausgaben mit weitem Zeilenabstand und breitem Rand, in denen die Studenten während der Vorlesung die Erklärungen und Ausführungen ihrer Dozenten mitschreiben konnten.

Bei Rhau-Grunenberg gab Luther zwischen 1516 und 1518 eine Reihe von Flugschriften und kürzeren Abhandlungen in Auftrag. Den Anforderungen, die sich aus Luthers sprunghaft angestiegener literarischer Produktivität und der überwältigenden Nachfrage nach seinen Werken ergaben, war der kleine Betrieb allerdings nicht gewachsen. In den Jahren 1518 und 1519 ließ der Reformator mehrere Erstausgaben seiner Schriften in der Leipziger Druckerei von Melchior Lotter dem Älteren herstellen, die einen exzellenten Ruf genoss. Gleichzeitig griff Luther aktiv in das Wittenberger Druckwesen ein. Um eine leistungsfähige drucktechnische Infrastruktur vor Ort aufzubauen, ersuchte er im Februar 1519 in einem von Universitätskollegen mitunterzeichneten Brief seinen Landesherrn Friedrich den Weisen „um einen redlichen Drucker hier zu Wittenberg". Dafür hatte er Melchior Lotter den Jüngeren ins Auge gefasst. Im Mai 1519 schreibt Luther an Spalatin, dass Lotter zur Eröffnung einer Druckerei in Wittenberg bereit sei, und bittet ihn, sich am Hof in dieser Sache einzusetzen. Das Drängen Luthers hatte schließlich Erfolg. Im Dezember 1519 konnte Melchior Lotter der Jüngere mit Genehmigung des sächsischen Kurfürsten die Wittenberger Zweigstelle des Leipziger Druckhauses in Betrieb nehmen. Die zunächst mit zwei Pressen arbeitende Offizin wurde im Hinterhof des Anwesens von Lucas Cranach eingerichtet, das sich am Rande des Marktplatzes auf einem großen Eckgrundstück an der zum Schloss führenden Straße befand. Dem Betrieb von Rhau-Grunenberg entstanden durch die neue Konkurrenz kaum Nachteile. Die Wittenberger Autoren, allen voran Luther, sorgten mit ihrem breit gefächerten Schrifttum dafür, dass sämtliche Pressen in der Stadt gut ausgelastet waren und die Drucker ihr Auskommen hatten. An Aufträgen bestand kein Mangel.

Der Wittenberger Filialbetrieb von Lotter stellte durch die effiziente und hochwertige Produktion zahlreicher Lutherschriften schnell seine Qualitäten unter Beweis. Daher war er auch für den Druck der Bibelübersetzung die erste Wahl. Über Rhau-Grunenberg hatte Luther sich erst im August 1521 maßlos geärgert, als ihm auf der Wartburg die ersten Korrekturbögen seiner Schrift über die Beichte zugingen. Der Druck sei unsauber und nachlässig erfolgt, ganz zu schweigen von der schlechten Qualität der Typen und des Papiers, klagte der Reformator. Die gleichzeitig eingetroffenen Druckfahnen der bei Lotter in Auftrag gegebenen Schrift *Wider Latomus* hatten dagegen sein Gefallen gefunden. Melchior Lotter verfügte allerdings kaum über das notwendige Betriebskapital, den

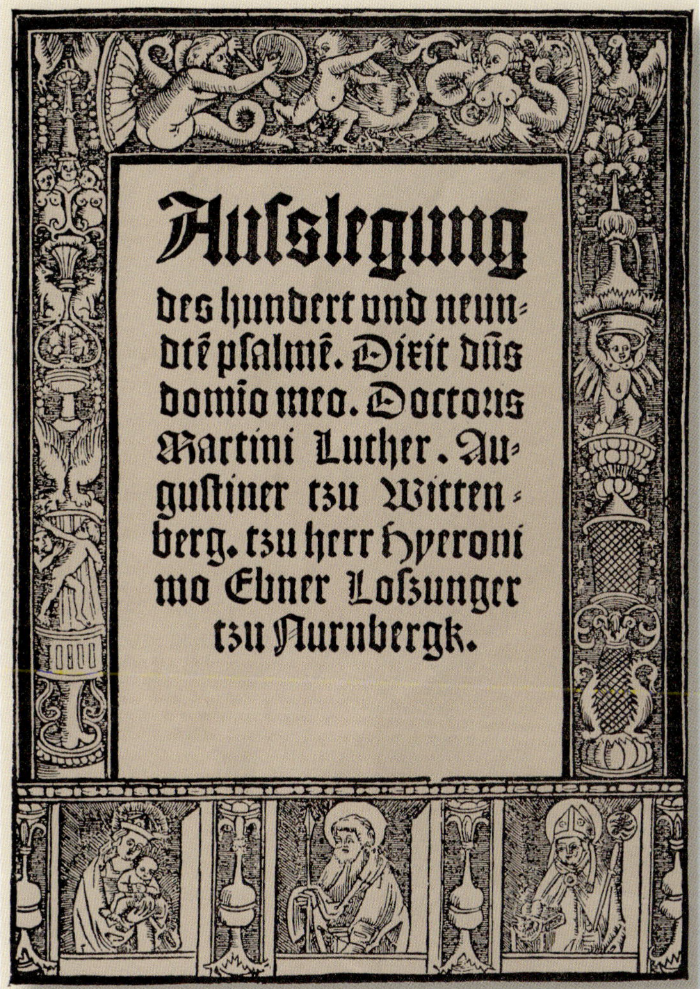

Außlegung
des hundert und neun=
dtē psalmē. Dixit dñs
domio meo. Doctoris
Martini Luther. Au=
gustiner tzu Witten=
berg. tzu herr Hyeroni
mo Ebner Loßunger
tzu Nurnbergk.

Bibeldruck mit seinen immensen Investitionskosten aus eigener Kraft zu stemmen. Allein der Ankauf des benötigten Papiers verschlang Unsummen an Geld. Alles deutet darauf hin, dass Lucas Cranach gemeinsam mit seinem Geschäftspartner Christian Döring die Vorfinanzierung des Bibeldrucks übernahm und beide am späteren Gewinn kräftig partizipierten. Gesichert ist zumindest, dass Cranach und Döring nach Fertigstellung des Neuen Testaments an dessen Vertrieb beteiligt waren.

Lucas Cranach war zu jener Zeit bereits einer der bedeutendsten Bürger der Stadt. Er wurde 1505 von Kurfürst Friedrich dem Weisen als Hofmaler nach Wittenberg berufen. Neben den künstlerischen Fertigkeiten zeichnete ihn auch ein ausgeprägter Geschäftssinn aus. Mit seiner florierenden Malerwerkstatt und dem Erwerb von Immobilien brachte Cranach es schnell zu Wohlstand. Neben dem Gebäudekomplex in der Schlossstraße gehörte ihm auch die Apotheke am Markt, die als einziges Geschäft in Wittenberg das kurfürstliche Apothekenprivileg besaß. Damit verbunden waren Exklusivrechte für den Handel mit Gewürzen, Zucker und anderen wertvollen Waren. Zudem betätigte Cranach sich im Buchhandel. Nicht weniger umtriebig war Christian Döring. Auch er hielt ständig nach neuen Investitionsmöglichkeiten Ausschau. In seiner Goldschmiedewerkstatt fertigte er Siegel für die Universität und den kurfürstlichen Hof. Daneben war Döring Besitzer eines Fuhrunternehmens. Zum Fuhrpark gehörte die vom Wittenberger Stadtrat bezahlte Kutsche, in der Luther zum Wormser Reichstag gefahren war und auf dem Rückweg von vermeintlichen Räubern überfallen wurde. Später betrieb Döring zudem einen gut gehenden Gasthof in Wittenberg. Sowohl Cranach als auch Döring wandten sich früh der Reformation zu und verfügten als Ratsherren über beträchtlichen politischen Einfluss in der Stadt. Cranach amtierte ab den späten 1530er-Jahren mehrfach auch als Bürgermeister von Wittenberg.

Zu den Schriften, die Luther bei Melchior Lotter dem Älteren in Leipzig drucken ließ, gehörte auch seine Auslegung von Psalm 109. Titelholzschnitt, 1518

Kurfürst Friedrich der Weise setzte das Wormser Edikt, mit dem über Luther die Reichsacht verhängt und die Lektüre und Verbreitung seiner Schriften verboten wurde, in seinem Herrschaftsgebiet nicht um. Gemälde von Lucas Cranach aus dem Jahr 1532 nach einem Vorbild um 1522

Als Luther Anfang März 1522 sein Refugium auf der Wartburg verließ, stand er weiterhin unter Reichsacht. In Kursachsen war er allerdings sicher. Friedrich der Weise hielt schützend seine Hand über ihn und setzte das Wormser Edikt in seinem Herrschaftsgebiet nicht um. Ab dem 5. Mai 1522 ging das unter Mitwirkung von Melanchthon überarbeitete Manuskript des deutschen Neuen Testaments bei Melchior Lotter Stück für Stück in den Satz. Auch Spalatin steuerte einige Übersetzungsvorschläge bei. Die Drucklegung musste unter strengster Geheimhaltung erfolgen. Es bestand die Gefahr, dass das Manuskript oder die bereits gedruckten Bögen gestohlen und vor Erscheinen der Originalausgabe anderenorts als Raubdruck veröffentlicht werden könnten. Luther hatte klare Vorstellungen davon, wie das im Folioformat angelegte Buch aussehen sollte, und begleitete den gesamten Druckprozess aus nächster Nähe. Bei einzelnen Wörtern und Formulierungen feilte er bis zur letzten Minute am Text. Auch manche Randglosse zu Bibelstellen wird Luther erst in der Druckerei ausformuliert und den Setzern diktiert haben. Bereits am 10. Mai 1522 konnte er erste Probeabzüge mit dem Anfang des Matthäusevangeliums an Spalatin versenden. Zu jenem Zeitpunkt wartete Luther noch sehnlichst auf das Eintreffen der Edelsteinsammlung aus der kurfürstlichen Schatzkammer, die Spalatin übersenden wollte. Sie sollte ihm als Anschauungsmaterial für die Übersetzung von Offenbarung 21 dienen, wo die Edelsteine des neuen Jerusalems beschrieben sind.

Am 21. September 1522 war die Drucklegung abgeschlossen. Damit kam *Das Newe Testament Deutzsch* pünktlich zur Leipziger Herbstmesse auf den Markt. Aufgrund des Monats seiner Fertigstellung ging das Werk als Septembertestament in die Geschichte ein. Es enthielt keine Angaben zum Übersetzer und Drucker. Da als Verlagsort Wittenberg angegeben war, war allerdings für die Öffentlichkeit klar ersichtlich, dass kein anderer als Martin Luther hinter der Übersetzung stehen konnte. Als Verkaufspreis nennen die Quellen Beträge von einem halben bis zu eineinhalb Gulden. Die unterschiedlichen Angaben erklären sich wohl dadurch, dass man das Buch ungebunden, gebunden oder sogar mit Kolorierungen erwerben konnte. Die Auflage bewegte sich um die 3000 Exemplare und war binnen kürzester Zeit vergriffen. In unglaublicher Geschwindigkeit entstand in Basel ein erster unautorisierter Nachdruck, dem zeitnah noch etliche weitere Ausgaben in den Städten Süddeutschlands und der Schweiz folgen sollten. Angesichts dieser unliebsamen Konkurrenz, die von keinerlei Unrechtsbewusstsein geplagt war, musste Melchior Lotter schnell handeln. Schon drei Monate nach Fertigstellung des Septembertestaments brachte er mit dem Dezembertestament eine leicht revidierte Neuausgabe auf dem Markt.

Der Anfang des Galaterbriefs in Luthers Septembertestament

Die Epiſtel S. Pauli Zu den Galatern.

XXIX

Aulus ein Apoſtel: nicht von menſchen: ſondern durch Jheſum Chriſt vnd Got den vater/der yhn aufferweckt hatt von den todten/vnd alle bruder die bey myr ſind.

Den gemeynen ynn Galatia.

Gnade ſey mit euch vnd frid von Gott dem vater/vnnd vnſerm hern Jheſu Chriſt/der ſich fur vnſer ſund geben hat/das er vns erredtet von diſer gegenwertigē argen welt/nach dem willen Gottis vnſers vaters/wilchem ſey preyſz von ewickeyt zu ewickeyt Amen.

Sihe/wie er alle wort richtet/widder die eygen gerechtickeyt.

Mich wundert/das yhr euch ſo bald abwenden laſſet/von dem/der euch beruffen hatt durch die gnad Chriſti/auff eyn ander Euangelion/ſo doch keyn anders iſt/on das ettliche ſind/die euch verwirren/vnnd wollen das Euangelion Chriſti verkeren. Aber/ſo auch wyr/odder eyn engel vom hymel/euch wurde predigen/anders denn das wyr euch prediget haben/das ſey verflucht/Wie wir ytzt geſagt haben/ſo ſagen wyr auch abermal/ſzo yemandt euch prediget/anders deñ das yhr empfangē habt/das ſey verflucht. Predige ich deñ ytzt menſchen odder zu dienſt? odder gedenck ich den menſchen gefellig zu ſeyn? Wenn ich den menſchen noch gefellig were/ſo were ich Chriſtis knecht nicht.

Jch thu euch aber kund/lieben bruder/das/das Euangelion/das von myr gepredigt iſt/nicht menſchlich iſt/Denn ich habs nicht vō eynem menſchen empfangen/noch gelernet/ſondern durch die offinbarung Jheſu Chriſti. Denn yhr habt yhe wol gehoret meynen wandel weyland ym Judēthum/wie ich vbir die maſz die gemeyne Gottis verfolgete/vnnd verſtoret ſie/vnnd namtzu ym Judenthum vber viele meyns gleychen/vnter meyner Nation/vnd eyffert mehr denn alle ander vmb der veter geſetz.

Da es aber Gotte wolgefiel/der mich von meyner mutter leybe hat auſzgeſondert/vñ beruffen durch ſeyne gnade/das er ſeynen ſon offinbaret ynn myr/das ich yhn durchs Euangelion verkundigen ſolt vnter den heyden/alſo bald/fur ich zu/vnd beſprach mich nicht daruber mit fleyſch vnd blut/kam auch nicht gen Jeruſalem/zu denen/die fur myr Apoſtel waren/ſondern zoch hyn ynn Arabiam/vñ kam widdernmb gen Damaſcon/Darnach vber drey iar/kam ich gen Jeruſalem/zu ſchawen Petron/vnd bleyb funfftzehen tage bey yhm/

Vorreden und Randglossen im Septembertestament

Indem Luther seine Bibelübersetzung um Vorreden bereicherte, bewegte er sich in einer alten Tradition, die bereits Hieronymus mit seinen Prologen zu den biblischen Schriften begründet hatte. Luther ging es in den Vorreden allerdings nicht um Sachinformationen zu den neutestamentlichen Büchern, sondern um eine Leseanleitung zur Erschließung ihrer theologischen Bedeutung. Das Septembertestament beginnt mit einer Vorrede auf das gesamte Neue Testament, die dessen besonderen Charakter gegenüber dem Alten Testament hervorhebt. Während

Wilchs die rechten vnd Edliſten bucher des newen teſta ments ſind.

AVs diſem allen kanſtu nu recht vrteylen vnter allen buchern/ vnd vnterſcheyd nehmen/wilchs die beſten ſind/Denn nemlich iſt Johannis Euangelion vnnd Sanct Paulus Epiſteln/ſonderlich die zu den Romern/ vnd ſanct Peters erſte Epiſtel der rechte kern vñ marck vnter allen buchern/wilche auch billich die erſten ſeyn ſollten/Vñ eym iglichen Chriſten zu ratten were/ das er die ſelben am erſten vnd aller meyſten leſe/vnd yhm durch teglich leſzen ſo gemeyn mechte/als das teglich brott/Denn ynn diſen findiſtu nicht viel werck vnnd wunderthatten Chriſti beſchrieben/ Du findiſt aber gar meyſterlich auſzgeſtrichen/wie der glawbe an Chriſtum/ſund/tod vnd helle vberwindet/vnd das leben/gerechtigkeyt vnnd ſeligkeyt gibt/wilchs die rechte artt iſt des Euangeli/wie du gehoret haſt.

Denn wo ich yhe der eyns mangelln ſollt/der werck odder der predigt Chriſti/ſzo wollt ich lieber der werck/denn ſeyner predigt mangelln/Denn die werck hulffen myr nichts/aber ſeyne wort die geben das leben/wie er ſelbs ſagt. Weyl nu Johannes gar wenig werck võ Chriſto/aber gar viel ſeyner predigt ſchreybt/widderumb die andern drey Euangeliſten viel ſeyner werck/wenig ſeyner wort beſchreyben/iſt Johannis Euangelion das eynige zartte recht hewbt Euangelion vñ den andern dreyen weyt weyt fur zu zihen vñ hoher zu hebē/ Alſo auch Sanct Paulus vñ Petrus Epiſtelln/weyt vber die drey Euangelia Matthei/Marci vnd Luce furgehen.

Summa/Sanct Johannis Euangeli vnd ſeyne erſte Epiſtel/
Sanct Paulus Epiſtel/ſonderlich die zu den Romern/
Galatern/Epheſern/vnnd Sanct Peters erſte
Epiſtel/das ſind die bucher/die dyr Chri
ſtum zeygen/vnd alles leren/das dyr
zu wiſſen nott vnd ſelig iſt/
ob du ſchon kein an-
der buch noch le
re num-
mer
ſeheſt
noch horiſt/
Darumb iſt ſanct
Jacobs Epiſtel eyn rechte
ſtroern Epiſtel gegen ſie/denn ſie
doch keyn Euangeliſch art an yhr hat/Do-
ch dauon weytter ynn andern
vorheden.

das Alte Testament ein Buch von Gottes Gesetz und Gebot sei, stelle das Neue Testament ein Buch vom Evangelium und von Gottes Verheißung dar. In diesem Zusammenhang bietet Luther eine Kurzfassung seiner Lehre von der Glaubensgerechtigkeit. Das Evangelium verdamme die Werke, mit denen der Mensch die Seligkeit zu erlangen suche, und fordere nur den Glauben an Christus, der für uns Sünde, Tod und Hölle überwunden habe. Daher solle man weder aus Christus einen Mose machen noch aus dem Evangelium ein Gesetz oder Lehrbuch. Den wahren Christen sei kein Gesetz gegeben, durch das sie vor Gott Gerechtigkeit erlangen könnten. Sie seien durch den Glauben gerecht, lebendig und selig. Wo dieser Glaube dann die guten Werke der Liebe nicht hervorbringe, da hafte das Evangelium noch nicht und da sei Christus noch nicht recht erkannt.

Nachdem Luther mit diesen Vorbemerkungen seinen Leserinnen und Lesern die Brille geliefert hat, durch die sie das Neue Testament betrachten sollen, schließt sich eine weitere allgemeine Vorrede darüber an, welches die rechten und edelsten Bücher des Neuen Testaments sind. Dabei nimmt der Reformator eine qualitative Abstufung innerhalb der neutestamentlichen Schriften vor. Unter den vier Evangelien gibt er dem Johannesevangelium bei Weitem den Vorzug, da es weniger auf die Werke und Wundertaten Jesu ausgerichtet sei und stattdessen in den Reden meisterlich darlege, wie der Glaube an Christus Leben, Gerechtigkeit und Seligkeit gebe. Als weitere Hauptbücher der Bibel kommen für Luther die Paulusbriefe, dort insbesondere die Episteln an die Römer, Galater und Epheser, sowie der erste Johannesbrief und der erste Petrusbrief hinzu. Diese seien jene neutestamentlichen Bücher, die Christus zeigten und alles lehrten, was zur Seligkeit notwendig sei. In den Einführungsprologen zu den einzelnen Schriften entfaltet und präzisiert Luther diese Gedanken, wobei den Evangelien und der Apostelgeschichte allerdings keine Vorreden gewidmet sind. Für die Apostelgeschichte änderte sich dies in der Ausgabe des Neuen Testaments von 1533.

Neben den Vorreden machen auch die Randglossen den besonderen Charakter des Septembertestaments aus. Während sich am inneren Rand Verweise auf biblische Parallelstellen finden, bietet Luther am äußeren Rand Einzelerläuterungen zum Bibeltext. Die Randglossen sind recht ungleich verteilt. Sie begegnen vornehmlich in den Evangelien des Matthäus, Lukas und Johannes sowie in den Briefen des Paulus an die Römer, Korinther, Galater und Epheser. Die übrigen Schriften des Neuen Testaments sind mit nur wenigen Erläuterungen versehen oder bleiben sogar gänzlich unkommentiert. Luther nutzt die Randglossen sowohl für Sachinformationen als auch zur Entfaltung reformatorischer Theologie. Beispielsweise wird zu den Verheißungen an Petrus aus Matthäus 16 in impliziter Frontstellung gegen das Papsttum angemerkt, dass sie sich auf alle Gläubigen beziehen. In Römer 3, wo der Seitenrand bis auf den letzten Millimeter gefüllt ist, legt Luther in Kurzform seine auf Paulus gründende Lehre von der Glaubensgerechtigkeit dar. Bei 1 Korinther 7 findet sich die Anmerkung, dass Paulus niemandem die Ehe verbieten wollte, „wie jetzt durch Gesetz und Gelübde geschieht bei Pfaffen, Mönchen und Nonnen". Damit wird die Überzeugung zum Ausdruck gebracht, dass Ordensgelübde und das Verbot der Priesterehe nicht in Einklang mit der Heiligen Schrift stehen. In Kemberg, einem Nachbarort von Wittenberg, hatte im August 1521 Bartholomäus Bernhardi trotz seines Priestergelübdes die Ehe geschlossen, aus der sieben Kinder hervorgingen. Er wurde damit zum Begründer des evangelischen Pfarrhauses. Luther übermittelte ihm von der Wartburg Segenswünsche und folgte später durch die Eheschließung mit Katharina von Bora seinem Beispiel.

Die Theologie Luthers spiegelt sich allerdings nicht nur in den Vorreden und Randglossen, sondern auch in der Übersetzung selbst wider. In der Zeit um 1515 hatte Luther sein sogenanntes Turmerlebnis, das als die zentrale reformatorische Erkenntnis schlechthin gilt. Luther beschreibt sie in der Vorrede zum Neuen Testament von 1545 ausführlich. In den Tischreden spricht er vom Turm des Wittenberger Augustinerklosters, wo sich seine Studierstube befand, als Ort des Geschehens. Im Kern

Luthers Vorrede „Welches die rechten und edelsten Bücher des Neuen Testaments sind" ging es um ein neues Verständnis der Genitivverbindung „Gerechtigkeit Gottes“ in Römer 1,17. Die größte Sorge des Menschen in den Tagen Luthers war die Frage, wie man im Endgericht bestehen und der ewigen Verdammnis in der Hölle entgehen kann. Luther hatte die Formulierung des Paulus in Einklang mit der scholastischen Tradition immer im Sinne einer aktiven Gerechtigkeit Gottes interpretiert, der die Sünder gerechterweise für ihre Missetaten bestraft. Dies stürzte ihn in tiefste Verzweiflung, weil ihm bewusst war, dass er dann als sündiger Mensch im Endgericht keine Chance haben würde. Bei seinem Turmerlebnis fiel Luther auf, dass Paulus in Römer 1,17 die Vorstellung von der Gerechtigkeit Gottes mit Aussagen über den Glauben verbindet. Es geht dem Apostel, wie dieser es unter Einbeziehung eines Schriftzitats aus Habakuk 2,4 zum Ausdruck bringt, um die im Evangelium offenbarte Gerechtigkeit Gottes, „aus Glauben zum Glauben; wie geschrieben steht: ‚Der aus Glauben Gerechte wird leben.‘“ Damit erschloss sich Luther die befreiende Erkenntnis, dass die Gerechtigkeit Gottes nichts mit Bestrafung der Sünder zu tun hat. Es handelt sich vielmehr um jene Gerechtigkeit, kraft derer der barmherzige und gnädige Gott den sündigen Menschen durch den Glauben rechtfertigt. Vor diesem Hintergrund wird in der Lutherbibel die Genitivverbindung „Gerechtigkeit Gottes“ immer mit „die Gerechtigkeit, die vor Gott gilt“ übersetzt. Im Zusammenhang damit steht auch eine kleine, aber bedeutsame Ergänzung Luthers in Römer 3,28. Dieser Vers lautet im Septembertestament gemäß heutiger Rechtschreibung: „So halten wir es nun, dass der Mensch gerechtfertigt werde ohne zu tun der Werke des Gesetzes *allein* durch den Glauben.“ Das „allein“ findet sich weder im griechischen Urtext noch in der Vulgata. Luther hat es zur Verdeutlichung seiner reformatorischen Erkenntnis, dass es nur auf den Glauben und nicht auf die Werkgerechtigkeit ankommt, in den Text eingefügt.

Im – heute nur noch in den Fundamenten sichtbaren – Südturm des Wittenberger Augustinerklosters soll Luther zu seinem neuen Verständnis der Gerechtigkeit Gottes in Römer 1,17 gekommen sein.

Abwertung einzelner Schriften des Neuen Testaments

Im Umfang des Neuen Testaments orientierte sich Luther an der griechischen Textausgabe des Erasmus von Rotterdam. Der Laodizenerbrief, der über die mittelalterlichen Vulgatahandschriften in die Gutenbergbibel und etliche deutsche Bibeln des vorreformatorischen Zeitalters eingeflossen war, blieb außen vor. Die Epistel stand zwar in den Tagen Luthers weithin in kanonischer Geltung, und es mangelte nicht an gelehrten Theologen, die sie dem Apostel Paulus zuschrieben. Sie fehlt aber in den griechischen Bibelhandschriften, und Erasmus hatte ein vernichtendes Urteil über ihre Echtheit gefällt. Bei der Anordnung der Apostelgeschichte hinter den Evangelien folgte Luther ebenfalls Erasmus, während die Vulgatahandschriften und die Gutenbergbibel der Apostelgeschichte den Platz zwischen Hebräerbrief und Jakobusbrief zuweisen.

Luther hat zwar den Kanon des Neuen Testaments nicht als solchen infrage gestellt, aber innerhalb des Neuen Testaments Sachkritik geübt und einzelne Schriften abgewertet, wie bereits die Vorrede über die rechten und edelsten Bücher des Neuen Testaments zum Ausdruck bringt. Er maß die Schriften daran, inwieweit sie das in der Lehre von der Glaubensgerechtigkeit zentrierte Christuszeugnis sachgemäß wiedergeben. Anhand dieses Kriteriums hat er in seinem Septembertestament den Hebräerbrief, der bis dahin in den Bibeln immer die Paulusbriefsammlung abschloss, und den Jakobusbrief, der für gewöhnlich die Sammlung der sieben katholischen Briefe eröffnete, eigenmächtig hinter die Johannesbriefe gerückt. Für den Judasbrief und die Johannesoffenbarung, gegen die Luther ebenfalls starke Vorbehalte hegte, fügte es sich gut, dass sie seit jeher den Schluss des Neuen Testaments bildeten. Auf diese Weise stehen in der Lutherbibel mit Hebräerbrief, Jakobusbrief, Judasbrief und Johannesapokalypse jene vier Schriften am Ende, die der Reformator nicht zu den Hauptbüchern des Neuen Testaments rechnete, welche das Christuszeugnis hell und rein darbieten. Um bereits optisch ihre vermeintliche Unterlegenheit zum Ausdruck zu bringen, hat er sie im Inhaltsverzeichnis des Septembertestaments mit einer Leerzeile von den restlichen Büchern des Neuen Testaments abgesetzt und nicht mit einer Nummerierung versehen.

Die Bucher des newen testaments.

1 Euangelion Sanct Matthes.
2 Euangelion Sanct Marcus.
3 Euangelion Sanct Lucas.
4 Euangelion Sanct Johannis.
5 Der Apostel geschicht beschrieben von Sanct Lucas.
6 Epistel Sanct Paulus zu den Romern.
7 Die erste Epistel Sanct Paulus zu den Corinthern.
8 Die ander Epistel Sanct Paulus zu den Corinthern
9 Epistel Sanct Paulus zu den Galatern.
10 Epistel Sanct Paulus zu den Ephesern.
11 Epistel Sanct Paulus zu den Philippern.
12 Epistel Sanct Paulus zu den Colossern.
13 Die erste Epistel Sanct Paulus zu den Thessalonicern.
14 Die ander Epistel Sanct Paulus zu den Thessalonicern.
15 Die erst Epistel Sanct Paulus an Timotheon.
16 Die ander Epistel Sanct Paulus an Timotheon.
17 Epistel Sanct Paulus an Titon.
18 Epistel Sanct Paulus an Philemon.
19 Die erst Epistel Sanct Peters.
20 Die ander Epistel Sanct Peters.
21 Die erste Epistel Sanct Johannis.
22 Die ander Epistel Sanct Johannis.
23 Die drit Epistel Sanct Johannis.

Die Epistel zu den Ebreern.
Die Epistel Jacobus.
Die Epistel Judas.
Die offinbarung Johannis.

Im Inhaltsverzeichnis des Septembertestaments rückte Luther den Hebräerbrief, den Jakobus- und den Judasbrief sowie die Johannesoffenbarung optisch von den übrigen Schriften des Neuen Testaments ab, um deren Unterlegenheit Ausdruck zu verleihen.

Die Begründung für seine Vorbehalte gegenüber diesen Schriften liefert Luther in den jeweiligen Vorreden. Der Hebräerbrief war wegen seiner restriktiven Haltung zur Buße bereits in der Frühzeit des Christentums umstritten und wurde in vielen Kirchengebieten zunächst nicht zum Kanon gerechnet. In der Alten Kirche entbrannten heftige Auseinandersetzungen darüber, ob es für getaufte Christen eine nochmalige Vergebungsmöglichkeit und einen Verbleib in der Gemeinde geben konnte, wenn sie Sünden wie Ehebruch, Mord oder Verleugnung des Glaubens in Zeiten der Verfolgung begangen hatten. Der Hebräerbrief verneint dies entschieden. Einmal Erleuchtete, die sich von den Grundlagen des Glaubens entfernen und schwere Sünde auf sich laden, haben für den unbekannten Briefautor ihr Heil verwirkt. Da dies im Widerspruch zu Jesu Botschaft von der unermesslichen Vergebungsbereitschaft Gottes steht, stieß der Hebräerbrief von Anfang an immer wieder auf Ablehnung. Luther fügt sich in diese Tradition ein. Er betrachtet den Hebräerbrief zwar als feine Epistel eines trefflichen und gelehrten Mannes, der das Priestertum Christi meisterlich darlege, rechnet ihn aber nicht zu den Hauptbüchern des Neuen Testaments, weil er den Sündern nach der Taufe die Buße versagt.

Den Jakobusbrief hatte Luther schon 1519 in der Leipziger Disputation mit Johannes Eck als ein Werk bezeichnet, das den Episteln des Paulus klar unterlegen sei. In seiner Schrift *Über die babylonische Gefangenschaft der Kirche* stellte er 1520 im Zusammenhang mit der Kritik am Sakrament der letzten Ölung, das an Jakobus 5 anknüpft, die Apostolizität des Briefs infrage. Die für das Septembertestament verfasste Vorrede bringt unmissverständlich zum Ausdruck, dass Luthers Vorbehalte gegen den Jakobusbrief sich auf dessen vermeintlichen Widerspruch zur paulinischen Lehre von der Glaubensgerechtigkeit stützten. Während Paulus vom alttestamentlichen Gesetz als dem Gesetz der Knechtschaft und des Todes spreche, betrachte der Autor des Jakobusbriefs es als Gesetz der Freiheit und propagiere die Werkgerechtigkeit. Es handelt sich in den Augen des Reformators um eine „stroherne Epistel“, die keine

Die türkische Belagerung Wiens 1529 ließ für Luther die Offenbarung des Johannes in einem neuen Licht erscheinen. Kolorierter Holzschnitt nach einer Zeichnung von Barthel Beham

„evangelische Art" an sich habe, also nicht von der Frohen Botschaft geprägt sei. Sie nenne Christus zwar etliche Male, lehre aber nichts von seinem Leiden und seiner Auferstehung.

Am Judasbrief, der in der Vorrede zum Jakobusbrief mitbehandelt wird, hat Luther neben den inhaltlichen Überschneidungen mit dem zweiten Petrusbrief hauptsächlich zu bemängeln, dass er Sprüche und Geschichten anführe, die nicht in der Heiligen Schrift stünden. Dies bezieht sich darauf, dass der Judasbrief neben einem Schriftzitat aus der apokryphen Henochapokalypse auch die rätselhafte und nach dem Zeugnis der Kirchenväter aus der *Himmelfahrt des Mose* stammende Geschichte bietet, wie der Erzengel Michael mit dem Teufel um den Leichnam des Mose kämpft. Bei der Johannesoffenbarung schließlich verweist Luther darauf, dass schon viele Kirchenväter diese Schrift verworfen hätten. Der Reformator hält sie weder für apostolisch noch für prophetisch und bemängelt, dass sie ähnlich wie das von ihm verworfene vierte Esrabuch von unverständlichen Visionen und Bildern statt von klaren Worten geprägt sei. Er könne das Buch nicht hoch achten, da in ihm Christus weder gelehrt noch erkannt werde. Für die Ausgabe des Neuen Testaments von 1530 hat Luther allerdings die Vorrede zur Johannesoffenbarung überarbeitet und seine Haltung gegenüber dem rätselhaften Werk geändert, dessen Lektüre er nun zur Tröstung und Warnung empfiehlt. Der Grund für die Neubewertung war, dass Luther jetzt in den apokalyptischen Visionen des Johannes den Schlüssel für das Verständnis der Gegenwart sah. Diese war von der Gefährdung des christlichen Abendlands durch die Türken geprägt, die 1529 für mehrere Wochen Wien belagerten. Luther betrachtete dies vor dem Hintergrund von Offenbarung 20 als untrügliches Zeichen der Endzeit, indem er die am Ende der Tage im Auftrag des Satans wütenden Völker Gog und Magog auf die Türken deutete.

Der Einfluss von Andreas Karlstadt

Martin Luther trifft in den Vorreden eine klare Unterscheidung zwischen wertvollen und weniger wertvollen Büchern innerhalb des Neuen Testaments. Die Frage nach einer Abstufung der biblischen Schriften hinsichtlich ihrer Autorität und ihres Gewichts begegnet schon in der Alten Kirche. In der Zeit der Reformation wurde sie neu aufgeworfen. An dem von Luther im Septembertestament entwickelten Modell der Rangordnung der neutestamentlichen Bücher kommt Andreas Karlstadt, der seit 1511 an der Universität Wittenberg lehrte, ein erheblicher Anteil zu. Von ihm stammen die ersten reformatorischen Schriften zum biblischen Kanon. Im August 1520 veröffentlichte er in Wittenberg bei Rhau-Grunenberg unter dem Titel *De canonicis scripturis libellus* ein kleines Werk über die kanonischen Schriften. Wenige Monate später erschien bei Melchior Lotter die knapp 30-seitige Abhandlung *Welche Bücher biblisch sind*, die schnell Nachdrucke in Basel und Augsburg erfuhr. Nach Ausführungen zum alttestamentlichen Kanon untergliedert Karlstadt die Schriften des Neuen Testaments, denen er den Laodizenerbrief ausdrücklich nicht zurechnet, in drei Blöcke von unterschiedlichem Wert. Zur ersten Kategorie der neutestamentlichen Schriften zählt er die vier Evangelien einschließlich der Apostelgeschichte. Die Evangelien rangieren für ihn deshalb an oberster Stelle, weil sie von Jesus Christus und seiner Verkündigung handeln. Unter die zweite Kategorie fallen bei Karlstadt die Paulusbriefe, der erste Petrusbrief und der erste Johannesbrief, die alle evangelische Autorität und Würde besäßen. In die dritte und niedrigste Kategorie werden der Jakobusbrief, der zweite Petrusbrief, der zweite und dritte Johannesbrief, der Judasbrief, der Hebräerbrief und als geringstes Buch von allen die Johannesoffenbarung eingeordnet, weil bei diesen Werken schon seit alters her die Verfasserfrage umstritten sei.

Auch wenn es sich für Karlstadt bei der letztgenannten Schriftengruppe nur um neutestamentliche Bücher dritter Klasse handelte, wollte er sie aber keineswegs schändlich behandelt oder gar verworfen sehen. Den Jakobusbrief etwa hielt Karlstadt als heilsame Schrift in Ehren und bot 1520 an der Wittenberger Universität eine Vorlesung dazu an. Dabei kam es zu einer ersten schweren Meinungsverschiedenheit mit Luther, weil dieser die Studenten mit seiner Abneigung gegen den Jakobusbrief beeinflusst und vom

Besuch der Vorlesung Karlstadts abgehalten haben soll. Später eskalierte der Konflikt zwischen den alten Wittenberger Weggefährten wegen unterschiedlicher Auffassungen zur Gottesdienstreform, zur Haltung gegenüber den Bildern und zum Abendmahlsverständnis. Dabei setzte Luther sogar durch, dass Karlstadt mit einem Predigt- und Publikationsverbot belegt wurde. Mit seiner Untergliederung des Neuen Testaments in drei Teile von abgestufter Wertigkeit legte Karlstadt einen ersten reformatorischen Entwurf zur Rangordnung der neutestamentlichen Schriften vor. An diesem Modell konnte sich Luther in Anknüpfung und Abgrenzung abarbeiten, um seine eigenen Vorstellungen vom Kern des Kanons zu entwickeln. Luthers pauschale Abwertung des Jakobusbriefs als Schrift der Werkgerechtigkeit wird allerdings von der heutigen Bibelwissenschaft kaum noch geteilt.

Künstlerische Gestaltung des Septembertestaments

Das Septembertestament bricht mit der Tradition, den Bibeltext zweispaltig anzuordnen, und bietet stattdessen Volltextseiten. Die Glossen am Rand sind in kleinerer Type gesetzt. Im Vergleich zu den bis dahin erschienenen Druckausgaben der deutschen Bibel mit ihrem kunstvollen Buchschmuck ist das Septembertestament recht einfach gehalten. Die Bibelübersetzung Luthers sollte durch die Schlichtheit des Wortes ihre Wirkung entfalten. Der Druck erfolgte in Schwarz-Weiß ohne farbige Zierzeilen. Das Deckblatt enthält nur den Titel, der aber zumindest in kalligrafischer Frakturschrift gesetzt ist. Eine Titeleinfassung mit Holzschnitten, wie sie später in den Teilausgaben des Alten Testaments und den Vollbibeln begegnet, fehlt noch. In den ersten beiden Vorreden ist der Text am Ende durch den symmetrischen Einzug der Zeilenbreiten kunstvoll als gespiegeltes Dreieck gesetzt und erscheint damit optisch in Form eines Kelches.

Die Zierinitialen am Anfang der einzelnen Schriften sind als kleinformatige Holzschnitte gestaltet, die meistens den Verfasser des jeweiligen Buches darstellen. Der Johannesoffenbarung wurden 21 großformatige Holzschnitte zur Illustration der Texte beigegeben. Sie stammen aus der Werkstatt von Lucas Cranach. Die Zeichnungen dazu wurden teils von Cranach selbst, teils von zwei unbekannten Künstlern aus seinem Umfeld angefertigt. Die Motive sind überwiegend den 15 Holzschnitten Albrecht Dürers zum letzten Buch der Bibel nachempfunden, die dieser 1498 veröffentlichte. Besondere Berühmtheit erlangten im Septembertestament die wegen ihrer zeitgeschichtlichen Anspielungen umstrittenen Darstellungen des Tieres aus dem Abgrund aus Offenbarung 13 und der Hure Babylon aus Offenbarung 17. Die beiden apokalyptischen Schreckensgestalten tragen die Tiara, die charakteristische Krone des Papstes mit den drei übereinander angeordneten Reifen. Die Käufer des Septembertestaments konnten die Holzschnitte gegen Aufpreis mit kräftigen Farben kolorieren lassen, wie es bei einem im Besitz der Herzog August Bibliothek Wolfenbüttel befindlichen Exemplar geschah.

Die Verschmähung des Papstes in den Holzschnitten zur Johannesoffenbarung war neben den von Luthers Lehren geprägten Randglossen dafür verantwortlich, dass im Herzogtum Sachsen der Verkauf und Besitz des Septembertestaments unter Strafe gestellt wurde. Herzog Georg von Sachsen war im Gegensatz zu Kurfürst Friedrich von Sachsen ein scharfer Gegner Luthers und der Reformation. Wer im Herzogtum Sachsen bereits ein Exemplar des Septembertestaments erworben hatte, sollte dies bis Weihnachten 1522 bei den Behörden abgeben. Dann blieb man straffrei und erhielt sogar den Kaufpreis zurückerstattet. Für das Dezembertestament ließ Melchior Lotter aus Sorge vor weiteren Verkaufsverboten die anstößigen Holzschnitte entschärfen, indem er die Formschneider anwies, die oberen beiden Kronreifen der Tiara aus den Druckstöcken zu entfernen. Die apokalyptischen Figuren trugen damit nur noch eine einfache Krone, und die antipäpstliche Polemik war beseitigt. Dass mancher zeichnerisch begabte Besitzer des Dezembertestaments die Tiara mit geübter Hand wiederherstellte, ist eine andere Geschichte.

Darstellung der Hure Babylon aus Offenbarung 17, die die Papsttiara auf dem Kopf trägt

Die Bibelübersetzung war Teamarbeit: Martin Luther zwischen Melanchthon und Bugenhagen, davor unter anderem Justus Jonas, Johann Forster, Caspar Cruciger und Rabbiner. Radierung von Gustav König, 1847

9. Viel schwerer als gedacht:

ÜBERSETZUNG DES ALTEN TESTAMENTS

Anfang Mai 1527 trifft in Wittenberg eine Büchersendung mit theologischen Schriften ein. Es handelt sich um Neuerscheinungen von der Frankfurter Frühjahrsmesse. In gespannter Erwartung öffnet Martin Luther die schwere Holzkiste. Neben Werken der Reformatoren Johannes Oekolampad, Martin Bucer und Johannes Brenz findet sich darin eine deutsche Ausgabe der alttestamentlichen Propheten. Gedruckt wurde sie von Peter Schöffer in Worms. Die Übersetzung stammt von Hans Denck und Ludwig Hätzer. Beide gehören zur Bewegung der Täufer, die für Luther gefährliche Schwärmer und Rottengeister sind. Das Wormser Werk hält dem Wittenberger Reformator schmerzlich vor Augen, wie weit er mit der Arbeit am Alten Testament ins Hintertreffen geraten ist. Er fühle sich wie ein Nichts, so schreibt er an Georg Spalatin. Zwei Jahre später werden ihn auch noch die Zürcher Reformatoren mit deutschen Gesamtausgaben der Propheten und Apokryphen überholen. Die Übertragung des Alten Testaments ins Deutsche stellte eine Mammutaufgabe dar. Luther hat sie wohl unterschätzt. Was so zügig begonnen hatte, erwies sich später aus unterschiedlichen Gründen als äußerst zähe Angelegenheit. Es sollte noch weitere sieben Jahre dauern, bis der Reformator und seine Mitstreiter mit dem Alten Testament einschließlich der Apokryphen endlich am Ziel waren.

IOHANN BOSCHENSTAIN
I H

Luther und die hebräische Sprache

Das humanistische Bestreben, einen direkten Zugang zu den klassischen Werken der Antike in der Originalsprache zu gewinnen, umfasste neben einem neuerwachten Interesse am Griechischen auch die Rückbesinnung auf das Hebräische. In der Zeit, als Luther sich an die Übersetzung des Alten Testaments machte, lagen bereits mehrere Druckausgaben der hebräischen Bibel vor. Zudem waren aus der Feder von Humanisten erste hebräische Grammatiken und Wörterbücher erschienen. Luther entwickelte früh eine besondere Liebe zur hebräischen Sprache und rühmte immer wieder deren Schönheit. Schon in seiner Erfurter Klosterzeit entbrannte in ihm die Leidenschaft für den Urtext des Alten Testaments. Unschätzbare Dienste bei dessen Studium leistete ihm das 1506 herausgekommene Lehrbuch *De rudimentis hebraicis* (Über die Grundlagen des Hebräischen) von Johannes Reuchlin, mit dem die Voraussetzungen für eine philologische Erforschung und lexikalische Erschließung der hebräischen Bibel geschaffen wurden. Während seines kurzen Romaufenthalts im Jahr 1510 soll Luther bei einem gelehrten Juden der ewigen Stadt seine Hebräischkenntnisse vertieft haben. Seit 1516 war Luther im Besitz einer Ausgabe des Psalters im Urtext, der als Anhang eine hebräische Grammatik von Wolfgang Fabricius Capito beigefügt war. Das Buch, von dem er regen Gebrauch machte, hatte ihm sein Ordensbruder Johannes Lang geschenkt.

An den Universitäten war die vom Humanismus angestoßene Pflege der alten Sprachen gerade erst am Aufblühen. Als Luther 1509 von Erfurt nach Wittenberg kam, spielte an der sieben Jahre zuvor von Friedrich dem Weisen gegründeten Universität das Hebräische noch keine besondere Rolle. Erst 1518 richtete der Kurfürst zur Förderung des Studiums der alten Sprachen Lehrstühle für Griechisch und Hebräisch ein. Der erste Inhaber der Hebräischprofessur war Johannes Böschenstein, der im November 1518 den Dienst antrat. Im Wittenberger Druckhaus von Rhau-Grunenberg veröffentlichte er mit den *Hebraicae grammaticae institutiones* ein kleines Lehrbuch der hebräischen Grammatik. Die hebräischen Buchstaben mussten noch per Hand eingetragen werden, da die Druckerei nicht über

Johannes Böschenstein war der erste Inhaber der Hebräischprofessur an der Wittenberger Universität. Radierung von Hieronymus Hopfer, zwischen 1520 und 1550

entsprechende Schrifttypen verfügte. Böschenstein hielt es nicht lange in Wittenberg. Die Stelle war schlecht dotiert, und es gab Meinungsverschiedenheiten mit Luther über den Stellenwert des Alten Testaments. Luther wollte das Alte Testament als Buch des Gesetzes immer in Verbindung mit dem Neuen Testament als Buch der Gnade betrachtet wissen. Bei der Lektüre der hebräischen Bibel stand für ihn zudem die Spurensuche nach Vorverweisen auf Christus im Vordergrund. Böschenstein wandte sich jedoch gegen eine Degradierung der Hebraistik zur Hilfswissenschaft der Theologie. Dies trug ihm den Vorwurf Luthers ein, sich zwar Christ zu nennen, in Wahrheit aber ganz jüdisch zu sein. Matthäus Adriani, der im April 1520 als Nachfolger Böschensteins berufen wurde, war bereits an der Universität Löwen in Streit mit den Theologen geraten. In Wittenberg machte er sich bald Luther zum Feind, indem er Kritik an dessen Rechtfertigungslehre übte, und sah sich im Februar 1521 zur Aufgabe seines Amtes gezwungen. Erst mit dem Humanisten Matthäus Aurogallus kehrte Kontinuität ein. Aurogallus wirkte zunächst als Lehrer in Böhmen und absolvierte dann ein Studium in Leipzig. Im Jahr 1519 kam er nach Wittenberg und wurde 1521 mit der Hebräischprofessur betraut, die er bis zu seinem Tod im Jahr 1543 innehatte. In dieser Zeit wurde er zum unverzichtbaren Gesprächspartner Luthers in allen Fragen, die mit dem alttestamentlichen Bibeltext zu tun hatten. Gleichzeitig erwarb sich Aurogallus große Verdienste um den Ausbau der Hebraistik als Universitätsdisziplin und verfasste 1523 eine bedeutsame hebräische Grammatik für den Studienbetrieb.

Übersetzung des Pentateuchs

Bei der Übersetzung des Alten Testaments ging Luther anders vor als beim Neuen Testament. Im Blick auf den beträchtlichen Umfang des ersten Teils der christlichen Bibel erschien es ihm nicht zweckmäßig, mit der Veröffentlichung zu warten, bis das gesamte Unternehmen zum Abschluss gekommen war. Vielmehr sollten die bereits bewältigten Übersetzungen dem Lesepublikum durch die Herausgabe von Teilbänden zeitnah und zu einem erschwinglichen Kaufpreis zugänglich gemacht werden. Der ursprüngliche Plan sah vor, das Alte Testament innerhalb von zwei Jahren in drei Lieferungen zu publizieren. Ende 1524 kamen die Arbeiten allerdings ins Stocken, und es traten langjährige Verzögerungen ein.

Mit der Übersetzung des Pentateuchs begann Luther bereits parallel zur Drucklegung des Septembertestaments im Spätsommer 1522. Neben der Vulgata griff er auf unterschiedliche Druckausgaben der hebräischen Bibel zurück. Seine Soncinobibel, bei der es sich um die zweite Auflage von 1494 handelt, blieb erhalten und zählt heute zu den Beständen der Staatsbibliothek zu Berlin. Sie enthält zahlreiche handschriftliche Randnotizen zu Übersetzungsfragen und Verständnisschwierigkeiten, die das jahrzehntelange Ringen des Reformators mit dem Urtext des Alten Testaments dokumentieren. Verschollen ist hingegen Luthers Exemplar der 1516/17 in Venedig erschienenen Rabbinerbibel des Felix Pratensis, die ihm der Nürnberger Ratsherr und Reformator Lazarus Spengler 1520 aus Italien beschafft hatte. Bei der Durchsicht der Übersetzung konnte Luther auf die Unterstützung von Matthäus Aurogallus bauen. Zudem erwies sich Melanchthon, dessen akademisches Betätigungsfeld eigentlich das Griechische war, auch als fundierter Kenner der hebräischen Sprache. Georg Spalatin steuerte Vorschläge für die Verdeutschung der alttestamentlichen Tiernamen bei.

Die Arbeiten schritten zunächst zügig voran. Anfang November 1522 war Luther bereits beim Buch Levitikus angelangt. Im Dezember konnte er den Abschluss der Pentateuchübersetzung vermelden, die Mitte 1523 im Wittenberger Verlagshaus von Melchior Lotter unter dem Titel *Das Allte Testament deutsch* erschien. Das Buch wurde noch im selben Jahr in Wittenberg bei Melchior Lotter und Hans Lufft nachgedruckt. Außerdem wurden in Augsburg und Basel sogleich Raubdrucke hergestellt. Der Übersetzung geht eine umfängliche Vorrede auf das Alte Testament voran, die dessen grundsätzliche Bedeutung herausstellt und anhand der Bücher des Pentateuchs die Grundzüge von Luthers Gesetzesverständnis entfaltet. Der Reformator wendet sich gegen eine Geringschätzung des Alten Testaments, da die neutestamentlichen Autoren es hoch achteten und in ihm das Evangelium vorhergesagt werde. Dies umschreibt Luther mit einem einprägsamen Bild: Im Alten Testament seien die Windeln und Krippe zu finden, darinnen Christus liege. Anschließend stellt er heraus, dass das Alte

Testament überwiegend ein Gesetzbuch und nicht wie das Neue Testament ein Gnadenbuch sei. Obwohl es auch Verheißungen und Gnadensprüche enthalte, lehre es in erster Linie die Gesetze, zeige die Sünde an und fordere Gutes. Luther betrachtet das letztlich unerfüllbare Mosegesetz als eine Art Spiegel, der dem Menschen seine Sündhaftigkeit vor Augen hält. Durch das Scheitern an den Forderungen des Gesetzes werde dem Sünder die Angewiesenheit auf die in Christus geschenkte Gnade Gottes aufgezeigt.

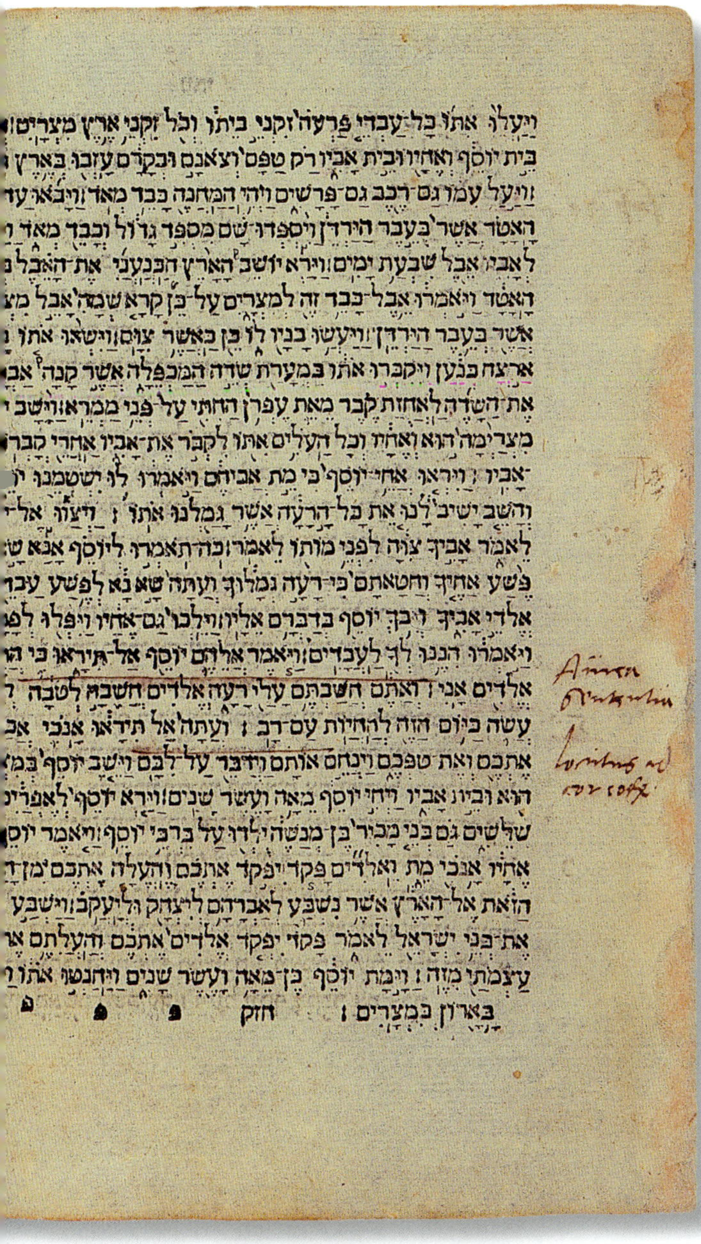

Luthers Handexemplar der Soncinobibel mit Randnotizen

Der Untergang des Druckhauses Melchior Lotter

Nach der Veröffentlichung von Luthers Pentateuchübersetzung kam es zu einem Bruch zwischen Lucas Cranach und Melchior Lotter, der das Ende ihrer Geschäftsbeziehungen besiegelte und den Untergang der Wittenberger Dependance des Druckhauses Lotter einläutete. Die Hintergründe bleiben im Dunklen. Eine wichtige Rolle spielte sicher, dass die ambitionierte Druckerfamilie Lotter allem Anschein nach eine marktbeherrschende Stellung in Wittenberg anstrebte. Angesichts der exzellenten wirtschaftlichen Perspektiven, die sich durch den Bibeldruck eröffneten, arbeitete Melchior Lotter der Ältere darauf hin, den Stammsitz des Hauses von Leipzig nach Wittenberg zu verlegen. Den Platzhirschen vor Ort, allen voran Cranach und Döring, dürfte dies kaum gefallen haben. Vermutlich zog sich Melchior Lotter der Jüngere auch dadurch den Unmut Cranachs zu, dass er ihn bei einem lukrativen Auftrag überging: Für die Handausgabe des Neuen Testaments im kleineren Oktavformat, die 1524 auf den Markt kam, waren neue Holzschnitte zur Johannesoffenbarung notwendig. Diese hatte Lotter nicht in der Werkstatt Cranachs, sondern bei dem Leipziger Künstler Georg Lemberger anfertigen lassen. Cranach kündigte Melchior Lotter im Herbst 1523 den Mietvertrag und richtete in den Räumlichkeiten gemeinsam mit seinem Geschäftspartner Döring einen eigenen Betrieb zur Buchherstellung ein. Als Drucker konnten sie Joseph Klug gewinnen.

Melchior Lotter wuchs damit ein Konkurrenzunternehmen heran, das über hervorragende Kontakte zu Luther verfügte. Lucas Cranach verband eine enge Freundschaft mit dem Reformator. Zudem fand Lotter nach dem unfreiwilligen Auszug aus Cranachs Haus nur unter großen Schwierigkeiten Ersatzräume. Bei den Bemühungen, eine eigene Immobilie in Wittenberg zu erwerben, wurden dem Druckhaus Lotter vom Stadtrat unüberwindliche Hindernisse in den Weg gestellt, was dem Einfluss der Ratsherren Cranach und Döring zuzuschreiben sein dürfte. Melchior Lotter musste mit seinen Druckpressen zunächst im Stall eines Barbiers Zuflucht nehmen,

Das Allte Testament deutsch.
M. Luther.
Vuittemberg.

Titelblatt von Luthers Pentateuchübersetzung aus dem Jahr 1523

bevor er Räume im mittlerweile aufgegebenen und leer stehenden Franziskanerkloster anmieten konnte. Zu allem Überfluss ließ sich Lotter im Frühjahr 1524 auch noch zur Misshandlung eines Buchbinders hinreißen und wurde vom Rat der Stadt Wittenberg zu einer hohen Geldstrafe verurteilt. Damit hatte er auch bei Luther seinen Kredit verspielt. Dieser betraute 1524 das Druckhaus Cranach-Döring mit den Erstausgaben des zweiten und dritten Teils des Alten Testaments. Melchior Lotter musste sich mit der Sonderausgabe des Psalters und weniger gewinnträchtigen Oktavausgaben der schon erschienenen Teilbände der Lutherbibel begnügen. Auch die Hoffnung auf den baldigen Druck einer von Luther neu erarbeiteten Edition der Vulgata, die letztlich erst 1529 herauskam, zerschlug sich. Da Lotter in Erwartung weiterer Bibeldrucke bereits große Mengen Papier angekauft hatte, das sich nun als totes Kapital erwies, geriet er in massive wirtschaftliche Schwierigkeiten. Wohl 1525 verließ er Wittenberg und ging als Buchhändler nach Erfurt. Sein jüngerer Bruder Michael Lotter, der 1523 in den Wittenberger Filialbetrieb eingetreten war, konnte sich in der Lutherstadt noch einige Zeit mit einer eigenen Druckerei über Wasser halten. Dort erschienen in den Jahren 1526 bis 1528 neben Nachdrucken des Neuen Testaments auch die Erstausgaben von Luthers Übersetzung der Prophetenbücher Jona, Habakuk und Sacharja. Später zog Michael Lotter nach Magdeburg weiter und brachte dort zahlreiche niederdeutsche Drucke der Lutherbibel heraus.

Als Ende 1525 die Druckerei von Cranach und Döring aus unbekannten Gründen ihre Aktivitäten einstellte, wurde Hans Lufft zum führenden Bibeldrucker Wittenbergs. Er hatte sich 1523 in der Stadt an der Elbe niedergelassen und brachte es erst im Laufe der Zeit zu einigem Wohlstand. Für die Vorfinanzierung des Bibeldrucks reichte sein Eigenkapital bei Weitem nicht aus, womit er auf die Unterstützung finanzkräftiger Investoren angewiesen war. Der ausgezeichnete Absatz der Lutherbibeln erwies sich am Ende für beide Seiten als einträgliches Geschäft. Zunächst trat Christian Döring als Kapitalgeber und Verleger für die Bibeldrucke von Hans Lufft in Erscheinung. Später übernahm ein Wittenberger Konsortium, bestehend aus den Geschäftsleuten Bartholomäus Vogel, Christoph Schramm und Moritz Goltz, an das Döring 1533 seinen Verlag kurz vor seinem Tod veräußert hatte, diese Rolle. Aus der Werkstatt von Lufft gingen fast alle bis 1583 in Wittenberg gedruckten hochdeutschen Bibeln hervor.

Hans Lufft avancierte nach 1525 zum führenden Bibeldrucker Wittenbergs. Holzstichfaksimile aus dem 19. Jh. nach einem Kupferstich aus dem Jahr 1726

Der zweite und dritte Teil des Alten Testaments

Das Manuskript für *Das Ander teyl des alten testaments*, das die Geschichtswerke von Josua bis Ester umfasste, lag im Dezember 1523 vollständig vor und ging Anfang 1524 in Druck. Auf Vorreden zu den Schriften hat Luther verzichtet. Das im neu gegründeten Verlagshaus von Lucas Cranach und Christian Döring erschienene Werk ist die erste Ausgabe, die am Schluss das Wappen mit dem die Kreuzesfahne tragenden Lamm und das Medaillon mit der Lutherrose enthält. Beide Embleme wurden in der Folgezeit zum Markenzeichen der von Luther autorisierten Drucke seiner Schriften, das selbst von den Raubdruckern respektiert und nicht nachgeahmt wurde. Direkt im Anschluss nahm Luther den dritten Teilband des Alten Testaments in Angriff, der nach den ursprünglichen Planungen eine Verdeutschung aller weiteren Bücher der hebräischen Bibel umfassen sollte. Die Übersetzungsarbeiten erwiesen sich allerdings als schwierig und kamen nur langsam voran. Insbesondere das Buch Hiob stellte Luther und seine Mitstreiter vor große Herausforderungen. Jahre später erinnert Luther sich im *Sendbrief vom Dolmetschen* daran, dass Melanchthon, Aurogallus und er zuweilen in vier Tagen keine drei Zeilen bewältigt hätten. Hiob sei, so klagt er Spalatin im Februar 1524 sein Leid, der Übersetzung ins Deutsche noch abgeneigter als dem Trost seiner Freunde. Luther entschied sich letztlich, wie er in der Vorrede zu Hiob betont,

Im *Sendbrief vom Dolmetschen* legte Luther 1530 auf der Veste Coburg seine Prinzipien der Bibelübersetzung dar. Das Manuskript ging an Wenzeslaus Linck in Nürnberg, der ein Vorwort verfasste und sich um die Drucklegung kümmerte.

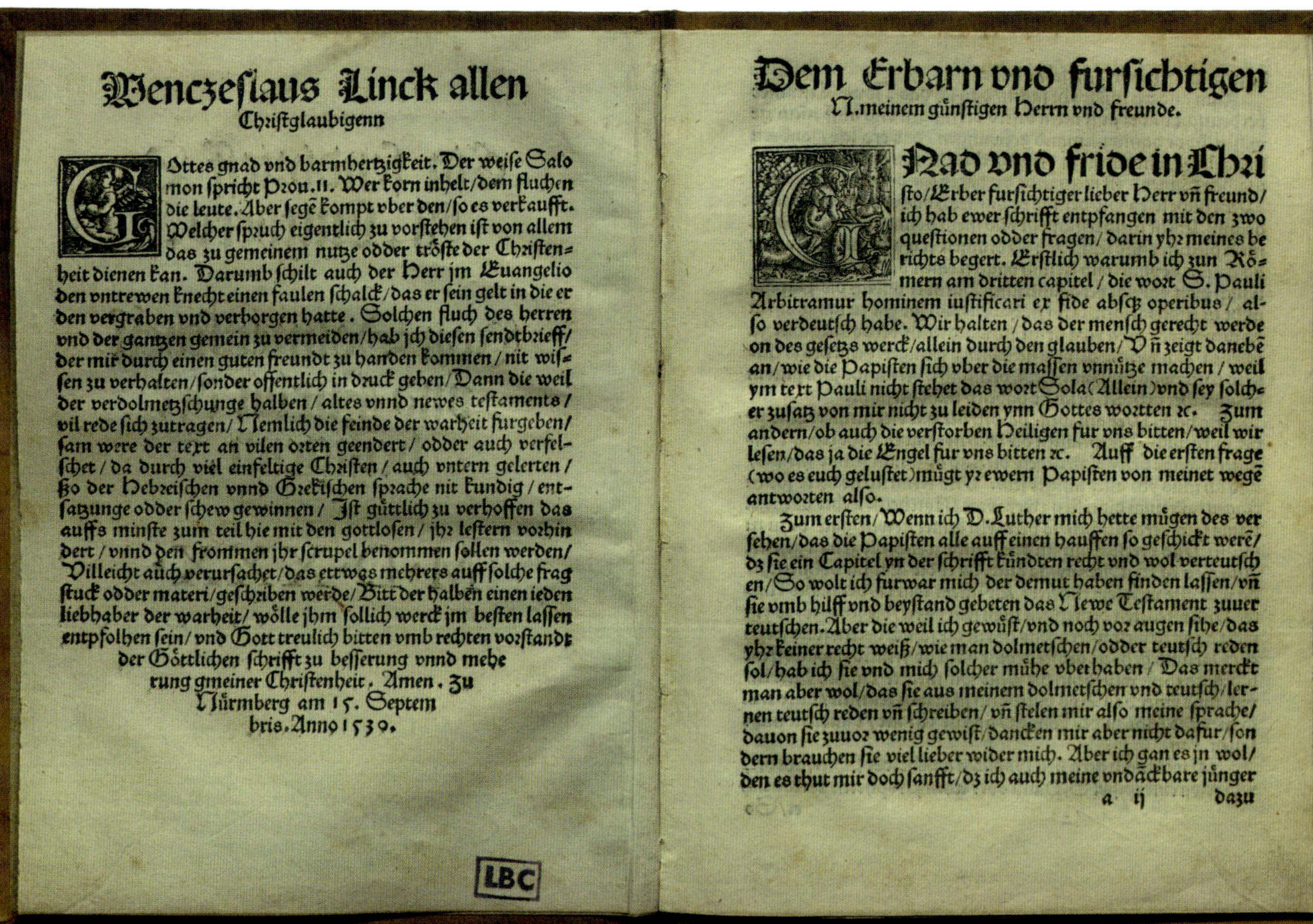

Wenczeſlaus Linck allen
Chriſtglaubigenn

GOttes gnad vnd barmhertzigkeit. Der weiſe Salo
mon ſpricht Prou.11. Wer korn inhelt/dem fluchen
die leute. Aber ſegē kompt vber den/ſo es verkaufft.
Welcher ſpruch eigentlich zu vorſtehen iſt von allem
das zu gemeinem nutze odder tröſte der Chriſten=
heit dienen kan. Darumb ſchilt auch der Herr jm Euangelio
den vntrewen knecht einen faulen ſchalck/das er ſein gelt in die er
den vergraben vnd verborgen hatte. Solchen fluch des herren
vnd der gantzen gemein zu vermeiden/hab jch dieſen ſendtbrieff/
der mir durch einen guten freundt zu handen kommen/nit wiſ=
ſen zu verhalten/ſonder offentlich in druck geben/Dann die weil
der verdolmetzſchunge halben/altes vnnd newes teſtaments/
vil rede ſich zutragen/Nemlich die feinde der warheit furgeben/
ſam were der text an vilen orten geendert/odder auch verfel-
ſchet/da durch viel einfeltige Chriſten/auch vntern gelerten/
ſo der Hebreiſchen vnnd Grekiſchen ſprache nit kundig/ent-
ſatzunge odder ſchew gewinnen/Jſt güttlich zu verhoffen das
auffs minſte zum teil hie mit den gottloſen/jhr leſtern vorhin
dert/vnnd den frommen jhr ſcrupel benommen ſollen werden/
Villeicht auch verurſachet/das ettwas mehrers auff ſolche frag
ſtuck odder materi/geſchriben werde/Bitt der halben einen ieden
liebhaber der warheit/wölle jhm ſollich werck jm beſten laſſen
entpfolhen ſein/vnd Gott treulich bitten vmb rechten vorſtandt
der Göttlichen ſchrifft zu beſſerung vnnd mehe
rung gmeiner Chriſtenheit. Amen. Zu
Nürmberg am 15. Septem
bris. Anno 1530.

Dem Erbarn vnd furſichtigen
N. meinem günſtigen Herrn vnd freunde.

GNad vnd fride in Chri
ſto/Erber furſichtiger lieber Herr vñ freund/
ich hab ewer ſchrifft entpfangen mit den zwo
queſtionen odder fragen/darin yhr meines be
richts begert. Erſtlich warumb ich zun Rö=
mern am dritten capitel/die wort S. Pauli
Arbitramur hominem iuſtificari ex fide abſq; operibus/al-
ſo verdeutſch habe. Wir halten/das der menſch gerecht werde
on des geſetzs werck/allein durch den glauben/Vñ zeigt danebē
an/wie die Papiſten ſich vber die maſſen vnnütze machen/weil
ym text Pauli nicht ſtehet das wort Sola (Allein) vnd ſey ſolch=
er zuſatz von mir nicht zu leiden ynn Gottes wortten ꝛc. Zum
andern/ob auch die verſtorben Heiligen fur vns bitten/weil wir
leſen/das ja die Engel fur vns bitten ꝛc. Auff die erſten frage
(wo es euch geluſtet) mügt yr ewern Papiſten von meinet wegē
antworten alſo.

Zum erſten/Wenn ich D. Luther mich hette mügen des ver
ſehen/das die Papiſten alle auff einen hauffen ſo geſchickt werē/
dz ſie ein Capitel yn der ſchrifft kündten recht vnd wol verteutſch
en/So wolt ich furwar mich der demut haben finden laſſen/vñ
ſie vmb hilff vnd beyſtand gebeten das Newe Teſtament zuuer
teutſchen. Aber die weil ich gewüſt/vnd noch vor augen ſihe/das
yhr keiner recht weiß/wie man dolmetſchen/odder teutſch reden
ſol/hab ich ſie vnd mich ſolcher mühe vberhaben/Das merckt
man aber wol/das ſie aus meinem dolmetſchen vnd teutſch/ler-
nen teutſch reden vñ ſchreiben/vñ ſtelen mir alſo meine ſprache/
dauon ſie zuuor wenig gewiſt/dancken mir aber nicht dafur/ſon
dern brauchen ſie viel lieber wider mich. Aber ich gan es jn wol/
den es thut mir doch ſanfft/dz ich auch meine vndanckbare jünger
a ij dazu

um der Verständlichkeit willen für eine sinngemäße statt einer wörtlichen Wiedergabe des Textes. Noch zu Beginn der im Spätsommer 1524 begonnenen Drucklegung der dritten Teilausgabe des Alten Testaments hegte Luther die Hoffnung, auch die Prophetenbücher schnell abschließen zu können. Deshalb sind sie im Inhaltsverzeichnis, das als Erstes gedruckt wurde, mit aufgeführt. Dieses Vorhaben erwies sich allerdings als illusorisch. Als der dritte Teilband des Alten Testaments im Herbst 1524 bei Cranach und Döring herauskam, enthielt er mit Hiob, Psalter, Sprüchen, Prediger und Hohelied nur die poetischen und weisheitlichen Bücher einschließlich der Vorreden. Der Psalter erschien parallel dazu bei Melchior Lotter auch in einer Sonderausgabe.

Übersetzung der Propheten

Nach Erscheinen der dritten Teilausgabe des Alten Testaments fehlten aus der hebräischen Bibel nur noch die Propheten. Im Sommersemester 1524 nahm Luther seine akademische Lehrtätigkeit in Wittenberg wieder auf, die seit dem Aufbruch zum Reichstag in Worms für mehrere Jahre geruht hatte. Durch Vorlesungen über die kleinen Propheten, die er zwischen 1524 und 1526 hielt, bereitete er sich gründlich auf die Übersetzung vor. Doch die Arbeiten gingen aufgrund allgemeiner Arbeitsüberlastung und innerreformatorischer Kontroversen nur schleppend voran. Die Auseinandersetzungen mit dem radikalen Flügel der Reformation, der die gewaltsamen Aufstände der Bauern unterstützte, nahmen Luther stark in Anspruch. Zudem band der große Abendmahlsstreit mit Zwingli seine Kräfte. Zumindest konnte Luther aber 1526 die Bücher Jona und Habakuk abschließen, die als Einzelausgaben bei Michael Lotter herauskamen.

In dieser Zeit arbeiteten auch andere Reformatoren an der Verdeutschung der Prophetenbücher aus dem hebräischen Urtext. Man wollte nicht länger auf die Wittenberger Übersetzung warten und lieferte sich ein regelrechtes Wettrennen um die noch nicht ins Deutsche übertragenen Teile des Alten Testaments. Im Mai 1527 musste Luther den Tiefschlag hinnehmen, dass ihm Ludwig Hätzer und Hans Denck mit der Wormser Prophetenausgabe zuvorgekommen waren. Luther fällt später im *Sendbrief vom Dolmetschen* ein ambivalentes Urteil über dieses Werk. Er attestiert den Übersetzern großen Fleiß und einen gelungenen Sprachfluss, kritisiert aber, dass sie auch auf den Sachverstand von Juden zurückgriffen. Während viele christliche Humanisten sich bei Übersetzungsfragen von den Auslegungen jüdischer Gelehrter inspirieren ließen, polemisiert Luther immer wieder gegen das Schriftverständnis der Rabbinen. Zum Standardrepertoire seines Antijudaismus zählte die Überzeugung, die Juden hätten das Hebräische nicht rein bewahrt und verfälschten fast überall den Sinn der Schrift. Zudem führt Luther als grundsätzlichen Vorbehalt gegenüber der Wormser Prophetenausgabe an, dass falsche Christen und Rottengeister von vornherein nicht zu einer treuen Bibelübersetzung in der Lage seien. Hätzer und Denck gehörten der radikalen Täuferbewegung an und wurden als Unruhestifter immer wieder der Städte verwiesen. Während Denck noch 1527 in Basel an der Pest starb, verurteilte man Hätzer im Februar 1529 in Konstanz wegen angeblicher Bigamie zum Tode und richtete ihn hin. Vor dem Hintergrund der blutigen Niederwerfung der Bauernaufstände und des gewaltsamen Vorgehens gegen die Täufer maßen Denck und Hätzer der Sozialkritik der alttestamentlichen Propheten gegenüber Unrecht und Machtmissbrauch eine besondere Aktualität zu. Auf das Titelblatt ihrer Prophetenausgabe setzten sie programmatisch das Leitwort „O Gott erlöse die Gefangenen“, in dem die Worte aus Psalm 126 „Wenn der Herr die Gefangenen Zions erlösen wird, so werden wir sein wie die Träumenden“ anklingen. In der Vorrede verzichtet Hätzer darauf, die messianischen Verheißungen der Propheten als im Neuen Testament erfüllte Vorverweise auf das Kommen Christi zu interpretieren. Die Ausgabe war ein großer Erfolg und wurde innerhalb eines Jahres an unterschiedlichen Orten zehnmal nachgedruckt. Während der Protestantismus lange Zeit geringschätzig auf die Wormser Prophetenübersetzung herabblickte, wird sie heute nicht zuletzt wegen der Mitwirkung jüdischer Gelehrter und des Verzichts auf eine Vereinnahmung der Propheten als Christuszeugen als wichtiger Beitrag zur Geschichte der deutschen Bibel gewürdigt.

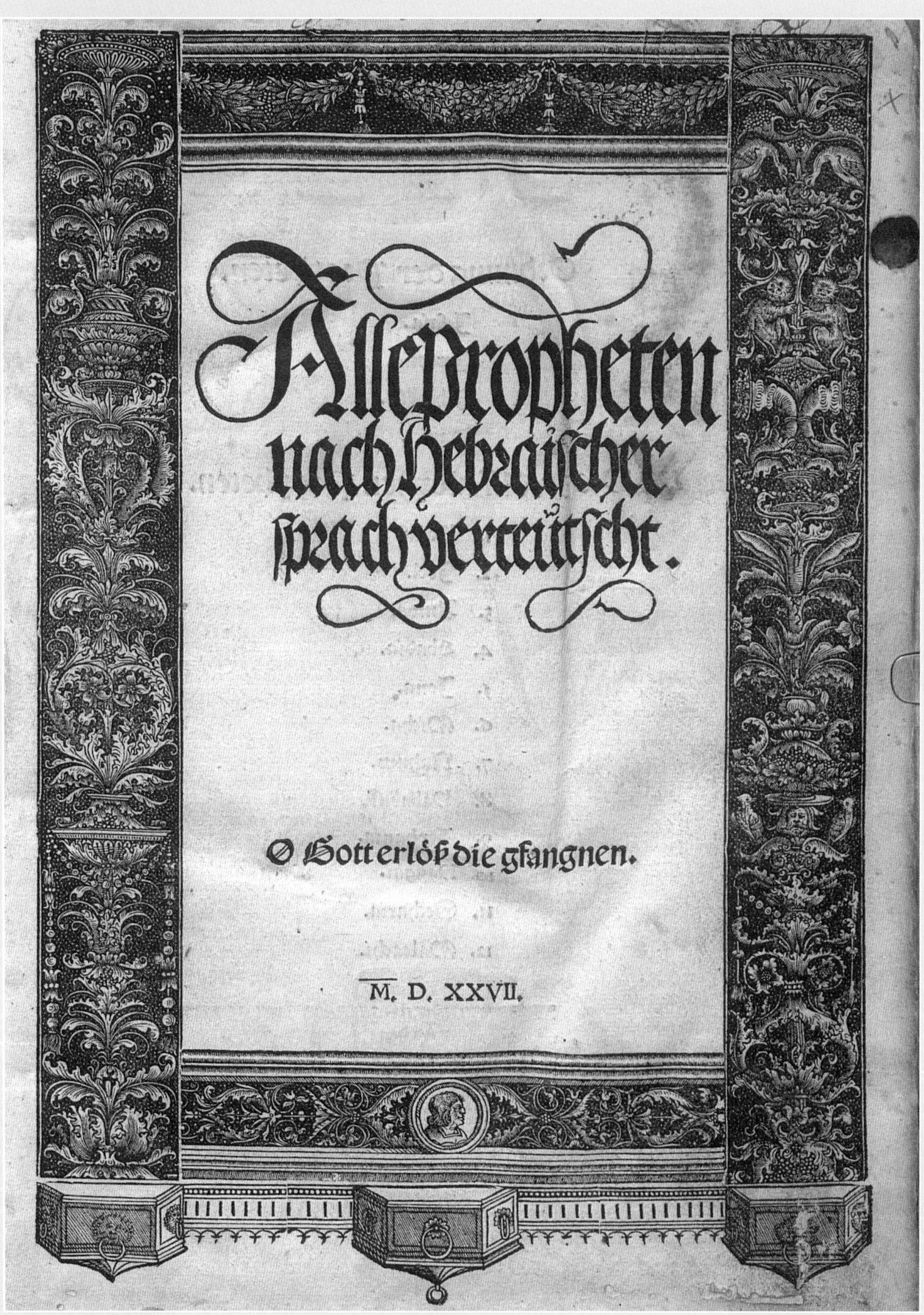
Alle Propheten
nach Hebraischer
sprach verteütscht.
O Gott erlöß die gfangnen.
M. D. XXVII.

Bei seiner eigenen Übersetzung der noch ausstehenden Prophetenbücher machte Luther von der Wormser Ausgabe in Anknüpfung wie Abgrenzung Gebrauch. Im Jahr 1528 kamen die Arbeiten an den Büchern Sacharja und Jesaja zum Abschluss, nachdem es 1527 durch den Ausbruch der Pest in Wittenberg und die vorübergehende Auslagerung der Universität nach Jena zu weiteren Verzögerungen gekommen war. Erneut rühmt Luther die Schönheit der hebräischen Sprache und beklagt die Mühen ihrer Übersetzung. Die hebräischen Schriftsteller ins barbarische Deutsch zu zwingen sei so, als ob man die Nachtigall mit ihrem wohlklingenden Gesang dazu bringen wolle, die eintönige Stimme des Kuckucks nachzuahmen. Wegen Melanchthons Reise zum Reichstag in Speyer, durch die das Wittenberger Übersetzerteam vorübergehend auseinandergerissen wurde, unterbrach Luther im Frühjahr 1529 die Beschäftigung mit den Prophetenbüchern. Stattdessen übertrug er mithilfe anderer guter Freunde die Weisheit Salomos, die in der Lutherbibel zu den Apokryphen zählt, teils aus dem Griechischen und teils aus dem Lateinischen ins Deutsche. Mittlerweile war in Zürich eine weitere vollständige Übersetzung der Propheten erschienen, die Huldrych Zwingli gemeinsam mit Leo Jud und Konrad Pellikan erstellt hatte. Luther geriet dadurch noch stärker unter Zugzwang.

Als nächster Prophet wäre Jeremia an der Reihe gewesen, doch angesichts der Bedrohung der Reichsgrenzen durch die Türken wandte sich Luther dem Buch Daniel zu. Von Ende September bis Mitte Oktober 1529 belagerte das osmanische Heer Wien und hätte die Donaumetropole um ein Haar eingenommen. Luther deutete die apokalyptische Vision in Daniel 7,20–22 vor diesem zeitgeschichtlichen Hintergrund. Der Prophet Daniel malt im Rahmen seiner Vier-Tiere-Vision das Endzeitszenario aus, dass das vierte schreckliche Tier ein Horn abstoßen und dieses Horn dann die Heiligen im Kampf besiegen werde. Darin sah Luther einen Vorverweis auf das Vordringen der Türken in den christlichen Westen und rechnete fest damit, dass das von Daniel angekündigte Weltende unmittelbar vor der Tür stehe. In der Reformationszeit war es weitverbreitet, die Türkengefahr als Strafe Gottes für das unbußfertige Verhalten der Christen und als direkten Vorboten der Endzeit zu betrachten. In der 1530 bei Hans Lufft erschienenen Erstausgabe des deutschen Danielbuchs wird die Vision von Daniel 7 durch eine Weltkarte illustriert, die das Türkenheer auf seinem Zug in Richtung Europa zeigt. Eine weitere Besonderheit dieser Druckausgabe liegt darin, dass ihr ein Widmungsbrief an Kurfürst Johann vorangeht. Dieser hatte 1525 nach dem Tod Friedrichs des Weisen die Herrschaft über das Kurfürstentum Sachsen übernommen und war damit Luthers neuer Landesherr.

Titelblatt der sogenannten „Wormser Propheten", der Übersetzung der Prophetenbücher durch Ludwig Hätzer und Hans Denck, mit dem Leitwort „O Gott erlöse die Gefangenen"

Auf der Veste Coburg

Im Januar 1530 berief Kaiser Karl V. für das Frühjahr desselben Jahres einen Reichstag in Augsburg ein. Die evangelischen Fürsten und Städte knüpften daran große Hoffnungen auf eine Wende in der kaiserlichen Religionspolitik. Da die akute Bedrohung des Reichs durch die Türken ein entschlossenes gemeinsames Handeln erforderte, schienen eine Anerkennung der reformatorischen Lehren und eine Überwindung der konfessionellen Gegensätze in greifbare Nähe gerückt zu sein. Im März erreichte die Einladung zum Reichstag den Kurfürsten Johann von Sachsen. Dieser wollte den Weg nach Augsburg nicht ohne seine Wittenberger Theologen antreten, deren Anwesenheit ihm bei den Verhandlungen zu Recht als unverzichtbar erschien. Luther stand allerdings nach wie vor unter Reichsacht. Eine Reise in katholisches Gebiet hätte ihn das Leben gekostet. Daher begleitete er den Tross nur bis Coburg, dem südlichsten Ort im protestantisch gewordenen Kursachsen. Dort wurde er heimlich auf die Veste gebracht, die sich majestätisch über der Stadt erhebt. An seinem Zufluchtsort war Luther bei Rückfragen aus Augsburg rasch erreichbar, während Melanchthon die Rolle zufiel, auf dem Reichstag mit der *Confessio Augustana* die Grundsätze des evangelischen Glaubens zu formulieren und vor dem Kaiser darzulegen.

Luthers Zeit auf der Veste Coburg erstreckte sich von April bis Oktober 1530. Auch wenn seine Anwesenheit bald kein Geheimnis mehr war, ließ er sich wie schon auf der Wartburg zur Tarnung einen Vollbart wachsen. Der später in Nürnberg als Reformator wirkende Veit Dietrich stand Luther als Sekretär zur Seite und nahm zudem die Rolle des Kontaktmanns nach außen wahr. Er hatte 1522 das Studium in Wittenberg aufgenommen und war zum engen Vertrauten Luthers wie Melanchthons geworden. Seit 1529 lehrte er auch an der Wittenberger Universität. Während die evangelischen Fürsten und Städte in Augsburg unter Führung Melanchthons die Anliegen der Reformation verteidigten und auf einen friedlichen Ausgleich mit dem Kaiser hofften, war Luther in Coburg unermüdlich an der Arbeit. Neben der Abfassung verschiedener Gelegenheitsschriften und der Übersetzung einiger Fabeln Äsops konzentrierte er sich auf die weitere Verdeutschung der Propheten. Es fehlten noch Jeremia, Ezechiel und das Zwölfprophetenbuch. Trotz gesundheitlicher Probleme kam Luther gut voran. Lediglich das Buch Ezechiel konnte er nicht zum Abschluss bringen. Von ihm erschien 1530 bei Nickel Schirlenz in Wittenberg eine Druckausgabe, die nur die Kapitel 38 und 39 enthält.

Wie neun Jahre zuvor auf der Wartburg sah sich Luther auch auf der Veste Coburg in der Einsamkeit der Gemäuer vom Teufel verfolgt. Stimmungsschwankungen, Sorgen um die Entwicklungen auf dem Augsburger Reichstag und gesundheitliche Probleme förderten diese Wahrnehmung. So schreibt er am 12. Mai 1530 an Melanchthon, der Satan habe ihn aus der Kammer gejagt und genötigt, unter Leute zu gehen. Vor diesem Hintergrund ist es nicht verwunderlich, wenn sich auch in Coburg die Legende von der Bekämpfung des Teufels mit dem Tintenfass bildete. Johann Gottfried Gregorii hatte bereits 1713 unter dem Pseudonym Melissantes über den Tintenfleck auf der Wartburg geschrieben. Zwei Jahre später berichtet er in seinem Werk *Neueröffneter Schauplatz denckwürdiger Geschichte*, dass man auch auf der Veste Coburg den Besuchern der Lutherstube lange Zeit einen schwarzen Fleck an der Wand zeigte, den der Reformator verursacht haben soll, als er mit dem Tintenfass nach dem Teufel warf.

Nach sechs Monaten hinter Festungsmauern kehrte Luther im Oktober 1530 nach Wittenberg zurück. Nun konnten unter Mitwirkung von Me-

Während des Augsburger Reichstags weilte Luther auf der Veste Coburg, wo er die Verdeutschung der Propheten voranbrachte.

lanchthon und Aurogallus die Revisionsarbeiten für die Drucklegung der vollständigen Prophetenausgabe beginnen. Erneut hatte Luther mit gesundheitlichen Problemen, insbesondere häufigen Schwindelanfällen, zu kämpfen. Eine weitere Unterbrechung kam hinzu, als in den ersten Monaten des Jahres 1531 die Arbeiten an der Neuausgabe des Psalters begannen und die Kräfte Luthers banden. Erst im März 1532 und damit fünf Jahre nach den Wormser Propheten erschien bei Hans Lufft die langersehnte Gesamtausgabe von Luthers Prophetenübersetzung. Damit lagen alle Bücher der hebräischen Bibel auf Deutsch vor. Für eine vollständige Lutherbibel fehlten noch die nicht zum hebräischen Kanon gehörenden Spätschriften des Alten Testaments, von denen bis dahin lediglich die Weisheit Salomos bearbeitet worden war.

Die Revision des Psalters im Jahr 1531

Ein typisches Merkmal der Lutherbibel besteht darin, dass der Reformator sich zeit seines Lebens nie mit der einmal von ihm erarbeiteten Übersetzung zufriedengab, sondern diese vor jeder neuen Drucklegung einer gründlichen Durchsicht unterzog. Die Übersetzung der Bibel war ein dynamischer Prozess, der immer nur zu einem vorläufigen Abschluss kommen konnte. Das ständige Ringen um eine Verbesserung des Bibeltextes beschränkte sich nicht auf kleinere Korrekturen, sondern beinhaltete umfängliche Textveränderungen. Luthers Psalmenübersetzung zeigt besonders anschaulich, wie von Bearbeitung zu Bearbeitung die Formulierungen klarer und verständlicher werden, aber auch dem poetischen Charakter der Texte stärker Rechnung getragen wird. Damit einher geht eine freiere Übersetzung, die sich zunehmend vom Hebräischen entfernt. Schon von Luthers eigenhändiger Niederschrift der Psalmenübersetzung 1523 über den Erstdruck der Psalmen 1524 bis zur Psalterausgabe von 1528 zeigt sich eine Vielzahl von Korrekturen und Verbesserungen. Nachdem die Psalterausgabe von 1528 vergriffen war, stellte sich die Notwendigkeit einer Neuedition, die 1531 in Wittenberg bei Hans Lufft erschien und den Psalmen eine nunmehr stark veränderte deutsche Sprachgestalt gab. Luther hatte den Aufenthalt auf der Veste Coburg auch zu einer nochmals intensiveren Beschäftigung mit dem Psalter genutzt und mit Veit Dietrich seine neuen Einsichten zu den ersten 25 Psalmen erörtert. Dass diese vertieften Erkenntnisse in die neue Ausgabe des Psalters einfließen mussten, stand außer Frage. Bei der Rückkehr nach Wittenberg glaubte Luther zunächst noch, die Revisionsarbeiten aus eigener Kraft bewältigen zu können. Er besann sich dann aber eines Besseren und versammelte regelmäßig eine vertraute Expertenrunde in seinem Haus, um mit ihr intensiv Verbesserungen am Text des Psalters zu erörtern.

Zu dem Netzwerk von Ratgebern bei der Übersetzung zählte auch der in Nürnberg wirkende Humanist Johannes Camerarius. Kolorierter Stich von Hugo Bürkner, 1854

Luther hatte die Bibelübersetzung von Anfang an nicht als Einzelleistung, sondern als Gruppenprojekt betrachtet, das der gemeinsamen Anstrengung vieler Personen bedurfte. Diesen Sachverhalt veranschaulicht er in einer seiner Tischreden mit den Worten „Wo zwei oder drei versammelt sind, da ist auch der Geist anwesend." Damit verbunden ist eine Abgrenzung von Hieronymus, der seine lateinische Bibelübersetzung weitestgehend allein bewerkstelligte. In die Arbeiten am Neuen Testament war seit Luthers Rückkehr von der Wartburg Philipp Melanchthon eng eingebunden und erwies sich neben Matthäus Aurogallus auch für die Übersetzung des Alten Testaments als unverzichtbarer Experte. Georg Spalatin erfüllte bei der Bibelübersetzung von Anfang an nicht nur wichtige logistische Aufgaben wie die Besorgung von Textausgaben und anderen Materialien, sondern steuerte auch Übersetzungsvorschläge bei. Zudem konnte sich Luther auf ein Netzwerk auswärtiger Ratgeber stützen, zu denen insbesondere Melanchthon enge Beziehungen pflegte. Dazu zählte der in Nürnberg wirkende Humanist Joachim Camerarius, der 1529 auf dem Postweg wichtige Beiträge zur Revision des Neuen Testaments leistete. Im Zuge der Neubearbeitung des Psalters erfuhr der Wittenberger Kreis, mit dem Luther Detailfragen des Bibeltextes erörterte, nochmals eine Erweiterung. Aus dem Universitätskollegium stießen mit Justus Jonas und Caspar Cruciger zwei weitere Personen zu Philipp Melanchthon und Matthäus Aurogallus hinzu. Zudem war auch Johann Forster beteiligt, der zu jener Zeit als Prediger an der Wittenberger Schlosskirche wirkte. Ihn preist Luther in einer Tischrede im Zusammenhang mit der Bibelübersetzung als Fachmann im Hebräischen. Vervollständigt wurde die Expertenrunde durch Georg Rörer, der als Chronist in detaillierten Sitzungsprotokollen die Ergebnisse festhielt. Mit im Kern gleichbleibender Besetzung begleitete dieses Bibelkollegium auch die späteren Revisionen der Lutherbibel.

Für die kritische Durchsicht des Psalters fanden von Januar bis März 1531 im ehemaligen Augustinerkloster, das Luther und seiner Familie als Wohnhaus übertragen worden war, rund 15 Sitzungen statt. Einige davon erstreckten sich über mehrere Tage. Parallel dazu startete der Druck. Bei den Zusammenkünften brachten alle Beteiligten in lebhaften Debatten ihre Spezialkenntnisse ein. Ein Psalm nach dem anderen wurde intensiv erörtert, wobei die letzte Entscheidungsgewalt über den Wortlaut der Übersetzung bei Luther lag. Das Manuskript ging nach jeder Sitzung direkt in die Druckerei, wo Georg Rörer über die exakte Umsetzung der Änderungen wachte. Verglichen mit den Psalterausgaben von 1524 und 1528 waren die Veränderungen der Revision von 1531 derart weitreichend, dass man den früheren Wortlaut streckenweise kaum noch wiedererkannte. Dies ist nicht allein neuen philologischen und exegetischen Erkenntnissen geschuldet, sondern hängt auch damit zusammen, dass Luther nun eine programmatische Abkehr von einer allzu engen Orientierung am hebräischen Ausgangstext vollzog. Während er zuvor um eine recht wörtliche Übertragung bemüht war, trat dieses Anliegen nun zugunsten eingängigerer deutscher Formulierungen in den Hintergrund. Luther hat dieses Vorgehen intensiv reflektiert und darüber im Nachwort des Psalters von 1531 Rechenschaft abgelegt, um Kritikern den Wind aus den Segeln zu nehmen. Man habe wissentlich einen freieren Umgang mit dem Urtext gepflegt, wahrlich alle Worte auf die Goldwaage gelegt und sie mit allem Fleiß wie aller Treue verdeutscht. Zudem seien auch genug gelehrte Leute dabei gewesen. Dass sein früherer Psalter an vielen Stellen dem Hebräischen näher und dem Deutschen ferner war, während es beim Psalter von 1531 genau umgekehrt sei, betrachtet Luther als Exempel dafür, wie man sich durch eine fortwährende Weiterentwicklung des „Dolmetschens" der gelungenen Übertragung des Textes in die Zielsprache immer weiter annähert. Viele Psalmen erhielten erst in der Ausgabe von 1531 jene bildreiche und kraftvolle Sprachgestalt, die uns heute so vertraut ist. Ein anschauliches Beispiel dafür ist Psalm 23. Nach der Ausgabe von 1524 lautet Vers 2 in heutigem Deutsch „Er lässt mich weiden, da viel Gras steht, und führet mich zum Wasser, das mich erkühlet", während Luther im Psalter von 1531 mit „Er weidet mich auf einer grünen Auen und führet mich zum frischen Wasser" übersetzt.

Luthers eigenhändige Übersetzung von Psalm 23 mit Korrekturen

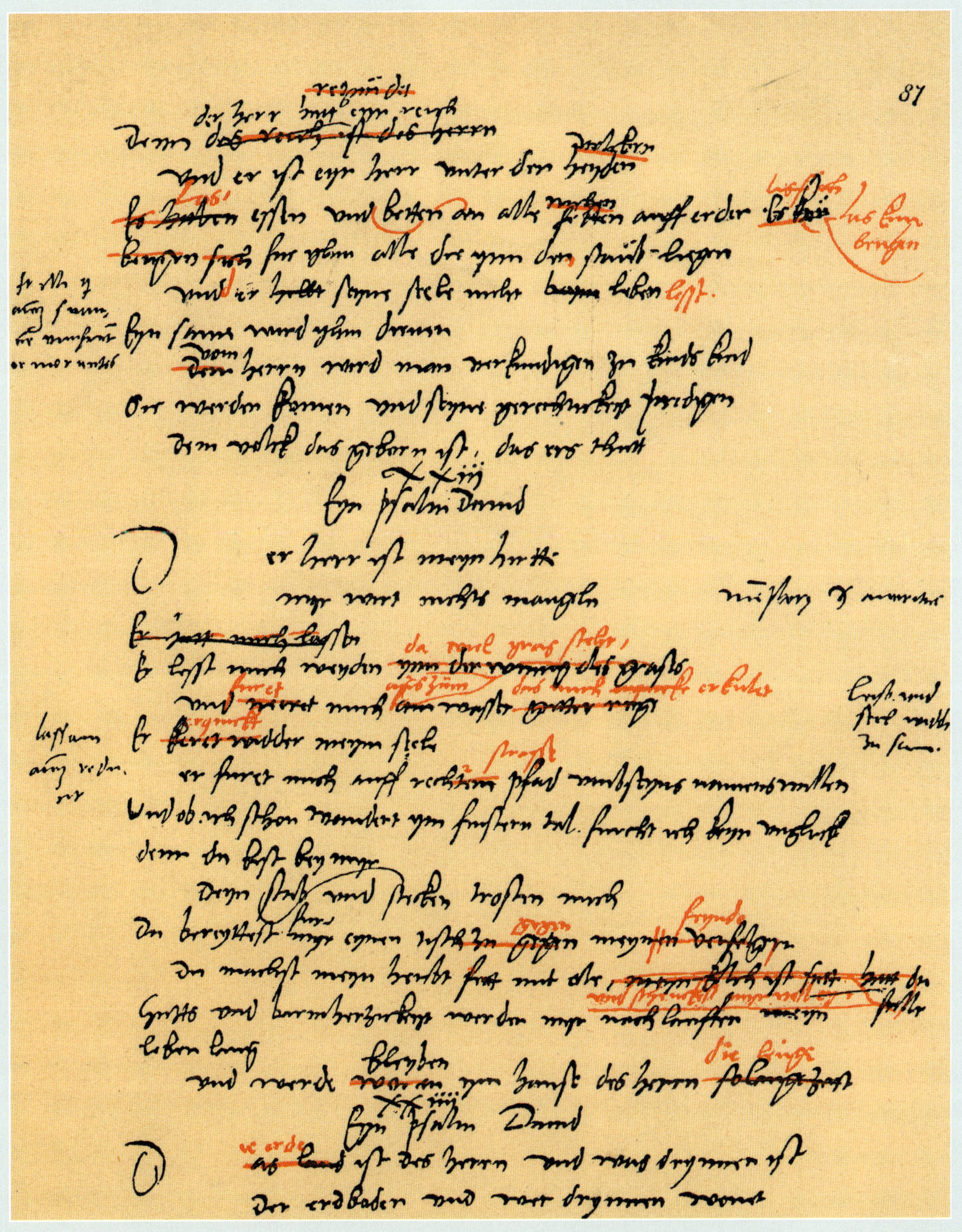

Während Bücher wie Judit in der katholischen Kirche zum festen Bestandteil der Bibel gehören, gerieten sie in den Kirchen der Reformation aufs Abstellgleis. Das Gemälde von Jacopo Palma, genannt Palma il Giovane, zeigt Judit und ihre Dienerin mit dem Haupt des Holofernes.

10. Aufs Abstellgleis geschoben:

DIE APOKRYPHEN

Die Assyrer belagern die geheimnisvolle Stadt Betulia, die symbolisch für Jerusalem steht. Dort lebt die attraktive Witwe Judit, eine gottesfürchtige Frau. Sie schleicht sich durch das Stadttor und betritt das Feldlager der Besatzer. Angeblich will sie ihr Volk verraten und den Feinden einen Geheimweg verraten. Judit trägt ihr Prachtgewand und kostbaren Schmuck. Das Haar ist kunstvoll frisiert. Der Duft des erlesenen Salböls, das sie aufgetragen hat, entfaltet seine verführerische Wirkung. Nur allzu gern öffnet ihr der assyrische Feldherr Holofernes sein luxuriöses Zelt, dessen Mückennetz aus Purpur und Gold besteht. Beim romantischen Abendessen kreisen seine Gedanken um die bevorstehende Nacht. Voller Vorfreude auf das erotische Abenteuer blickt er tiefer in den Becher, als ihm guttut. Als Holofernes vom Wein übermannt wird, schlägt Judit eiskalt zu. Sie enthauptet den Belagerer der heiligen Stadt mit seinem eigenen Schwert. Gott hat sein Volk auf spektakuläre Weise durch die Hände einer attraktiven Frau gerettet. Dabei entbehrt es nicht der Ironie, dass der vor Leidenschaft kopflos gewordene Holofernes am Ende tatsächlich auch den Kopf verliert. Evangelischen Gläubigen ist diese Geschichte weithin unbekannt. Viele ahnen nicht einmal, dass es sich nur um einen Künstlernamen handeln kann, wenn die Sängerin der Band Wir sind Helden *Judith Holofernes heißt. Judit zählt zu den Büchern, die in der katholischen Kirche fester Bestandteil der Bibel sind, während sie in den Kirchen der Reformation als Apokryphen aufs Abstellgleis gerieten. Wenn es so etwas wie Verlierer bei Luthers Bibelübersetzung gibt, dann sind es diese Schriften.*

Der Streit um den Kanon des Alten Testaments

Apokryphen sind verborgene Bücher, die nicht in den Bibelkanon aufgenommen wurden. Es gibt eine Fülle alttestamentlicher und neutestamentlicher Apokryphen. Zu Letzteren zählt der in der Kirche des Spätmittelalters in hohem Ansehen stehende Laodizenerbrief, aber auch eine Vielzahl außerkanonischer Evangelien, Apostelakten und Apokalypsen. Im engeren Sinne versteht man unter Apokryphen im Protestantismus eine ausgewählte Gruppe jüdischer Schriften aus spätalttestamentlicher Zeit, die in der hebräischen Bibel fehlen und nur durch die Septuaginta bzw. Vulgata in unsere Bibelausgaben gelangt sind. Diese schon von Hieronymus als Apokryphen etikettierten Schriften bieten faszinierende Einblicke in die Erzählkunst und Gedankenwelt des Judentums kurz vor der Entstehung des Christentums. Statt von Apokryphen wird auch von deuterokanonischen Schriften gesprochen. Dieser Begriff geht auf Sixtus von Siena zurück, der in seiner *Bibliotheca sancta* von 1566 erstmals von proto- und deuterokanonischen alttestamentlichen Büchern spricht, also zwischen einem durch die hebräischen Schriften repräsentierten ersten Kanon und einem durch die zusätzlichen Schriften gebildeten zweiten Kanon innerhalb des Alten Testaments unterscheidet. Dass die hebräische Bibel und die Septuaginta in der Anzahl der heiligen Schriften voneinander abweichen, führte schon in der Alten Kirche zu Kontroversen um den exakten Umfang des Alten Testaments. In der Reformationszeit entbrannte dieser Streit aufs Neue und endete damit, dass Katholiken und Protestanten einen unterschiedlichen Bibelkanon haben.

Die erste christliche Aufzählung des alttestamentlichen Kanons stammt aus der Feder des Bischofs Melito von Sardes. Er war im 2. Jh. eigens in den Orient gereist, um Informationen über die Bücher des Alten Testaments einzuholen. Sein Kanon deckt sich im Wesentlichen mit dem des Tanach, der hebräischen Bibel der Rabbinen. Es fehlen lediglich das Buch Ester, das im Judentum lange umstritten war, und die Klagelieder. Der Osterfestbrief des Bischofs Athanasius von Alexandria aus dem Jahr 367 orientiert sich beim Umfang des Alten Testaments ebenfalls an den Büchern der hebräischen Bibel. Er betrachtet aber auch Baruch und den Brief des Jeremia aus der Septuaginta als kanonisch. Umgekehrt rechnet er Ester zusammen mit der Weisheit Salomos, Jesus Sirach, Judit und Tobit zu den außerkanonischen Büchern, die keine Quellen des Heils darstellten, aber zur Unterweisung der Taufbewerber zugelassen seien. Im Westen der Kirche machten hingegen Ende des 4. Jh.s die Synoden von Hippo und Karthago unter maßgeblichem Einfluss Augustins einen alttestamentlichen Bibelkanon verbindlich, der sich an der Septuaginta orientierte. Obwohl Hieronymus bei seiner lateinischen Übersetzung dem Kanon der hebräischen Bibel folgte, setzte sich eine Vulgata durch, die neben den Schriften der hebräischen Bibel auch noch Tobit, Judit, die ersten beiden Makkabäerbücher, die Weisheit Salomos, Jesus Sirach, Baruch, den Brief des Jeremia und die Zusätze zu Ester und Daniel umfasst. In viele mittelalterliche Vulgatahandschriften hielten zudem das Gebet

Melito von Sardes war der Erste, der einen christlichen Kanon des Alten Testaments formulierte. Druck aus dem Atelier von Michael Wolgemut, 1493

des Manasse, das dritte und vierte Esrabuch, das dritte Makkabäerbuch und der Laodizenerbrief Einzug.

Martin Luther knüpfte dagegen, wie vor ihm auch schon Andreas Karlstadt, bei der Umfangsbestimmung des Kanons wieder an Hieronymus an. Die Bücher oder Textpassagen, welche die Vulgata zusätzlich zur hebräischen Bibel enthält, verwarf er nicht, verbannte sie aber als Anhang zum Alten Testament in die neu geschaffene Schriftengruppe der Apokryphen. Diese seien der Schrift nicht gleich gehalten, aber nützlich zu lesen. Wie die biblischen Bücher wurden sie zudem mit Vorreden bedacht. Anders sieht es mit jenen zusätzlichen Schriften aus, die nur in einem Teil der mittelalterlichen Vulgatahandschriften überliefert sind. Von ihnen hielt Luther lediglich am Gebet des Manasse fest. Dagegen verwehrte er neben dem dritten Makkabäerbuch, das bis heute in der griechisch-orthodoxen Kirche zur Heiligen Schrift gehört, auch dem dritten und vierten Esrabuch die Aufnahme in die Schriftengruppe der alttestamentlichen Apokryphen. Dort finde sich nichts, was man nicht viel besser bei Äsop oder noch geringeren Schriftstellern nachlesen könne. Zudem kritisierte er am vierten Esrabuch dessen unverständliche Traumvisionen.

Nachlässige Behandlung der Apokryphen

Im Vergleich zu den Büchern der hebräischen Bibel, die aus dem Urtext ins Deutsche übertragen wurden, hat Luther die apokryphen Schriften des Alten Testaments nachlässig behandelt. Ihre Übersetzung erfolgte mehr aus der Vulgata als aus der Septuaginta. Dass Luther in diesem Punkt gegen das humanistische Prinzip des Rückbezugs auf die ältesten Quellen verstieß, erklärt sich aus dem Zeitdruck, unter dem er stand. Nachdem 1532 die Übersetzung der alttestamentlichen Prophetenbücher endlich zum Abschluss gekommen war, stellten die Apokryphen das letzte fehlende Puzzlestück dar, das dem Druck der ersten vollständigen Lutherbibel noch im Wege stand. Bis auf die Weisheit Salomos, die Luther 1529 ins Deutsche übertragen und als Sonderdruck publiziert hatte, lag aus dieser Schriftengruppe noch nichts vor. Dagegen hatte der Zürcher Reformator Leo Jud im März 1529 bereits eine vollständige deutsche Übersetzung der Apokryphen herausgebracht.

Von den Entwicklungen im Buchhandel war Luther längst überrollt worden. Die kaufkräftigen Kunden erwarteten sehnlichst das Erscheinen der aus dem Urtext übersetzten Gesamtbibel. Wer als Erster damit auf den Markt kam, konnte viel Geld verdienen. Da die Mühlen in Wittenberg zu langsam mahlten, stellten die Drucker anderenorts kurzerhand kombinierte Bibeln her, die im Kern auf dem Luthertext beruhten und die noch fehlenden Teile durch die Übersetzungen anderer Reformatoren ergänzten. Peter Schöffer brachte 1529 in Worms die erste evangelische Vollbibel dieser Art heraus. Binnen kürzester Zeit folgten Wolf Köpfel in Straßburg und Christoph Froschauer in Zürich seinem Beispiel. Luther stand damit unter Zugzwang. Er musste das Heft des Handelns über seine Bibel, die durch die Vermischung mit fremden und von ihm abgelehnten Übersetzungen verwässert worden war, zurückgewinnen. Zudem entstanden den Wittenberger Druckern und Verlegern erhebliche finanzielle Einbußen, da sie ohne eine eigene Vollbibel nicht mehr konkurrenzfähig waren. Diese Umstände waren in Verbindung mit Luthers angegriffener Gesundheit und allgemeiner Arbeitsüberlastung der Grund dafür, dass er fremde Hilfe in Anspruch nahm. Bis auf die schon vorliegende Weisheit Salomos und einige Kapitel aus Jesus Sirach wurden die Apokryphen in den Jahren 1533 und 1534 wohl im Wesentlichen von Luthers Wittenberger Freunden ins Deutsche übertragen. Zumindest ist verbürgt, dass Philipp Melanchthon an den Makkabäerbüchern und Justus Jonas am Buch Tobit arbeitete. Für eine gründliche Durchsicht und Redaktion der Manuskripte fehlte die Zeit. Zudem wird häufig der Vorwurf erhoben, dass an vielen Stellen statt des gehaltvollen Lutherklangs das nüchterne Gelehrtendeutsch Melanchthons vorherrschte.

Im Laufe der Geschichte der Lutherbibel kam es zwar immer wieder zu sprachlichen Überarbeitungen im Bereich der Apokryphen, doch wurde insgesamt wenig Mühe auf diese Schriftengruppe verwandt, da man ihr keine allzu große Bedeutung beimaß. Nachdem im späten 20. Jh. in der Reihe *Jüdische Schriften aus hellenistisch-römischer Zeit* deutsche Übersetzungen der alttestamentlichen Apokryphen erschienen

waren, die sich am ältesten griechischen Text orientieren und zudem neu gefundene hebräische oder aramäische Fragmente einzelner Bücher berücksichtigen, hatten die Apokryphen der Lutherbibel aus bibelwissenschaftlicher Perspektive nur noch Museumswert. Behoben wurden diese Schwachstellen erst bei der revidierten Ausgabe von 2017, für die man den größten Teil der Apokryphen auf der Grundlage der ältesten verfügbaren Quellentexte neu ins Deutsche übertrug.

Inhalt und Bedeutung der Apokryphen

Eröffnet wird die Schriftengruppe der Apokryphen in der Lutherbibel vom Buch Judit, das die Geschichte der göttlichen Errettung Betulias durch die attraktive Witwe Judit erzählt. Das Werk entstand Ende des 2. Jh.s v. Chr. auf Hebräisch, blieb aber nur in der griechischen Übersetzung der Septuaginta erhalten. Das Juditbuch gibt sich als geschichtlicher Bericht aus. Allerdings ist der vom Autor geschaffene historische Rahmen in vielerlei Hinsicht unstimmig und dient nur als Staffage für die frei erfundene Handlung. Es handelt sich um einen Roman, der mit seinen Ingredienzien Macht, Erotik und Mord hohen Unterhaltungswert besitzt, aber auch eine klare theologische Botschaft beinhaltet. Im Zentrum der lehrhaften Passagen stehen der Monotheismus, die Souveränität Gottes und die Bedeutung eines konsequent an der Tora ausgerichteten Lebens. In der Person Judits verdichten sich Eigenschaften großer Frauen aus der Frühzeit Israels. Insbesondere ruft Judit die Erinnerung an Jaël aus dem vierten Kapitel des Richterbuchs wach, die dem kanaanäischen Feldherrn Sisera in ihrem Schlafzelt einen Pflock durch den Kopf getrieben hatte. Luther maß dem Juditbuch keinen geschichtlichen Wert bei, sondern betrachtete es als „ein geistlich schön Gedicht", das für Christen nützlich zu lesen sei. Es lehre, in allen Nöten auf Gott zu vertrauen und alle Hilfe von ihm zu erhoffen.

An das Buch Judit schließt sich in der Lutherbibel das Buch der Weisheit an, in dessen Zentrum die Enthüllung des Wesens und Ursprungs der Weisheit steht. Das Werk atmet den Geist des Alten Testaments und ist gleichzeitig von zentralen Gedanken

Die Druckerei von Peter Schöffer in Mainz. Sein gleichnamiger Sohn erlernte dort das Handwerk, bevor er sich in Worms selbstständig machte. Später wirkte er in Straßburg, Basel und Venedig. Kolorierter Holzschnitt aus dem 16. Jh.

der griechischen Philosophie durchdrungen. Im Mittelteil des Buches ergreift ein anonym bleibender Redner das Wort, der vom wunderbaren Wirken der Weisheit in seinem eigenen Leben und in der Geschichte Israels spricht. Da er unverkennbar die Züge des Königs Salomo trägt, begegnet das Werk in den griechischen Bibelhandschriften unter dem Titel *Weisheit Salomos*. Allerdings stellten bereits Hieronymus und Augustin infrage, dass der große jüdische König und Patron des weisheitlichen Denkens tatsächlich der Autor war. Das Buch ist wahrscheinlich um die Zeitenwende im ägyptischen Alexandria, der Metropole jüdisch-hellenistischer Gelehrsamkeit, entstanden. Luther vermutete in Übereinstimmung mit einem Teil der Kirchenväter Philo von Alexandria als Verfasser des Weisheitsbuchs und war der Meinung, dass viel Gutes darin stehe. Insbesondere sollten es die weltlichen Herren lesen, die daraus lernen könnten, dass sie ihre Gewalt von Gott haben und diese nicht tyrannisch gegen ihre Untertanen missbrauchen dürfen. Die Erstausgabe seiner Übersetzung von 1529 trug sogar den Untertitel *An die Tyrannen*.

Das um 200 v. Chr. entstandene Buch Tobit ist ein von der jüdischen Weisheit inspirierter Roman mit lehrhaften Zügen. Es entwirft in unterhaltsamer Form das Ideal des gottgefälligen Lebens in der Diaspora und bringt die Überzeugung zum Ausdruck, dass Gott auch fernab des Heiligen Landes die Gebete der leidenden Gerechten erhört und seine Getreuen durch alle Gefahren geleitet. Die Handlung spielt in der Zeit des assyrischen Königs Asarhaddon (681–669 v. Chr.), umspannt aber in Form des Rückblicks und der Vorschau die jüdische Geschichte von der Zeit vor der assyrischen Invasion bis zum Wiederaufbau des Jerusalemer Tempels nach dem Babylonischen Exil. Im Mittelpunkt des Geschehens steht die Figur des frommen Juden Tobit, der in der Diaspora unverschuldet erblindet und auf wunderbare Weise das Augenlicht zurückgewinnt. Damit verschränkt wird die Geschichte von Sara, der bereits siebenmal immer in der Hochzeitsnacht der Bräutigam von einem bösen Geist hinweggerafft wurde, bis es ein Happy End mit Tobits Sohn Tobias gibt. Die alte Vermutung, dass das nur auf Griechisch überlieferte Buch Tobit auf ein hebräisches oder aramäisches Original zurückgeht, hat sich durch die Entdeckung entsprechender Textfragmente in den Höhlen von Qumran bestätigt. Luther rechnete das Buch Tobit zu den Komödien und betrachtete es als geistreiche Erfindung eines hebräischen Poeten. Mit seiner Botschaft, dass Gott immer gnädiglich hilft und am Ende allen Übels die Freude steht, sei das Buch auch für Christen gut und nützlich zu lesen.

Das Weisheitsbuch des Jesus Sirach aus dem frühen 2. Jh. v. Chr. ist in der lateinischen Bibel unter dem Titel *Ecclesiasticus* überliefert. Jesus Sirach war ein aus priesterlichen Kreisen stammender Schriftgelehrter. Er fasst den reichen Erfahrungsschatz der Weisheit seiner Zeit zusammen und bietet an zentralen Stellen seines Buchs in poetischer Form grundsätzliche Reflexionen über das Wesen der Weisheit. Das Werk wurde auf Hebräisch geschrieben, war aber bis in die Neuzeit nur noch in Übersetzungen bekannt. Die Fassung in der Septuaginta geht auf den Enkel des Jesus Sirach zurück, der im Prolog berichtet, dass er im Jahr 132 v. Chr. nach Ägypten kam und dort das Werk seines Großvaters ins Griechische übertrug, um es einem hellenistisch geprägten Lesepublikum zugänglich zu machen. Erst eine 1896 in der Karäersynagoge von Kairo entdeckte Handschrift brachte die hebräische Urform des Buches zu etwa zwei Dritteln wieder ans Tageslicht. Im 20. Jh. kam der Fund weiterer hebräischer Textfragmente in den Höhlen von Qumran und auf Masada dazu. Das Buch, das auch bei den neutestamentlichen Autoren hohe Wertschätzung genoss, verfehlte die Aufnahme in den hebräischen Bibelkanon nur um Haaresbreite. Im antiken Judentum galt es lange Zeit als heilige Schrift, bevor die Rabbinen es verwarfen. Eine zentrale Rolle spielte dabei Rabbi Akiba, der 135 n. Chr. im Bar-Kochba-Aufstand starb. Von ihm ist im Talmud die Aussage überliefert, dass jeder, der in Jesus Sirach liest, keinen Anteil am ewigen Leben habe. Für Luther ist Jesus Sirach zwar kein mustergültig erarbeitetes Meisterwerk, aber er schätzt es als Sammlung praktischer Lebensregeln. Wie eine Biene aus vielen Blüten den Saft sauge und zu Honig vermenge, so habe der Autor aus vielen Büchern das Nützlichste zusammengezogen und vermischt. Ein christlicher Hausvater könne aus dem Buch lernen, wie man sich richtig gegenüber Gott, den Familienangehörigen, den Bediensteten, den Nachbarn und der Obrigkeit verhalten soll.

Weisheitsroman mit Happy End: Tobits Sohn Tobias heiratet Sara. Druck von Symon Novelanus, zwischen 1560 und 1590

Das Buch Baruch führt in die Zeit des Babylonischen Exils. Sein Verfasser stellt sich als Baruch vor, der aus dem Jeremiabuch als Sekretär des Propheten bekannt ist. Unter seinem Namen sind eine Reihe apokrypher Schriften des antiken Judentums überliefert, ohne dass er sie tatsächlich geschrieben hätte. Auch das Buch Baruch stammt nicht von ihm. Es verarbeitet um 100 v. Chr. in Form geschichtstheologischer Reflexion die Erfahrungen des Babylonischen Exils, das als selbst verschuldete Strafe Gottes interpretiert wird. Gleichzeitig spricht Baruch die Zuversicht aus, dass Gott ein Sündenbekenntnis seines erwählten Volks immer mit der Errettung aus der Not beantworten wird. Das Werk ist zwar in den alten Handschriften nur auf Griechisch überliefert, doch deuten sprachliche Eigenheiten darauf hin, dass es sich um die Übersetzung einer hebräischen Urfassung handelt. Ursprünglich nichts mit dem Buch Baruch zu tun hat der heute als dessen sechstes Kapitel geführte Brief des Jeremia. Die wohl irgendwann in hellenistischer Zeit entstandene Schrift ist formal kein Brief, sondern eine lehrhafte Abhandlung. Sie reiht sich in die Fülle der fiktiven Jeremialiteratur ein, zu der beispielsweise auch die Klagelieder und die Paralipomena („das Ausgelassene") des Jeremia gehören. Der unbekannte Verfasser gibt sein Traktat als Abschrift eines Jeremiabriefes aus, der sich an die später nach Babylon deportierten Juden richtete. Zeitlich ist das fiktive Schreiben in der Situation vor dem Exil angesiedelt. Der Autor sagt den Adressaten angesichts ihrer gegen Gott begangenen Sünden die baldige Deportation durch Nebukadnezar voraus und gibt ihnen Anweisungen, wie sie sich in Babylon verhalten sollen. Dabei geht

es im Wesentlichen um die Warnung vor dem babylonischen Kult, der kenntnisreich beschrieben wird. Die Adressaten sollen sich von der Pracht der babylonischen Götterbilder nicht beeindrucken lassen und der Versuchung zum Götzendienst widerstehen. In der lateinischsprachigen Kirche ordnete man bei der Zusammenstellung des Kanons den Brief des Jeremia hinter dem Buch Baruch ein, sodass beide Schriften in der Vulgata miteinander verschmolzen. Luther hielt keine großen Stücke auf das Buch Baruch. Es sei nicht besonders geistreich und voller falscher Zeitangaben. Nach eigenem Bekunden hätte er es am liebsten völlig gestrichen und beließ es nur deshalb in der Schriftengruppe der apokryphen Bücher, weil es das Mosegesetz vor Augen hält und entschieden gegen die Abgötterei eintritt.

Das erste Makkabäerbuch, dessen hebräische Urfassung Hieronymus noch vorlag, blieb nur dank der Septuaginta erhalten. Es dürfte um 100 v. Chr. in Jerusalem entstanden sein und hat die Ereignisse vom Feldzug Alexanders des Großen gegen die Perser (334 v. Chr.) bis zum Tod des hasmonäischen Priesterfürsten Simon (135 v. Chr.) zum Inhalt. Im Mittelpunkt der Darstellung stehen die geschichtlichen Entwicklungen unter der Herrschaft des syrischen Königs Antiochus IV., die zum Aufstand der Makkabäer und zur Errichtung der Herrscherdynastie der Hasmonäer führten. Die Makkabäer bzw. Hasmonäer waren eine jüdische Priesterfamilie, die im 2. Jh. v. Chr. zunächst die Religionsfreiheit und dann auch die politische Unabhängigkeit von den syrischen Seleukiden erkämpfte. Der unbekannte Autor hat zahlreiche offizielle Dokumente in sein Werk aufgenommen, die ihm vermutlich aus dem Hofarchiv der Hasmonäer zugänglich waren. Martin Luther schätzte das Buch sehr und maß ihm geradezu kanonische Würde bei, da es zur Entschlüsselung der rätselhaften Visionen in Daniel 11 beiträgt. Zudem enthält es die für ihn wichtige Botschaft, dass Tyrannen wie Antiochus IV. bei Gott nicht ungestraft davonkommen.

Das etwa zeitgleich entstandene zweite Makkabäerbuch stellt keine Fortsetzung des ersten Makkabäerbuchs dar, sondern überschneidet sich inhaltlich mit ihm. Der unbekannte Autor bietet einen mit redaktionellen Erweiterungen versehenen Auszug

Nicht nur in Qumran, auch auf Masada fand man Fragmente des Buchs Jesus Sirach.

aus dem verschollenen Geschichtswerk des Jason von Kyrene über den Aufstand der Makkabäer. Die Darstellung deckt den Zeitraum von 187 bis 161 v. Chr. ab und ist auf Judas Makkabäus fokussiert. Mit Ausnahme der vorangestellten Briefe, die sich als Übersetzungen aus dem Hebräischen erweisen, wurde das Werk auf Griechisch abgefasst. Neben legendarischem Material liefert es vor allem für die Vorgeschichte des jüdischen Aufstandes historisch wertvolle Nachrichten. Andererseits gerät dem Autor bei seinen Exzerpten aus der Schrift des Jason die Abfolge der Ereignisse zuweilen durcheinander, und es entstehen Doppelungen. Luther äußerte sich abwertend zu dem Werk, das der Autor nicht gerade meisterlich aus vielen Büchern zusammengeflickt habe. Hinzu kam, dass sich sein Erzfeind Johannes Eck 1519 bei der Leipziger Disputation für die Lehre vom Fegefeuer auf 2 Makkabäer 12,43–46 berufen hatte. Luther schätzte aber an dem Buch die Geschichte von den sieben Märtyrern und ihrer Mutter, die lieber starben, als gegen das Gesetz Gottes zu verstoßen.

In den Büchern Ester und Daniel finden sich in der Septuaginta Ergänzungen zum hebräischen Text, die auch in die Vulgata aufgenommen wurden. Die über das gesamte Buch verteilten Zusätze zu Ester beinhalten unter anderem die Traumvision Mordechais, die beiden Dekrete des Artaxerxes und die Gebete von Mordechai und Ester. In Daniel 3 überliefert die Septuaginta über die hebräische Bibel hinaus die Gesänge der drei Männer im Feuerofen, in Daniel 13 die Susanna-Geschichte und in Daniel 14 die Erzählung von Bel und dem Drachen. Luther begegnete den Zusätzen zu Ester und Daniel mit hoher Wertschätzung, löste sie aber aus ihrem Zusammenhang heraus und rückte sie in die Schriftengruppe der Apokryphen, wobei er teilweise auch die Anordnung der Textstücke neu arrangierte. Sein Vorgehen vergleicht er mit dem Umpflanzen von Kornblumen. Diese hätten im Ährenfeld nichts zu suchen und müssten ausgerauft werden. Man setze sie aber in ein Gartenbeet, da sie es wert seien, vor dem Verderben bewahrt zu werden.

Links: Das erste Makkabäerbuch schildert unter anderem den Makkabäeraufstand, der die Herrschaft der Hasmonäer zur Folge hatte.

Oben: In Daniel 3 überliefert die Septuaginta über die hebräische Bibel hinaus die Gesänge der drei Männer im Feuerofen. Holzschnitt von Hans Holbein dem Jüngeren, 1538

Das Gebet des Manasse

Eine Sonderrolle nimmt in der Lutherbibel das aus der Sammlung der Oden stammende Gebet des Manasse ein, das in der Gutenbergbibel und den meisten deutschen Bibeln der vorreformatorischen Zeit als Anhang zum zweiten Chronikbuch überliefert ist. Das Gebet ist ein eindrucksvolles Zeugnis jüdischer Frömmigkeit. Es setzt mit einem hymnischen Lobpreis der Allmacht Gottes ein, die sich in seiner Schöpferkraft und Herrlichkeit zeigt. Danach schildert der Beter die schwer auf ihm lastende Schuld und ist sich der Verantwortlichkeit für seine Untaten bewusst. In seiner verzweifelten Lage wendet er sich vertrauensvoll an Gott und setzt all seine Hoffnung auf dessen Barmherzigkeit, indem er reumütig seine Verfehlungen bekennt. Anders als Abraham, Isaak und Jakob, die sich nicht vor Gott versündigt hätten, sieht er sich der Vergebung bedürftig und tut inständig Buße. Andreas Karlstadt fällte 1520 in seiner Schrift über die kanonischen Bücher ein vernichtendes Urteil über dieses Gebet. Mit der Vorstellung von der Sündlosigkeit der Erzväter vertrete es falsche Lehren, da in Wirklichkeit kein Mensch ohne Sünde sei. Luther hingegen hat das Gebet des Manasse sehr geschätzt und 1519 in seine Schrift *Eine kurze Unterweisung, wie man beichten soll* aufgenommen. Später begegnet das Gebet des Manasse auch in der überarbeiteten Fassung des Betbüchleins von 1525 und fand 1534 schließlich Aufnahme in die Gesamtausgabe der Lutherbibel. Dort wird es, ohne im Inhaltsverzeichnis erwähnt oder mit einer Vorrede bedacht zu sein, als Anhang zu den Apokryphen abgedruckt und markiert als vorbildhaftes Bußgebet des Sünders den Abschluss des Alten Testaments.

Das Konzil von Trient und die Neueditionen der Vulgata

Auf dem Konzil von Trient wurde der Kanon im Umfang der Vulgata für verbindlich erklärt. Gemälde eines unbekannten Malers, spätes 17. Jh.

Die Reformation erschütterte die katholische Kirche in ihren Grundfesten und stellte sie vor die Herausforderung, auf die neuen Lehren und Entwicklungen zu reagieren. Dies geschah auf dem Konzil von Trient, das zwischen 1545 und 1563 in drei Tagungsperioden mit 25 Sitzungen abgehalten wurde. Eine von vielen wichtigen Aufgaben des Konzils bestand darin, zu den evangelischen Bibeln Stellung zu beziehen. Dazu fasste es in seiner vierten Sitzung am 8. April 1546 zwei richtungsweisende Beschlüsse. In dem Dekret *Über die kanonischen Schriften* wurde der Kanon im Umfang der Vulgata für verbindlich erklärt. Die von Luther als Apokryphen bezeichneten Schriften blieben damit ein regulärer und vollwertiger Bestandteil der katholischen Bibel. Denjenigen, die nicht die Vulgata mit all ihren Teilen als kanonisch anerkennen, wird der Bann angedroht. Bei der Aufzählung der kanonischen Bücher fehlen allerdings das Gebet des Manasse und das dritte wie vierte Esrabuch. Zudem wird die Zahl der Psalmen ausdrücklich auf 150 begrenzt, um den Psalm 151 der Septuaginta außen vor zu halten. Ergänzend erklärte das Tridentinum durch das Dekret *Über den Gebrauch und die Herausgabe der heiligen Schriften* den Wortlaut der Vulgata zu der für Vorlesungen, Disputationen und Predigten maßgeblichen Textform. Dabei wurde festgelegt, dass der Druck und Vertrieb von Bibeln nicht ohne kirchliche Genehmigung erfolgen dürften.

Durch die Beschlüsse des tridentinischen Konzils ergab sich die Notwendigkeit einer offiziellen Neuausgabe der Vulgata. Zunächst erschien im Jahr 1590 die auf Veranlassung von Papst Sixtus V. erarbeitete Vulgata Sixtina. Diese wurde aber bald als unzulänglich empfunden und 1592 von der durch Papst Clemens VIII. in Auftrag gegebenen Vulgata Clementina abgelöst. Sie folgt im Umfang des Kanons selbstverständlich den Festlegungen von Trient. Als Appendix werden aber im Anschluss an die Johannesoffenbarung das Gebet des Manasse, das dritte und vierte Esrabuch, der Psalm 151 und der Laodizenerbrief abgedruckt. Damit erhob man diese Schriften gewissermaßen zu den Apokryphen der katholischen Gläubigen, die zwar nicht zum Kanon gehören, deren Lektüre aber von Nutzen sein kann. Die Revision der Vulgata Clementina von 1598 erlangte dann in der katholischen Kirche allgemeine Geltung. Sie blieb über viele Jahrhunderte die normative Textausgabe, bis Papst Pius X. 1907 den Benediktinerorden mit einer Neubearbeitung betraute, die dem aktuellen Stand der Textforschung Rechnung tragen sollte. Das Ergebnis war die seit 1969 vollständig vorliegende Biblia Sacra Vulgata, deren fünfte Auflage von 2007 derzeit die maßgebliche wissenschaftliche Edition darstellt und die es seit 2018 auch in deutscher Übersetzung gibt. Für den liturgischen Gebrauch ist in der

Umstrittene Schriften aus dem Bereich der Apokryphen bzw. Deuterokanonen

	GEBET DES MANASSE	3 ESRA	4 ESRA	3 MAKKABÄER	LAODIZENERBRIEF
Gutenbergbibel 1455	✓	✓	✓	–	–
Mentelinbibel 1466	–	✓	–	–	✓
Kobergerbibel 1483	✓	✓	–	–	✓
Lübecker Bibel 1494	✓	✓	✓	–	–
Schöfferbibel 1529	✓	✓	✓	✓	✓
Zürcher Bibel 1530/1531/1534	–	✓	✓	✓	–
Dietenbergerbibel 1534	✓	✓	✓	–	✓
Lutherbibel 1534	✓	–	–	–	–
Eckbibel 1537	–	✓	✓	–	–
Vulgata Clementina 1592	(als Anhang)	(als Anhang)	(als Anhang)	–	(als Anhang)

katholischen Kirche dagegen die vom Zweiten Vatikanischen Konzil (1962–1965) angeregte und 1979 erschienene Nova Vulgata maßgeblich. Insgesamt hat die Vulgata jedoch stark an Bedeutung eingebüßt, da mit diesem Konzil auch eine Öffnung gegenüber Bibelübersetzungen in die jeweiligen Landessprachen verbunden war. Dies führte im deutschsprachigen Bereich zu der 1980 erschienenen und seit 2016 in revidierter Form vorliegenden Einheitsübersetzung. Sie beruht nicht auf der Vulgata, sondern orientiert sich wie die Lutherbibel und die Zürcher Bibel unter Berücksichtigung des aktuellen Standes der Textforschung am hebräischen und griechischen Urtext der biblischen Schriften. Während die Einheitsübersetzung von 1980 unter Mitwirkung evangelischer Theologen entstand und im Bereich des Psalters und Neuen Testaments ökumenisch verantwortet wurde, kam es im Vorfeld der Neubearbeitung aufgrund von Konflikten zu einem Rückzug der evangelischen Kirche aus dem Projekt. Die revidierte Einheitsübersetzung ist somit eine rein katholische Bibel.

Die weitere Geschichte der Apokryphen

Indem Luther die über die hebräische Bibel hinausgehenden Schriften der Vulgata als separaten Block zusammenfasste und ans Ende des Alten Testaments rückte, schuf er eine neue Rangordnung im Bibelkanon. Damit leitete er eine Entwicklung ein, die in den Kirchen der Reformation zu einem weitgehenden Bedeutungsverlust der dort als Apokryphen bezeichneten Werke führte. Alle Bibelausgaben der Reformationszeit – sei es die Lutherbibel, die Zürcher Bibel oder die Genfer Bibel – drucken zwar die apokryphen Bücher ab. Die Zürcher Bibel nahm anfangs sogar das dritte und vierte Esrabuch sowie das dritte Makkabäerbuch auf. Die Apokryphen wurden aber zu Schriften zweiter Klasse. Damit scheiden sie in den Kirchen der Reformation für die Begründung von dogmatisch-theologischen Aussagen aus, während sich die katholische Kirche bei Lehren wie etwa der Vorstellung vom Fegefeuer oder der Überzeugung, dass die Gebete den Toten helfen, auf sie stützt. Zwingli vergleicht die Apokryphen mit unehelichen Kindern und spricht ihnen die Klarheit der Schrift ab. Ihr einziger Makel ist allerdings, dass sie nicht auf Hebräisch vorliegen. Der Ausschluss der Apokryphen aus dem Kanon durch Luther und die anderen Reformatoren erfolgte aufgrund des vom Humanismus geprägten Rückgriffs auf das Alte Testament in der Ursprache. Auch in der protestantischen Bibelwissenschaft gibt es nicht wenige Stimmen, die dies sowohl in literaturgeschichtlicher als auch in theologischer Hinsicht für eine kapitale Fehlentscheidung halten.

Anders als die lutherischen Kirchen haben die reformierten Kirchen die Unterlegenheit der Apokryphen gegenüber den kanonischen Schriften in einige ihrer Bekenntnisse wie die *Confessio Gallicana* von 1559, die *Confessio Belgica* von 1561 und die *Confessio Helvetica Posterior* von 1566 aufgenommen. Auch die 39 Artikel der anglikanischen Kirche von 1563 lassen die Apokryphen zwar zur Lektüre und sittlichen Erbauung zu, untersagen aber ihre Heranziehung zur Begründung von Glaubenslehren. In der lutherischen Orthodoxie kam es im Zuge der umstrittenen Lehre von der Verbalinspiration der Heiligen Schrift zu einer nochmaligen Abwertung der Apokryphen, da sie nicht auf Hebräisch als der Sprache des göttlich inspirierten Alten Testaments überliefert waren. Weiter vorangetrieben wurde die Ausgrenzung durch die British and Foreign Bible Society in London. Nachdem diese schon ihren eigenen Bibeln die Apokryphen nicht mehr beigegeben hatte, fällte sie 1822 die Entscheidung, auch ausländische Bibeldrucke mit Apokryphen nicht länger zu fördern. Dies führte zu schweren Turbulenzen in den deutschen Bibelgesellschaften, die fast alle Anfang des 19. Jh.s mit Unterstützung der British and Foreign Bible Society entstanden waren. Mehrheitlich lehnte man zwar den Londoner Beschluss ab, duldete aber, dass die British and Foreign Bible Society ab 1830 durch eigene Agenturen in Deutschland Lutherbibeln ohne Apokryphen verbreitete. Im letzten Drittel des 19. Jh.s nahmen die meisten Bibelgesellschaften dann angesichts steigender Nachfrage auch apokryphenlose Lutherbibeln in ihr Sortiment auf. Allerdings galten diese vielen Gläubigen nach wie vor als unvollständige Bibeln. Weitgehend aus der Lutherbibel verdrängt wurden die Apokryphen erst in der Zeit nach dem Zweiten Weltkrieg. Die deutschen Bibelgesellschaften waren in den entbehrungsreichen Nachkriegsjahren auf materielle Hilfe aus dem Ausland angewiesen, die an die Bedingung geknüpft war, davon nur Bibeln ohne Apokryphen zu drucken. Dies war durch das pragmatische Anliegen motiviert, mit den knappen Papierressourcen so viele Bibeln wie möglich herzustellen, entsprach aber gleichzeitig den Grundsätzen der britischen und amerikanischen Bibelgesellschaft. Durch den Gewöhnungseffekt wurde in der zweiten Hälfte des 20. Jh.s die Lutherbibel ohne Apokryphen zur Normalausgabe. Es gab zwar bald auch wieder Ausgaben mit Apokryphen, aber nur besonders Interessierte waren bereit, den Aufpreis dafür zu zahlen. Das Bewusstsein der Zugehörigkeit der Apokryphen zur Bibel ging damit weitgehend verloren.

Die problematische Verdrängung der apokryphen Schriften aus der Lutherbibel nahm erst mit der revidierten Fassung von 2017 ein Ende. Bei ihr wird im Buchhandel die Edition mit den neu aus dem Urtext übersetzten Apokryphen als Standardausgabe angeboten. Dies zog allerdings vonseiten evangelikaler Protestanten sogleich die Kritik einer unzulässigen Aufwertung der Apokryphen nach sich. Solche nicht göttlich inspirierten, zudem von Irrtümern geprägten und seitens der katholischen Kirche zur Begründung ihrer Lehren herangezogenen Schriften hätten in einer evangelischen Bibel eigentlich nichts zu suchen. Die begrüßenswerte Rückbesinnung auf die Apokryphen liegt aber in den Kirchen der Reformation weiterhin voll im Trend und betrifft nicht nur die Lutherbibel. Für die revidierte Zürcher Bibel, die 2007 zunächst ohne die apokryphen bzw. deuterokanonischen Schriften erschien, wurden diese von 2009 bis 2018 neu ins Deutsche übersetzt und sind seit 2019 fester Bestandteil der abschließenden Neuausgabe.

Gebäude der British and Foreign Bible Society in London, um 1890

Im Innern der Herzogin-Anna-Amalia-Bibliothek. Zu den Büchern, die dem Brand im September 2004 nicht zum Opfer fielen, zählt auch ein prachtvoll verziertes Exemplar der ersten vollständigen Lutherbibel aus dem Jahr 1534.

11. Endlich am Ziel:

ERSTE GESAMTAUSGABE DER LUTHERBIBEL

Der 2. September 2004 sollte als rabenschwarzer Tag in die deutsche Kulturgeschichte eingehen. In Weimar steht die Herzogin-Anna-Amalia-Bibliothek in Flammen. Sie beherbergt in ihren Gemäuern unersetzliche Bücherschätze aus dem 16. bis 18. Jh., allesamt kostbare Einzelstücke. Den Einsatzkräften der Feuerwehr und den Bürgern der Stadt bietet sich ein Bild des Schreckens. Es ist der größte Bibliotheksbrand der deutschen Nachkriegsgeschichte. Auch Stunden nach Beendigung der Löscharbeiten schweben noch verkohlte Buchseiten vom Himmel Weimars herab. Am Ende fallen dem verheerenden Feuer mehr als 50 000 Bücher von unschätzbarem Wert zum Opfer. Weitere 62 000 Bücher werden durch Hitze, Flammen oder Löschwasser beschädigt. Nur 28 000 Bücher können völlig unversehrt aus dem Rokokosaal des brennenden Gebäudes gerettet werden. Darunter befindet sich eine Lutherbibel von 1534, die von einzigartiger Bedeutung ist. Sie unterscheidet sich von den etwa 60 weltweit noch erhaltenen anderen Exemplaren der Erstauflage durch ihren prachtvollen Buchschmuck. Die 128 Holzschnitte und Bildinitialen sind nicht einfach koloriert, sondern mit Deckfarben prachtvoll zu Miniaturgemälden ausgestaltet und zum Teil mit Gold verziert. Als die Generalkonferenz der UNESCO am 9. Oktober 2015 in Abu Dhabi 14 Manuskripte, Briefe und Originaldrucke von Martin Luther zum Weltdokumentenerbe erklärt, zählt dazu auch die Lutherbibel aus Weimar, die den Brand zum Glück unbeschadet überlebte.

Die gantze Bibel
der vrsprünglichẽ Ebraischen
vnd Griechischen waarheyt
nach/auffs aller treüwli-
chest verteütschet.

Getruckt zů Zürich bey Christoffel
Froschouer/im Jar als man zalt
M. D. XXXI.

Erste evangelische Vollbibeln

Im Jahr 1529 lagen für sämtliche Teile der Bibel Übersetzungen der Reformatoren aus dem Urtext vor. Luther hatte zu jenem Zeitpunkt neben dem Neuen Testament auch das Alte Testament mit Ausnahme etlicher prophetischer Bücher und der Apokryphen ins Deutsche übertragen. In Worms war schon im Frühjahr 1527 die Prophetenübersetzung von Ludwig Hätzer und Hans Denck erschienen. Hätzer hegte die Hoffnung, bereits 1528 auch eine Übersetzung der Apokryphen vorlegen zu können. Die Arbeiten verzögerten sich allerdings und nahmen 1529 mit seiner Hinrichtung in Konstanz ein abruptes Ende. Immerhin konnte er im Juni 1528 bei Peter Schöffer in Worms noch einen Teilband mit dem Buch Baruch und den Erzählungen von Susanna und Bel veröffentlichen. In Zürich kamen 1529 pünktlich zur Frankfurter Frühjahrsmesse die von Zwingli und seinem Übersetzerkreis erstellte Ausgabe der Propheten und die von Leo Jud bewältigte Übersetzung der Apokryphen heraus. Der Buchmarkt wartete sehnlichst auf eine reformatorische Vollbibel, deren Druck und Vertrieb immense Gewinne versprach. Außerhalb Wittenbergs sah man keinen Grund, Rücksicht auf den Abschluss der Lutherbibel zu nehmen, sondern fasste den Plan, aus den vorliegenden Übersetzungen eine kombinierte Gesamtausgabe der Heiligen Schrift zu erstellen. Im Jahr 1529 arbeiteten mit Christoph Froschauer in Zürich, Wolf Köpfel in Straßburg und Peter Schöffer in Worms gleich drei Drucker fieberhaft an solchen Patchwork-Editionen. Am Ende entschied Schöffer das Wettrennen für sich und trug den Ruhm davon, die erste protestantische Gesamtbibel herausgebracht zu haben.

Peter Schöffer wurde das Talent zum Buchdruck bereits in die Wiege gelegt. Sein gleichnamiger Vater zählte in Mainz zu den engsten Mitarbeitern Gutenbergs, dessen Druckwerkstatt er später gemeinsam mit dem Geschäftsmann Johannes Fust übernahm. Zudem vermählte er sich mit Fusts Tochter Christina. Aus dieser Ehe ging Peter Schöffer als zweiter Sohn hervor. Während der väterliche Betrieb von seinem jüngeren Bruder weitergeführt wurde, gründete er 1512 in Mainz eine eigene Offizin, bevor er 1518 seine Aktivitäten nach Worms verlagerte. Später zog es ihn als Drucker und Schriftschneider noch nach Straßburg, Venedig und Basel, wo er 1547 verstarb. Bei seiner 1529 in Worms erschienenen Bibel legte Peter Schöffer den Luthertext zugrunde und ergänzte ihn im Bereich der Propheten und Apokryphen durch die Übersetzungen der Zürcher Reformatoren. Zudem nahm er im Neuen Testament auch den Laodizenerbrief auf. Warum Schöffer bei den Prophetenbüchern der Zürcher Übersetzung gegenüber der in seinem eigenen Betrieb erschienenen Ausgabe von Hätzer und Denck den Vorzug gab, bleibt undurchsichtig. Vielleicht wollte er verhindern, dass seine Bibel mit der radikalen Bewegung der Täufer in Verbindung gebracht wurde, was die Absatzchancen deutlich gemindert hätte. In Straßburg hatte Wolf Köpfel, ein Neffe des Reformators Wolfgang Capito, wohl von Schöffers Plänen Kenntnis gewonnen und versuchte, ihm zuvorzukommen. Anders als Schöffer griff Köpfel für seine reich illustrierte Vollbibel auch bei den Propheten auf Luthers Übersetzungen zurück, soweit diese bereits vorlagen. Die verbliebenen Lücken füllte er nicht aus der Zürcher, sondern der Wormser Ausgabe der Prophetenbücher. Bei den Apokryphen führte allerdings an der Zürcher Übersetzung von Leo Jud kein Weg vorbei. Um den Produktionsprozess zu beschleunigen, ließ Köpfel parallel zu den Arbeiten im eigenen Betrieb einen Teil der Bibel bei Veltin Kobian in Durlach drucken. Trotzdem kam die Köpfelbibel erst Anfang 1530 und damit kurz nach der Schöfferbibel auf den Markt.

In Zürich erschien 1530 bei Christoph Froschauer in der beachtlichen Auflage von 5000 Exemplaren eine weitere kombinierte Bibel, die bis auf den fehlenden Laodizenerbrief die gleichen Textbausteine wie die Schöfferbibel verwendet. Allerdings hatten die Zürcher Reformatoren die Übersetzung Luthers sprachlich an die süddeutsch-schweizerische Mundart angeglichen und an etlichen Stellen auch inhaltlich überarbeitet. Bei dieser ersten Zürcher Vollbibel handelt es sich um eine schlicht gehaltene Ausgabe im handlichen Oktavformat. Im Jahr 1531 schloss sich eine opulent ausgestattete Neuauflage im größeren Folioformat mit rund 200 Holzschnitt-Illustrationen an, die im Herbst 1534 in leicht revidierter

Titelblatt der bei Christoph Froschauer gedruckten Zürcher Bibel aus dem Jahr 1531

Form nochmals nachgedruckt wurde. Sie bietet nicht nur Inhaltsangaben zu den einzelnen Kapiteln und zahlreiche Randglossen mit Erläuterungen, sondern enthält auch ein 13-seitiges Sachregister, das zu den zentralen Themenfeldern des christlichen Glaubens und Handelns die relevanten Bibelstellen auflistet. Zudem wurden die poetischen Bücher des Alten Testaments nochmals gründlicher durchgesehen.

Im Klappentext der Zürcher Bibel hieß es noch bis in die jüngere Vergangenheit: „Die Zürcher Bibel geht auf Huldrych Zwingli und seinen Übersetzerkreis zurück. Ab 1524 erschienen verschiedene Ausgaben der fortlaufenden Übersetzung, die schliesslich 1531 mit dem Druck der Deutschen Foliobibel, der sogenannten Froschauerbibel, ihren krönenden Abschluss fand.“ Diese tendenziöse Darstellung mit Überhöhung Zwinglis und Nichterwähnung Luthers führt in die Irre. In Wirklichkeit wurden in Zürich zwischen 1524 und 1528 leicht überarbeitete Versionen von Luthers Neuem Testament und Luthers ersten drei Teilen des Alten Testaments herausgebracht. Dabei legte man nicht die Wittenberger Originalausgaben, sondern deren Basler Nachdrucke mit ihren geringfügigen Veränderungen zugrunde. Selbst Luthers Vorreden und die Mehrzahl seiner Randglossen wurden dabei übernommen, sofern sie nicht der reformierten Theologie zuwiderliefen. Luthers Namen hingegen unterschlug Froschauer auf den Titelblättern seiner Bibeldrucke. Auch die Zürcher Bibeln aus der Zeit von 1530 bis 1534 sind im Kern noch Lutherbibeln. Bis auf die Prophetenbücher und Apokryphen, die von den Zürcher Übersetzern ins Deutsche übertragen wurden, bieten sie einen sprachlich wie inhaltlich überarbeiteten Luthertext und ordnen im Neuen Testament die Schriften in der von Luther festgelegten Reihenfolge an.

Die vollständige Lutherbibel von 1534

Mit dem Erscheinen der ersten Gesamtausgabe der Wittenberger Bibel sollte 1534 das lange Warten ein Ende haben. Nachdem 1529 das Neue Testament und 1531 der Psalter eine umfassende Überarbeitung erfahren hatten, ging auch der Drucklegung der Vollbibel nochmals ein Korrekturgang voraus. Die Protokolle Georg Rörers sind allerdings nicht erhalten geblieben, sodass von dieser Bibelrevision das meiste im Dunkel bleibt. Nach einer auf den Weimarer Hofprediger Johann Stolz zurückgehenden Notiz von 1552 soll ihr Fokus auf den Prophetenbüchern von Jeremia bis Maleachi und auf Jesus Sirach gelegen haben. Die feststellbaren Textänderungen legen allerdings nahe, dass man sich eher auf den Pentateuch und Jesaja konzentrierte. Parallel zur Textrevision setzten die organisatorischen Vorbereitungen ein. Der Druck lag in den Händen von Hans Lufft, während Christian Döring die Rolle des Kapitalgebers und Verlegers zufiel. Beide hatten nach finanziellen Streitigkeiten einen Vergleich geschlossen und ihre Geschäftsbeziehung auf eine verlässliche neue Basis gestellt. Döring verpflichtete sich 1531 vertraglich dazu, an Lufft wöchentlich drei Gulden für jede Druckpresse und einen Gulden für den Korrektor zu bezahlen. Im Gegenzug sollte er, da Lufft noch erhebliche Schulden bei ihm hatte, alle Gewinne aus dem Gemeinschaftsunternehmen erhalten. Zudem erwirkte Döring 1533 bei Kurfürst Johann Friedrich von Sachsen ein exklusives Druckprivileg für die Lutherbibel, um die Urheberrechte zu schützen und sich gegen unrechtmäßige Nachdrucke zu wehren. Im selben Jahr ging mit dem Verkauf von Dörings Verlag an Bartholomäus Vogel, Christoph Schramm und Moritz Goltz das Druckprivileg auf die neuen Eigentümer über. In allen Wittenberger Gesamtausgaben der Lutherbibel von 1534 bis 1547 ist das Druckprivileg im exakten Wortlaut abgedruckt, ab 1541 in Verbindung mit einem Porträt des Kurfürsten. Allerdings beschränkte sich der Geltungsbereich des Privilegs auf Kursachsen. Schon im benachbarten Leipzig, das zum Herzogtum Sachsen gehörte, war es nicht durchsetzbar. Dort druckte Nikolaus Wolrab trotz energischer Proteste Luthers und des Wittenberger Verlegerkonsortiums von 1540 bis 1544 in hohen Stückzahlen Gesamt- und Teilausgaben der Lutherbibel. Insgesamt machten die Drucker und Verleger mit der neuen Bibel glänzende Geschäfte. Allein zu

Johann Friedrich von Sachsen, hier im Kreis der Wittenberger Reformatoren, erteilte Christian Döring ein exklusives Druckprivileg für die Lutherbibel. Gemälde von Lucas Cranach dem Jüngeren, um 1543

Luthers Lebzeiten erschienen in Wittenberg und auswärtigen Zentren des Buchdrucks wie Leipzig, Augsburg oder Straßburg um die 20 Ausgaben der vollständigen Lutherbibel. Hinzu kam eine Vielzahl von Einzelausgaben des Neuen Testaments und des Psalters, die sich weiterhin starker Nachfrage erfreuten und immer wieder Nachdrucke erfuhren.

Die mit erheblicher Verzögerung zum Abschluss gekommene Lutherbibel hatte durchschlagenden Erfolg und erlangte sogleich eine marktbeherrschende Stellung. Die kombinierten Bibeln, von denen 1534 bei Heinrich Stayner in Augsburg und Christian Egenolff in Frankfurt noch zwei weitere Varianten erschienen waren, verschwanden schnell aus dem Handel. In den evangelisch gewordenen Regionen konnte sich in der Folgezeit nur die Zürcher Bibel dauerhaft neben der Lutherbibel behaupten. Calvinistischen Konkurrenzprodukten wie der Neustadter Bibel (1579/1587) oder der Herborner Piscatorbibel (1602–1604) war dagegen nur vorübergehender Erfolg beschieden. Die Zürcher Bibel entfernte sich durch eine kontinuierliche Neubearbeitung der ursprünglich aus Wittenberg übernommenen Textteile von Auflage zu Auflage immer weiter vom Luthertext. Damit gewann sie zunehmend ein eigenständiges Profil, das sie im Bereich der Propheten und Apokryphen von Anfang an besessen hatte. Schon in der Ausgabe von 1536 folgte sie bei der Anordnung der neutestamentlichen Schriften nicht mehr Luthers Herabsetzung des Hebräerbriefs und rückte diesen in Übereinstimmung mit den griechischen Textausgaben wieder an das Ende der Paulusbriefsammlung. Ende des 16. Jh.s erhielt in der Zürcher Bibel auch der Jakobusbrief, den Luther als „stroherne Epistel“ abgewertet und ebenfalls nach hinten geschoben hatte, seinen angestammten Platz vor dem ersten Petrusbrief zurück. Auf katholischer Seite bot die 1534 erschienene Dietenbergerbibel, die es bis zum späten 18. Jh. auf fast 50 Auflagen brachte, der Lutherbibel lange Zeit Paroli. Allerdings kam sie ebenso wie die Zürcher Bibel bei Weitem nicht an deren Stückzahlen und Verbreitungsgrad heran.

Titelblatt der ersten Vollbibel mit einem kolorierten Holzschnitt aus der Cranach-Werkstatt

Aufbau und künstlerische Ausgestaltung

Der ersten Gesamtausgabe der Lutherbibel von 1534 merkt man noch deutlich an, dass sie aus zunächst eigenständigen Teilausgaben zusammengefügt wurde. Sie ist nicht aus einem Guss, sondern zerfällt in sechs Blöcke, die bis auf den ersten Block jeweils mit eigenen Zwischentitelblättern versehen sind. Dabei handelt es sich um die fünf Bücher Mose, den zweiten Teil des Alten Testaments mit den Geschichtsbüchern, den dritten Teil des Alten Testaments mit den poetischen und weisheitlichen Schriften, die Propheten, die Apokryphen und das Neue Testament. Die Seiten der Bibel sind nicht vom Anfang bis zum Ende durchnummeriert, sondern jeder der sechs Blöcke weist eine eigene Zählung auf. Dies deutet darauf hin, dass der Bibeldruck auf sechs Pressen parallel erfolgte. Bereits bei Erscheinen der Teilausgaben des Alten Testaments war deutlich geworden, dass Luther dort in der Anordnung der Schriften der Vulgata folgte, während er beim Umfang des Kanons die hebräische Bibel als Richtschnur nahm. In der Bibel von 1534 zeigte sich nun, dass Luther die nicht auf Hebräisch überlieferten Bücher des Alten Testaments als Apokryphen separat ans Ende des Alten Testaments gestellt hatte, während sie sich beispielsweise in der Zürcher Froschauerbibel von 1531 zwischen den Geschichtsbüchern und Weisheitsbüchern der hebräischen Bibel wiederfinden.

Für die erste Gesamtausgabe wurde die Lutherbibel vollständig neu illustriert. Lediglich das Bild von Josua in Ritterrüstung, das Lucas Cranach 1523 für das Titelblatt des zweiten Teils des Alten Testaments entworfen hatte, und die Landkarte zu Daniel 7 aus der Erstausgabe des Danielbuchs wurden wiederverwendet. Die neuen Holzschnitte hatte noch Christian Döring 1532 bei Lucas Cranach in Auftrag gegeben. Sie wurden von einem unbekannten Künstler aus der Werkstatt Cranachs geschaffen, der sich mit dem Monogramm MS auf seinen Werken verewigt hat. Manche meinen, es könne sich um Melchior Schwarzenberg gehandelt haben. Das Titelblatt zeigt den Innenraum einer Kirche, in der Gott mit Heiligenschein auf der Empore thront. Zudem sind insgesamt 27 Engel über das Bild verteilt.

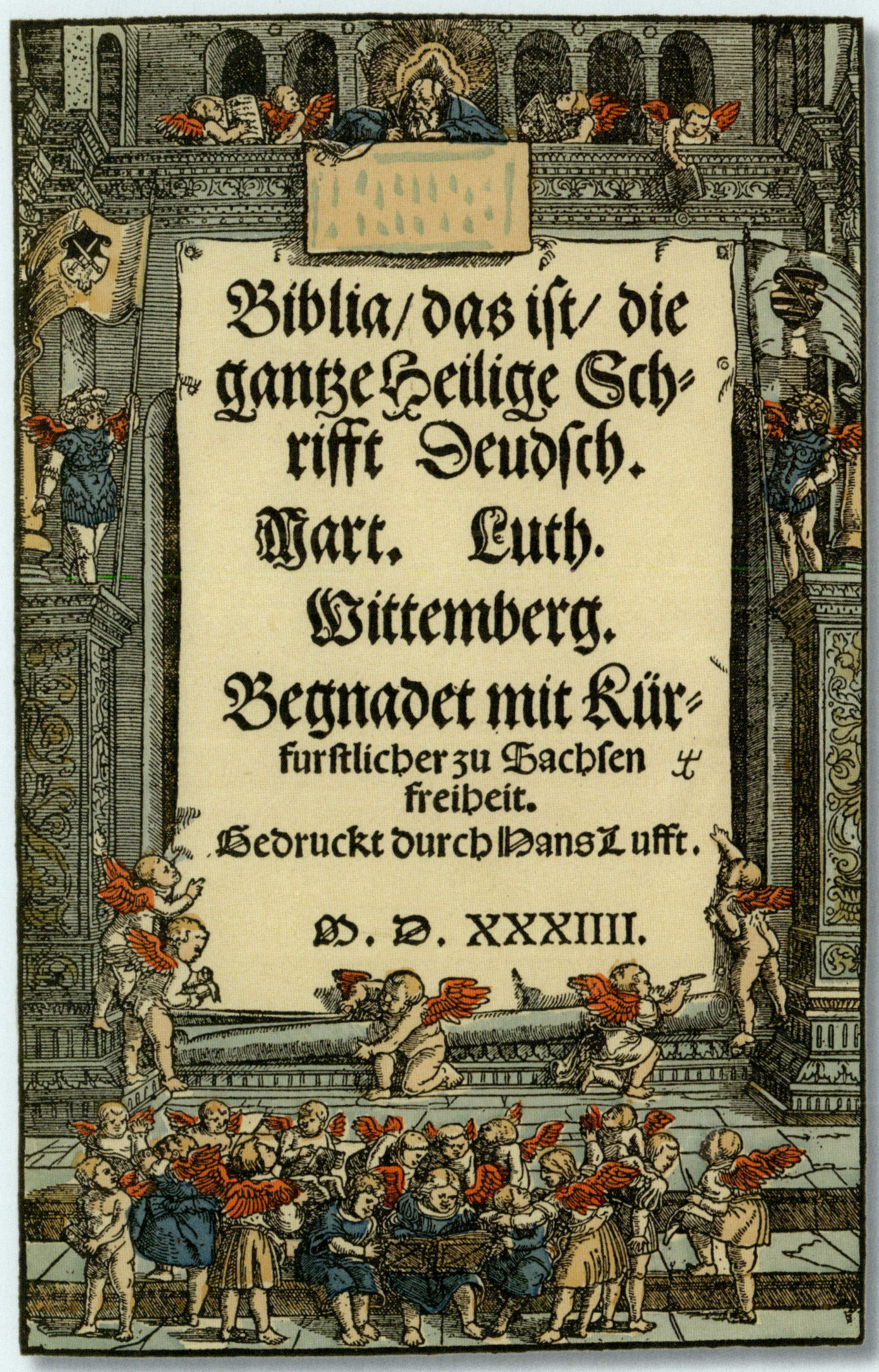
Biblia/ das ist/ die
gantze Heilige Sch=
rifft Deudsch.
Mart. Luth.
Wittemberg.
Begnadet mit Kür=
furstlicher zu Sachsen
freiheit.
Gedruckt durch Hans Lufft.
M. D. XXXIIII.

Dem Alten Testament geht eine ganzseitige Abbildung der Weltschöpfung, wiederum mit bildlicher Darstellung Gottes, voran. Auf die 117 Textbilder im Format von 11 x 15 cm nahm Luther direkten Einfluss. Christoph Walter, der als Korrektor in der Druckwerkstatt von Hans Lufft arbeitete, weiß zu berichten, dass Luther zum Teil genaue Vorgaben zu den Bildmotiven machte. Insbesondere achtete er darauf, dass sie sich eng am Bibeltext orientierten und keine davon ablenkende Einzelzüge enthielten. Zudem schnitt der unbekannte Künstler eine Reihe von Bildinitialen. Die Holzschnitte waren von derart hoher Qualität, dass eine nachträgliche Kolorierung nicht nötig war. Viele Käufer ließen die Bilder dennoch ausmalen, um aus dem als Massenprodukt gedruckten Buch einen unverwechselbaren, persönlichen Wertgegenstand zu machen. Nur ein sehr vermögender Auftraggeber konnte allerdings seine Lutherbibel derart prachtvoll ausgestalten lassen, wie es bei dem Exemplar aus der Herzogin-Anna-Amalia-Bibliothek in Weimar der Fall ist.

Dem Alten Testament geht eine ganzseitige Darstellung der Weltschöpfung voran.

Der Streit um die authentische Lutherbibel

Auch nach Erscheinen der ersten Gesamtausgabe seiner Bibelübersetzung hielt Luthers unermüdliches Bemühen um eine Verbesserung des Textes an. Sprachlich machte die Bibel von 1534 noch keinen homogenen Eindruck. Während das Neue Testament und der Psalter bereits grundlegende Revisionen durchlaufen hatten, wurden weite Teile des Alten Testaments noch in der Erstübersetzung aus der Zeit zwischen 1523 und 1524 wiedergegeben. Nach mehreren weitgehend unveränderten Nachdrucken erschienen 1541 kurz hintereinander gleich zwei überarbeitete Neuauflagen. Ihnen war von 1539 bis 1541 eine umfassende Revision des Alten Testaments unter Ausklammerung der Apokryphen vorausgegangen. Der Pfarrer Johannes Mathesius aus dem böhmischen Joachimsthal liefert davon einen anschaulichen Bericht. Er war um 1540 in Wittenberg Augenzeuge der regelmäßigen Zusammenkünfte in Luthers Haus, bei denen die Übersetzung des Alten Testaments nochmals gewissenhaft durchgegangen wurde. Das von Mathesius bildhaft als Sanhedrin bezeichnete Arbeitskollegium bestand zu jener Zeit aus Matthäus Aurogallus, Johannes Bugenhagen, Caspar Cruciger, Justus Jonas, Philipp Melanchthon und Georg Rörer. Es kam unter dem Vorsitz Luthers allwöchentlich für mehrere Stunden vor dem Abendessen zusammen. Zuweilen gesellten sich auswärtige Hebräischexperten wie der Leipziger Gelehrte Bernhard Ziegler oder der früher an der Wittenberger Schlosskirche tätige Johann Forster, der seit 1538 eine Professur in Tübingen innehatte, hinzu. Im Vorfeld hatten sich alle Teilnehmer intensiv auf den Text vorbereitet, über den beraten werden sollte. In den Zusammenkünften brachte jeder seine sprachlichen Spezialkenntnisse ein. Für die Revision der Übersetzung wurde nicht nur der hebräische Urtext des Alten Testaments herangezogen, sondern auch dessen Übertragung ins Aramäische, Griechische und Lateinische berücksichtigt. Ergänzend flossen christliche wie jüdische Bibelkommentare in die Debatten ein. Der Verlauf der Sitzungen ist durch die Protokolle Georg Rörers dokumentiert. Zudem blieb Luthers Handexemplar des deutschen Alten Testaments erhalten, in dem teils von ihm selbst und teils von Rörer die entscheidenden Korrekturergebnisse festgehalten wurden. Die Verbesserungen in den Geschichtsbüchern des Alten Testaments fanden bereits Anfang des Jahres 1541 bei Drucklegung der „aufs Neue zugerichteten" Lutherbibel Berücksichtigung. Der volle Revisionsertrag floss dann in die Bibelausgabe vom Herbst 1541 ein, die im stattlichen Median-Folio-Format auf den Markt kam.
Nachdem die Durchsicht des Alten Testaments im Februar 1541 zum Abschluss gekommen war, wurde die Revisionsarbeit im Neuen Testament fortgesetzt. Auch hier vermittelt neben den Protokollaufzeichnungen Rörers ein Handexemplar Luthers ein konkreteres Bild. Neben Korrekturanmerkungen von Luther und Rörer finden sich darin zwei Eintragungen Melanchthons. Erste Verbesserungen am neutestamentlichen Text wurden noch in die erwähnte Medianbibel aufgenommen, die sich gerade im Druck befand. Luthers Kräfte schwanden nun aber zusehends, und es trat eine längere Unterbrechung in der Revisionsarbeit ein. Erst im Herbst 1544 erfolgte ein weiterer Korrekturgang, der sich vom Römerbrief bis zu den Anfangskapiteln des zweiten Korintherbriefs erstreckte. Die sowohl den Text als auch die Randglossen betreffenden Verbesserungen konnten in die letzte Wittenberger Bibel zu Luthers Lebzeiten, die 1545 die Druckpresse verließ, nicht mehr eingearbeitet werden. Sie fanden erst beim Satz der im Juli 1546 herausgekommenen Ausgabe Berücksichtigung. Luther hatte zwar bis zu seinem Tod im Februar 1546 an dieser neuerlich revidierten Bibel mitgewirkt und den Anlauf des Drucks noch mitverfolgt, ihr Erscheinen aber nicht mehr miterlebt.

Vor diesem Hintergrund entbrannte bald eine heftige Kontroverse um die Frage, welche Bibelausgabe denn nun das authentische Vermächtnis Luthers sei. Obwohl Rörer im Nachwort der Lutherbibel von 1546 betont, dass die Korrekturen im Römerbrief und in den beiden Korintherbriefen auf „den lieben Herrn und Vater Doktor Martin Luther" zurückgingen, begegnete man ihm mit Misstrauen. Die Zweifel an der Integrität Rörers wuchsen weiter an, als in der Folgezeit in Wittenberg immer wieder leicht veränderte Lutherbibeln mit neuen Randglossen herauskamen, die nach Rörers Bekunden aus dem Schatz

Biblia: das ist:
Die gantze Heilige
Schrifft: Deudsch
Auffs New zugericht.
D. Mart. Luth.
Begnadet mit Kůr-
fürstlicher zu Sachsen Freiheit.
Gedrückt zu Wittem-
berg / Durch Hans Lufft.
M. D. XLI.

Titelholzschnitt der „aufs Neue zugerichteten" Ausgabe aus dem Jahr 1541

der eigenhändigen Aufzeichnungen Luthers in seinen Exemplaren des Alten und Neuen Testaments stammten. Für Außenstehende war allerdings nicht mehr nachvollziehbar, ob Rörer sich bei den Korrekturen zu Recht auf den Reformator berief oder die Revisionsarbeit eigenmächtig fortgesetzt hatte. Es mehrten sich die Stimmen derer, die für die unveränderte Bewahrung der Lutherbibel in jener Gestalt eintraten, wie der Reformator sie zu Lebzeiten autorisiert und der Nachwelt hinterlassen habe. Die Debatte gewann dadurch an Fahrt, dass an vielen Orten Nachdrucke der Wittenberger Lutherbibel mit willkürlichen Änderungen unterschiedlichster Art erschienen. Dies betraf nicht nur Eingriffe in den Text, sondern auch Auslassungen oder Ergänzungen im Bereich der Vorreden und Randglossen. In Frankfurt wurden von Christian Egenolff sogar Lutherbibeln gedruckt, welche die von Luther verworfenen und ausgemusterten Bücher dritter und vierter Esra enthielten.

Der einflussreiche kurbrandenburgische Hofprediger Georg Coelestin prangerte um 1575 diesen Wildwuchs in besonderer Schärfe an. Zudem übte er heftige Kritik an den Veränderungen, die Rörer und Melanchthon an den seit Luthers Tod in Wittenberg erschienenen Bibeln vorgenommen hatten. Dies betraf sowohl den Text als auch die Randglossen. So hatte Melanchthon zu Genesis 3,7 die Randglosse eingefügt, dass sich Adam und Eva nach dem Sündenfall eigenhändig die Feigenblätter anlegten. Coelestin sah darin eine im Widerspruch zu Luthers Theologie stehende Verharmlosung der Erbsünde. Letztlich überzeugte Coelestin nicht nur seinen Landesherrn, Kurfürst Johann Georg von Brandenburg, sondern auch den Kurfürsten August von Sachsen davon, dass die Lutherbibel in der Gestalt von 1545 die authentische Ausgabe von letzter Hand sei. Der von den Wittenberger Druckern vehement bekämpfte Plan Coelestins, selbst eine unverfälschte Lutherbibel mit dem Text von 1545 herauszubringen, wurde durch seinen plötzlichen Tod im Dezember 1579 vereitelt. Seine Witwe blieb auf dem schon angekauften Papier sitzen. Stattdessen erschien 1581 in Wittenberg die kursächsische Normbibel, welche die Lutherbibel in der Fassung von 1545 verbindlich machte und bald auch zum Vorbild der auswärtigen Nachdrucke wurde. Der Einführung der Normbibel schlossen sich neben Kursachsen auch das Kurfürstentum Brandenburg und das Herzogtum Württemberg an. Sie setzte sich in den evangelischen Territorien Deutschlands schließlich auf ganzer Linie durch und gewann trotz immer wieder aufflammender Diskussionen für die nachfolgenden Jahrhunderte autoritative Geltung. Die moderne Lutherforschung hält dies allerdings für eine Fehlentscheidung. Sie betrachtet die Bibel von 1546 als letzte Originalausgabe von Luthers Hand, da ihre Korrekturen noch aus der Revisionsarbeit zu Lebzeiten Luthers stammen und von ihm abgesegnet wurden.

Johann Georg von Brandenburg, den sein Hofprediger Georg Coelestin davon überzeugte, dass die Lutherbibel von 1545 die authentische Ausgabe letzter Hand sei. Porträt von Lucas Cranach dem Jüngeren, nach 1565

Für seine Bibelübersetzung schaute Luther den Menschen aufs Maul. Darstellung eines Metzgers auf einem Fenster der Kathedrale von Chartres aus dem 13. Jh.

12. Dem Volk aufs Maul geschaut:

LUTHER UND DIE DEUTSCHE SPRACHE

Martin Luther sucht in Wittenberg den Metzger auf, der gerade einen Hammel schlachtet und ausnimmt. Akribisch begutachtet der Reformator die Körperteile und Innereien der Tiere, um sich dann genau erklären zu lassen, wie diese bezeichnet werden. Den ganzen Aufwand betreibt er, um die alttestamentlichen Opfervorschriften in Levitikus 3,6–11 verständlich aus dem Hebräischen ins Deutsche übertragen zu können. Bevor er sich an die Erzählung von Salomos Tempelbau in 1 Könige 6–8 heranwagt, erfragt er bei Bauhandwerkern die Namen und Anwendungsbereiche ihrer Werkzeuge. Auch auf den Straßen und Plätzen Wittenbergs spitzt Luther die Ohren, um Wörter und Satzgebilde aus der Alltagssprache der Menschen aufzuschnappen. Seine Bibel ist kein Werk für die Gebildeten, sondern soll von den „kleinen Leuten" verstanden werden. Deshalb muss man den Frauen im Haus, den Kindern in den Gassen und den einfachen Menschen auf dem Markt aufs Maul schauen, wie sie reden, und danach dolmetschen. Es geht nicht um ein vulgäres oder anspruchsloses Deutsch, sondern um ein Gefühl für die im Alltag gesprochene Sprache des Volkes. Erst wenn eine biblische Aussage in begreifliche Worte übertragen wurde, ist nach Luthers Überzeugung auch ihr Sinn erfasst. In der wortgetreuen Übersetzung sieht er dagegen ein Hindernis, das dem Verständnis des Textes oftmals im Wege steht. Als Beispiel führt er den Unsinn an, der dabei herauskäme, wenn ein Lateiner oder Grieche die deutsche Redensart „den Mantel nach dem Winde drehen" wortwörtlich in seine Sprache übertragen würde.

Die deutsche Sprachlandschaft zur Zeit Luthers

Heute gibt es neben einer Vielzahl regionaler Dialekte eine einheitliche Schriftsprache, die alle deutschsprachigen Länder und Regionen Europas miteinander teilen. Zu Luthers Zeiten existierte noch keine allgemein verbindliche Schriftnorm des Deutschen. Die Sprachlandschaft war derart bunt, dass unterschiedliche Schreibsprachen nebeneinander umliefen und sich zuweilen unüberwindliche Sprachbarrieren auftaten. Hinzu kam eine völlig uneinheitliche Orthografie. Als Schriftsprache steckte das Deutsche ohnehin noch in den Kinderschuhen. Durch den Buchdruck hatte zwar die Verbreitung deutschsprachiger Literatur an Dynamik gewonnen, wozu auch die 18 deutschen Bibeldrucke des vorreformatorischen Zeitalters einen wichtigen Beitrag leisteten. Die Abfassung wissenschaftlicher Abhandlungen, der universitäre Lehrbetrieb und die akademischen Disputationen vollzogen sich aber weiterhin auf Latein, das noch lange die tonangebende Sprache der Bildung blieb. Auch ein Großteil der Briefe Luthers ist auf Latein geschrieben, wie es unter Gelehrten üblich war. In seinen Tischreden wechselt der Reformator immer wieder zwischen dem Deutschen und dem Lateinischen hin und her.

Der überwiegende Teil des deutschen Schrifttums hatte zur Zeit Luthers wegen seiner Rückbindung an einen regionalen Dialekt und eine lokale Schreibtradition eine nur begrenzte Reichweite. Die markanteste Sprachgrenze verlief zwischen dem Niederdeutschen und Hochdeutschen. Sie wurde durch eine von Aachen über Kassel nach Frankfurt an der Oder verlaufende Linie markiert. Nördlich davon erstreckte sich der niederdeutsche, südlich davon der hochdeutsche Sprachraum. Das Niederdeutsche und das Hochdeutsche trennte nach Einschätzung von Sprachwissenschaftlern eine ähnlich tiefe Kluft, wie sie heute zwischen dem Niederländischen und dem Deutschen besteht. Innerhalb dieser beiden großen Sprachräume lassen sich nochmals verschiedene Untergruppen von Schreibsprachen unterscheiden, welche die Kommunikation erschwerten. Im niederdeutschen Sprachraum dominierte im linksrheinischen Gebiet ein mit dem Niederländischen verwandtes Deutsch, zwischen Rhein und Weser das Westfälische, zwischen Weser und Elbe das Ostfälische und im Küstenbereich von Nordsee wie Ostsee das Nordniederdeutsche.

Auch der hochdeutsche Sprachraum verfügte noch nicht über eine einheitliche Standardsprache, die zur Überbrückung der regionalen Dialekte fähig gewesen wäre. Er untergliedert sich in die mitteldeutschen und oberdeutschen Sprachregionen. Das mitteldeutsche Sprachgebiet grenzte im Norden an den niederdeutschen Sprachraum und erstreckte sich im Süden bis zu einer Linie, die von der Moselregion entlang der Mainlinie bis ins Erzgebirge reichte. Im östlichen

Johannes Bugenhagen, auch Doctor Pomeranus genannt, der Reformator des Nordens. Porträt von Lucas Cranach dem Jüngeren, 1555

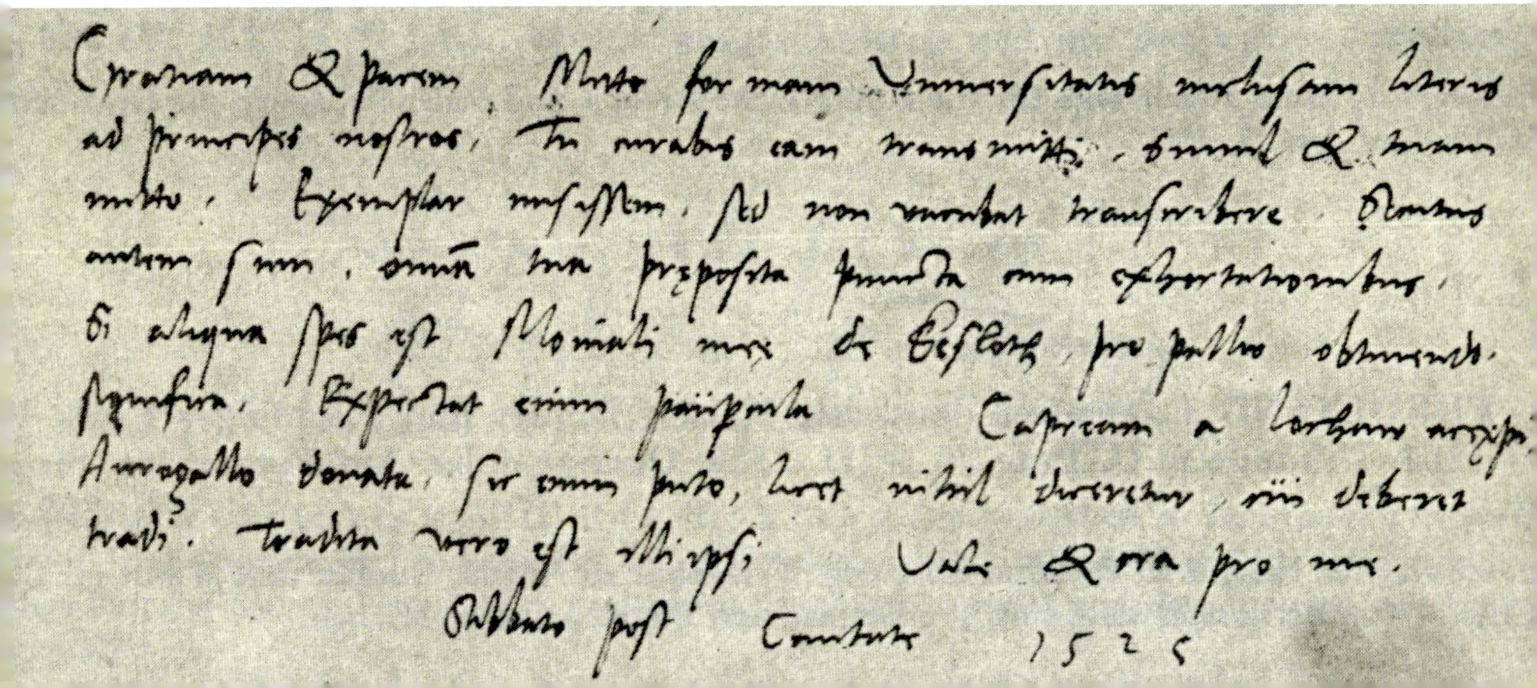

Einen Großteil seiner Korrespondenz verfasste Luther auf Latein: Brief an Georg Spalatin am Sonnabend nach Cantate 1525

1579

Teil des mitteldeutschen Sprachgebiets hatte sich um 1500 mit dem Kanzleideutsch des sächsischen Fürstenhofes eine Schriftsprache mit überregionaler Strahlkraft herausgebildet, in der verschiedene Strömungen ostmitteldeutscher und ostoberdeutscher Dialekte zusammengeflossen waren. Das oberdeutsche Sprachgebiet umfasste Süddeutschland, Österreich, das Elsass und weite Teile der Schweiz. Auch hier gab es neben einer Vielzahl bis heute verwendeter Mundarten wie Alemannisch, Schwäbisch, Bairisch oder Fränkisch mit dem bairisch-österreichischen Kanzleideutsch eine übergeordnete Schriftsprache, die Kaiser Maximilian I. für die Korrespondenz in seiner Verwaltung eingeführt hatte. Durch das bairisch-österreichische Kanzleideutsch wurde in Süddeutschland und Österreich eine sich bald auch auf die Schriftstellerei und den Buchdruck erstreckende Schreibtradition begründet, die in den Tagen Luthers den literarischen Publikationen aus dem oberdeutschen Raum ihren Stempel aufdrückte.

Luther erfuhr seine sprachliche Prägung im ostmitteldeutschen Raum, dem mit Eisleben, Mansfeld, Eisenach, Erfurt und Wittenberg alle seine Lebensstationen zugehörten. Die Vielfalt der deutschen Sprachen und die daraus resultierenden Verständnisschwierigkeiten machte sich Luther immer wieder bewusst. Am liebsten wäre es ihm gewesen, wenn jede Stadt ihren eigenen Übersetzer oder Dolmetscher besäße, damit die Bibel in jedermanns Sprache, Hand, Augen, Ohren und Herzen wäre. Einer viel zitierten Äußerung Luthers zufolge bediente er sich bei seinen Publikationen gezielt der sächsischen Kanzleisprache, die von allen deutschen Reichsstädten, Fürstenhöfen und Königshäusern verwendet werde. Dank seiner geografischen Herkunft aus dem ostmitteldeutschen Raum hatte Luther Zugriff auf eine Schriftsprache, die sich in den deutschen Reichsgebieten weiter Verbreitung erfreute. Dies kann als Glücksfall der Geschichte betrachtet werden. Ein Luther aus der norddeutschen Küstenregion oder einem der Randgebiete Süddeutschlands hätte mit seiner Bibelübersetzung wohl keine auch nur annähernd vergleichbare Breitenwirkung erzielen können.

Titelblatt der von Adam Petri in Basel gedruckten Ausgabe von Luthers Übersetzung des Neuen Testaments mit Register der „ausländischen Wörter"

Obwohl Luther in einer weit über Wittenberg hinaus verständlichen Sprache schrieb und sich um Klarheit der Ausdrucksweise bemühte, kristallisierte sich angesichts der unterschiedlichen Sprachlandschaften schnell heraus, dass nicht alle der von ihm verwendeten Wörter auch überall im deutschen Raum erfasst werden konnten. Vergleichsweise niedrig war die Sprachbarriere von Luthers mitteldeutschem Schreibstil zum oberdeutschen Sprachraum. Zudem befanden sich mit Philipp Melanchthon, Johann Forster und Georg Rörer auch Gelehrte mit oberdeutschen Wurzeln in seinem Übersetzerteam, was der sprachlichen Qualität der Texte zugutekam und die überregionale Verständlichkeit der Wittenberger Bibel gefördert hat. Die in Süddeutschland und der Schweiz herausgebrachten Nachdrucke konnten sich darauf beschränken, den Luthertext behutsam an die regionalen Sprachgewohnheiten anzupassen oder mit Erläuterungen zu unverständlichen Wörtern zu versehen. Der Basler Drucker Adam Petri fügte ab 1523 seinen Ausgaben von Luthers Neuem Testament ein umfängliches Register „der ausländischen Wörter auf unser Deutsch angezeigt" bei. Darin erfahren die oberdeutschen Leserinnen und Leser beispielsweise, dass flicken dasselbe wie bletzen bedeutet, schmücken so viel wie zieren oder aufmutzen meint, unter quälen nichts anderes als peinigen zu verstehen ist und Hügel das bezeichnet, was sie bislang nur als Gipfel oder Bühel kannten. Dieses Glossar wurde in der Folgezeit in Städten wie Augsburg, Nürnberg oder Straßburg rund 40-mal nachgedruckt. Es ermöglichte im oberdeutschen Sprachraum die problemlose Lektüre der Lutherbibel, bis man dort schließlich die neuen Wörter verinnerlicht hatte und ihrer Erklärung nicht mehr bedurfte. Bei den Zürcher Nachdrucken von Christoph Froschauer wurde der Luthertext in Wortschatz, Wortbildung, Formenbildung und Lautsystem an die alemannische Mundart angeglichen. Eine Sprachwelt für sich blieb dagegen wie schon in der Zeit der vorreformatorischen Bibelübersetzungen das Niederdeutsche. Hier reichte es nicht, die Lutherbibel sprachlich anzupassen oder mit einem Glossar zu versehen, sondern es bedurfte eigenständiger Übersetzungen. Maßgeblichen Anteil an deren Zustandekommen hatte Johannes Bugenhagen, der Reformator des Nordens.

Das neuw Testamēt recht grüntlich teütscht.
Mit gantz gelerten vnd richtigen vorredē/vnd der schwerestē örterē kurtz/aber güt/auslegung.
Ein gnůgsam Regi-ster/wo man die Epistlen vnd Euangelien des gantzen jars in disem Testa ment finden soll.
Die auslendigen wörtter/auff vnser teütsch gewendet vnd gebessert.
Gedruckt zum dritten mal/durch Adam Petri zů Basel/Anno M. D. xxv.
1523
ADAM·AP·PETRI

De Biblie
vth der vthleggin⸗
ge Doctoris Mar⸗
tini Luthers yn dyth düdeſche
vlitich vthgeſettet/ mit ſun⸗
dergen vnderrichtingen/
alſe men ſeen mach.

Inn der Keyſerliken Stadt Lübeck
by Ludowich Dietz gedrücker.

M·D·XXXIII·

Niederdeutsche Ausgaben der Lutherbibel

Die erste reformatorische Bibelausgabe auf Niederdeutsch erschien 1523 in Hamburg. Sie bietet die Schriften des Neuen Testaments in Form eines Mischtextes. Übertragungen von Luthers Septembertestament ins Niederdeutsche wurden mit Passagen aus der Halberstädter Bibel kombiniert. Diese Hamburger Bibelausgabe geht wohl auf den aus Zwolle stammenden Drucker Simon Korver zurück. Er hatte schon in seiner Heimat durch den Druck von Lutherschriften seine Sympathien für die Anliegen der Reformation bekundet und war 1522 mit einer Gruppe Gleichgesinnter aus den Niederlanden in die Hansestadt umgesiedelt. Eine ausschließlich auf Luthers Übersetzung basierende niederdeutsche Ausgabe des Neuen Testaments kam ebenfalls noch 1523 in Wittenberg bei Melchior Lotter heraus. Sie verdankt sich der Initiative von Johannes Bugenhagen, der wegen seiner Herkunft aus Wollin im Herzogtum Pommern auch Doktor Pommer genannt wurde und zu den engsten Vertrauten Luthers zählte. Während seiner Zeit als Pfarrer an der Wittenberger Stadtkirche vollzog er am 13. Juni 1525 die Eheschließung Luthers mit Katharina von Bora. Legendär waren Bugenhagens überlange Predigten. In Luthers Tischreden ist eine schöne Anekdote dazu überliefert. Als ein Wittenberger Bürger unerwartet früh vom Sonntagsgottesdienst nach Hause zurückkehrt und das Essen noch nicht gar gekocht ist, führt die Ehefrau zur Entschuldigung an, sie habe gedacht, dass der Pommer predigen würde. Ab 1528 hielt sich Bugenhagen überwiegend außerhalb Wittenbergs auf. Er führte in norddeutschen Städten wie Braunschweig, Lübeck und Hamburg die evangelische Kirchenordnung ein. Zudem wurde er zum Reformator Dänemarks und wirkte zeitweise als Theologieprofessor in Kopenhagen.

Die Wittenberger Ausgabe des Neuen Testaments auf Niederdeutsch hat Bugenhagen zwar angeregt und betreut, doch geht die Übersetzung nicht auf ihn selbst zurück. Bewerkstelligt wurde sie von Theodor Smedecken, der nach dem Studium in Leipzig als Kaplan in seiner Heimatstadt Goslar wirkte und auch Luthers Betbüchlein ins Niederdeutsche übertrug. Wegen Streitigkeiten mit der Kirche um ihm zustehende Gelder aus einer Stiftung und wegen seiner Sympathien für die Lehren Luthers fiel Smedecken beim Bischof von Hildesheim mehrfach in Ungnade. 1524 wurde er sogar für längere Zeit in Haft genommen und musste das damals noch katholische Goslar vorübergehend verlassen. Zu den weiteren niederdeutschen Ausgaben von Luthers Neuem Testament steuerte Bugenhagen Verbesserungen am Text und ein Nachwort bei. Zudem übertrug er ab 1523 die Teilausgaben von Luthers Übersetzung des Alten Testaments ins Niederdeutsche. 1533/34 gelang Bugenhagen in Lübeck sogar das Kunststück, bereits ein halbes Jahr vor Erscheinen der ersten Gesamtausgabe der hochdeutschen Lutherbibel deren niederdeutsche Version auf den Markt zu bringen. Zum Zentrum des niederdeutschen Bibeldrucks stieg bald Magdeburg empor, wo man Ostfälisch sprach. Dort hatte Ende 1528 Michael Lotter mit seinem zuvor in Wittenberg ansässigen Druckhaus eine neue Heimat gefunden und wurde neben Hans Walther zum wichtigsten Produzenten von niederdeutschen Ausgaben der Bibelübersetzung Luthers. Auch die Wittenberger Drucker stellten in hoher Stückzahl niederdeutsche Lutherbibeln her, die für den Export in die niederdeutschen Regionen bestimmt waren.

Mit der raschen Verbreitung der Bibelübersetzung Luthers kam es zu einer Überbrückung der Gräben in den deutschen Sprachlandschaften. Die Lutherbibel wirkte derart sprachprägend, dass man sie bald auch in den niederdeutschen Regionen verstehen konnte und zur Standardausgabe im Gottesdienst erhob. Schon um 1625 brach der Markt für niederdeutsche Bibeln derart ein, dass sich der Druck wirtschaftlich nicht mehr rechnete. Erst ab der Mitte des 19. Jh.s kam es zu einer verstärkten Rückbesinnung auf den niederdeutschen Bibeltext und auch zu Neuübersetzungen biblischer Schriften in norddeutsche Mundarten. Wenn sich die *Bibel up Platt* bis heute großer Beliebtheit erfreut, hat dies allerdings nicht mehr wie in der Zeit Bugenhagens mit Verständnisschwierigkeiten bei der Lektüre der hochdeutschen Lutherbibel zu tun, sondern dient der Pflege und Bewahrung der Tradition.

Bugenhagen gelang in Lübeck das Kunststück, noch vor Erscheinen der hochdeutschen Lutherbibel deren niederdeutsche Version auf den Markt zu bringen.

Summa-
rien vber die Psalmen/
Vnd vrsachen des
dolmetschens.
Mart. Luther.
Wittemberg.
1 5 3 1.

Übersetzungsprinzipien Luthers und Charakteristika seiner Sprache

Die Prinzipien seiner Bibelübersetzung hat Luther nirgendwo derart eindrucksvoll dargelegt und verteidigt wie in seinem berühmten *Sendbrief vom Dolmetschen* aus dem Jahr 1530. Von seinen Kritikern war Luther mit dem Vorwurf bedacht worden, an vielen Stellen zu frei mit dem Text umzugehen. Demgegenüber betont er, dass seine Übersetzung der biblischen Schriften ins Deutsche zwar stets auf der präzisen philologischen und lexikalischen Analyse des Ausgangstextes beruhe, es aber um mehr als dessen buchstäbliche Übertragung gehe. Texttreue bedeutet für Luther nicht, den Urtext möglichst wortgetreu im Deutschen wiederzugeben, sondern den herausgearbeiteten Textsinn in der von den Adressaten seiner Bibelübersetzung gesprochenen Zielsprache zu erschließen. Umstritten war beispielsweise Luthers Entscheidung, in Römer 3,28 ein nicht im griechischen Urtext stehendes „allein" einzufügen. Daraus ergibt sich die Aussage, dass der Mensch ohne Gesetzeswerke allein aus Glauben gerecht wird. Luther wollte Paulus, so wie er ihn verstand, präzisieren. Während ihm vonseiten seiner altgläubigen Gegner eine Verfälschung des Bibeltextes vorgeworfen wurde, rechtfertigt er die Einfügung damit, dass sie in Einklang mit den Regeln der deutschen Sprache erfolgt sei. Dort werde „allein" zur Unterstreichung einer Aussage verwendet. Erst durch die Einfügung erschließt sich für den Reformator in unmissverständlicher Weise der Sinn des paulinischen Gedankens, dass die Rechtfertigung des sündigen Menschen aus reiner Gnade Gottes erfolgt. Ein weiterer heftiger Konfliktpunkt war der Lukas 1,28 überlieferte Gruß des Erzengels Gabriel an Maria, der in der Vulgata „Ave Maria, gratia plena" lautet. Während das „gratia plena" traditionell mit „voll Gnaden" wiedergegeben wurde, vertritt Luther die Auffassung, dass kein Deutscher so reden würde. Die Formulierung, dass Maria voll Gnaden sei, rufe den Gedanken an ein Fass voll Bier oder einen Beutel voll Geld wach. Deshalb habe er „Du Holdselige" gewählt, womit man sich sehr viel besser vorstellen könne, was der Engel in seiner Anrede an Maria zum Ausdruck bringen wollte.

Bald darauf erläutert Luther in den *Summarien über die Psalmen und Ursachen des Dolmetschens* ein weiteres Mal die Leitlinien seiner Übersetzungsprinzipien und veranschaulicht sie nun an Beispielen aus dem Psalter. Auch hier betont er die Notwendigkeit eines Abweichens von der wörtlichen Übersetzung, wenn es die deutsche Sprache nicht anders zulasse oder das Textverständnis sonst verdunkelt würde. Es gehe nicht darum, am Buchstaben des Ausgangstextes haften zu bleiben, sondern den Inhalt zu erfassen und mit passenden Worten oder Wendungen der Zielsprache wiederzugeben. Insbesondere bei Psalm 69 mit seiner schwer ins Deutsche übertragbaren Bildersprache hat Luther nach eigenem Bekunden „viel gewagt und oft den Sinn gegeben und die Worte fallen gelassen". Ein anderes Beispiel ist Psalm 63,7. Diesen Bibelvers hatte Luther 1524 bei der Erstübersetzung des Psalters recht wortgetreu mit „Lass meine Seele voll werden wie mit Schmalz und Fettem, dass mein Mund mit fröhlichen Lippen lobe" wiedergegeben. Später kam er zu der Überzeugung, dass erst eine freiere Übersetzung den Sinn des Textes in der Lebenswelt der Adressaten verständlich macht. Die Hebräer meinten mit Schmalz und Fett die Freude, was aber kein Deutscher verstehe. Deshalb entschied sich Luther bei der Revision des Psalters für den Wortlaut „Das wäre meines Herzens Freude und Wonne, wenn ich dich mit fröhlichem Munde loben sollte."

Zu den großen kulturwissenschaftlichen Leistungen Luthers zählt, dass er wie kaum ein anderer die deutsche Sprache durch bildhafte Ausdrücke geprägt hat, die sich mit der Zeit überall durchsetzten. Der Germanist Hartmut Günther hat mehr als 70 kraftvolle Redewendungen und Begriffe aus Luthers Bibelübersetzung zusammengetragen, die zum Allgemeingut geworden sind. Dazu zählen „mit Blindheit geschlagen sein" (Genesis 19,11), „ein Dorn im Auge sein" (Numeri 33,55), „seine Hände in Unschuld waschen" (Psalm 26,6), „ein Ende mit Schrecken nehmen" (Psalm 73,19), „jemandem das Maul stopfen" (Matthäus 22,34), „ein Herz und eine Seele sein" (Apostelgeschichte 4,32) und „seine Zunge im Zaum halten" (Jakobus 1,26). Auch Ausdrücke wie

In seinen *Summarien über die Psalmen* erläuterte Luther 1531 erneut seine Übersetzungsprinzipien.

Bluthund (2 Samuel 16,7), Denkzettel (für Gebetsriemen, Matthäus 23,5), Fallstrick (Lukas 21,35), Lästermaul (Sprüche 4,24) oder Lockvogel (Jesus Sirach 11,30) sind dank der Lutherbibel aus der deutschen Sprache nicht mehr wegzudenken. Charakteristisch für Luther ist zudem, dass er der emotionalen Seite des Textes große Sorgfalt widmet und nicht zuletzt durch die gehäufte Verwendung von sinnlichen Ausdrücken mit „Herz" sämtliche Register zieht, um Pathos zu erwecken. Die Germanistin Birgit Stolt prägte dafür den schönen Begriff einer „Rhetorik des Herzens", die einen integralen Bestandteil von Luthers theologischem Denken ausmacht und sein gesamtes Sprachschaffen durchzieht. Zu den unverwechselbaren Sprachmerkmalen Luthers gehört auch die Einführung eines Sakralstils in die Alltagssprache, der sich beispielsweise in Wendungen wie „und es begab sich" oder „und siehe" niederschlägt. Im ersten Fall hätte das von den vorreformatorischen Bibelübersetzungen gewählte „und es geschah" der

Luthers Bibelübersetzung war ein Katalysator für die Entwicklung einer einheitlichen neuhochdeutschen Schriftsprache, die sich auch in der deutschen Literatur niederschlug. Goethe umgeben von Wieland, Lessing, Klopstock, Herder und Lessing. Kreidelithografie von Johann Sprick

Volkssprache näher gestanden. Diese Formulierung war Luther aber offenbar zu blass. Mit „und siehe" bewahrt Luther bewusst eine im Urtext vorhandene, im Deutschen aber untypische Ausdrucksweise. Eigentlich hätte er nach dem Sprachempfinden seiner Zeit den Plural „seht" wählen müssen, wie es vor ihm etwa die Mentelinbibel oder die Zainerbibel tun.

Luthers Bibelübersetzung besticht nicht nur durch die sprachliche Gestaltungskraft, sondern auch durch die Akribie, mit der er sich auf die Suche nach passenden deutschen Wörtern begab. Die Anekdoten von Gesprächen mit Schlachtern oder Bauleuten, um geeignete Fachausdrücke für die Wiedergabe spezieller hebräischer Vokabeln zu erkunden, sind nur Einzelbeispiele. Als ihm, wie schon erwähnt, 1522 bei den Abschlussarbeiten am Septembertestament die Namen für die Edelsteine des neuen Jerusalems Schwierigkeiten bereiteten, ließ Luther sich durch Vermittlung Georg Spalatins die Edelsteinsammlung des kurfürstlichen Hofes durch einen Kurier überbringen. Er wollte sich persönlich ein Bild von den Farben und der Leuchtkraft der Steine machen, bevor er deren Bezeichnungen in Offenbarung 21 endgültig festlegte. Im Dezember desselben Jahres erbat Luther von Spalatin eine möglichst vollständige Liste mit Beschreibungen und volkstümlichen Namen von Raubvögeln, Wild und Reptilien. Die Zusammenstellung sollte ihm bei der Übersetzung der hebräischen Tiernamen des Alten Testaments Hilfe leisten. Auch hier geht Anschaulichkeit im Zweifelsfall über wörtliche Textwiedergabe. So bringt Luther in Levitikus 11 das Kaninchen und den Igel ein, um in der Lebenswelt seiner Adressaten unbekannten Tieren wie dem Klippdachs und dem Gecko ein Gesicht zu geben. Für die Münzen des Neuen Testaments wählte Luther Münzbezeichnungen seiner eigenen Zeit wie Groschen, Heller, Scherflein, Silberling und Silbergroschen. Die notwendigen Informationen zu den in der Antike gültigen Münzwerten und deren Kaufkraft hatte Melanchthon brieflich bei dem Erfurter Arzt Georg Sturtz und dem Stolberger Rentmeister Wilhelm Reiffenstein eingeholt, die beide auf dem Gebiet der Numismatik bewandert waren. Das soziale Universum der Bibel beschrieb Luther an vielen Stellen mit zeitgenössischen Begriffen wie Fürst (Genesis 12,15), Herzog (Matthäus 2,6), Landvogt (1 Könige 20,14), Bürgermeister (1 Könige 22,26), Rentmeister (Römer 16,23) oder Stadtdiener (Apostelgeschichte 16,35). Damit konnten die Menschen des 16. Jh.s in Luthers Bibelübersetzung unschwer ihre eigene Welt wiedererkennen und sich in die Lebenswirklichkeit der biblischen Texte einfühlen. Diese Begriffe wurden in der Lutherbibel inzwischen durch Bezeichnungen ersetzt, die für die Antike passender sind.

Aus dem Klippdachs machte Luther ein Kaninchen, um seinen Adressaten unbekannten Tieren ein Gesicht zu geben.

Im Zuge der Heroisierung Luthers wurden seine Verdienste um die deutsche Sprache oftmals überbewertet. Dass Luther der Erfinder der neuhochdeutschen Schriftsprache sei, stellt ein Geschichtskonstrukt zur Überhöhung des Reformators dar und gehört in die Welt der längst widerlegten Mythen. Dennoch ist die sprachgeschichtliche Bedeutung Luthers immens. Bei seinen Bibelrevisionen bemühte er sich immer stärker um ein die Sprachgrenzen überwindendes Deutsch. So erbat er 1535 von Wenzeslaus Linck aus Nürnberg die Zusendung dort gedruckter poetischer Schriften, um seinen mitteldeutschen Schreibstil an der Sprache der oberdeutschen Dichter zu schulen. Dank ihres hohen Verbreitungsgrades trieb die Lutherbibel die Ausprägung einer gesamtdeutschen Sprache in rasanter Geschwindigkeit voran. Nach vorsichtigen Schätzungen waren bereits Ende des 16. Jh.s weit mehr als eine halbe Million Gesamt- oder Teilausgaben der Lutherbibel im Umlauf. Indem Luthers Bibelübersetzung durch ihren kraftvollen Wortschatz und ihre anschauliche Ausdrucksweise eine enorme sprachbildende Wirkung entfaltete, wurde sie zum Katalysator umfassender Angleichungsprozesse in den unterschiedlichen deutschen Sprachregionen. Sie lieferte damit den entscheidenden Beitrag zur Entstehung einer einheitlichen neuhochdeutschen Schriftsprache, die sich im späten 18. Jh. durch das literarische Wirken von Lessing, Goethe und Schiller endgültig verfestigte.

·M·D·XXVII·
·G·L·
Das naw
testament nach lawt
der Christlichē kirchen
bewertē text/corrigirt/ vñ wider
umb zu recht gebracht.m.d.xxvij
Dis ist mein gelib
ter son dē solt yhr
gehorchē Ma.17.
Gleych wie meyn vater mich gesant
hat / also send ich euch Johan. 21.
Wer euch
hört der hört
mich vñ wer
euch veracht
d veracht mi
ch. Luce. 10.

Plagiat: 1527 brachte der Dresdner Hoftheologe Hieronymus Emser eine Übersetzung des Neuen Testaments auf den Markt, die der Luthers aufs Haar glich.

13. Feindliche Übernahme:

KATHOLISCHE GEGENBIBELN

Auch 1530 schäumt Martin Luther noch vor Wut und ist kaum zu bändigen. Der Dresdner Hoftheologe Hieronymus Emser hat drei Jahre zuvor auf Veranlassung des Herzogs Georg von Sachsen eine Übersetzung des Neuen Testaments herausgebracht, die seiner eigenen bis aufs Haar gleicht. Die von Luther angestoßene Entwicklung war unumkehrbar. Das katholische Herzogtum Sachsen konnte sich nicht auf ein Verbot der Lutherbibel beschränken, sondern musste den Gläubigen eine Alternative dazu schaffen. Diese Aufgabe fiel Luthers Intimfeind Emser zu. In den Augen des Wittenberger Reformators war er einer der drei Quakfrösche aus Offenbarung 16, die am Ende der Tage aus den Mäulern des Satans und seiner Helfer herauskommen, um die Herrscher gegen das Evangelium aufzubringen. Den Namen seines inzwischen verstorbenen Widersachers, mit dem ihn seit 1519 erbitterte Kontroversen verbanden, will Luther gar nicht mehr in den Mund nehmen. Er spricht nur vom Sudler in Dresden. Dieser habe nichts anderes getan, als die Vorreden und Randglossen des Septembertestaments gegen neue auszutauschen und die Bibelübersetzung dann unter seinem eigenen Namen zu verkaufen. Angesichts der nur geringfügigen Korrekturen, die Emser am Luthertext vorgenommen hatte, versuchte der Reformator der feindlichen Übernahme seiner Bibel aber auch Positives abzugewinnen: Da eine unter katholischer Flagge segelnde Version seiner Übersetzung deren Breitenwirkung erhöhte, sah er keinen Anlass zu Rachegelüsten. Dies hinderte Luther allerdings nicht daran, beim Herzog von Mecklenburg durchzusetzen, dass 1530 eine in Rostock gedruckte niederdeutsche Ausgabe der Emserbibel sofort nach Erscheinen eingestampft wurde. Mit der Dietenbergerbibel und der Eckbibel sollten weitere einflussreiche Gegenbibeln folgen.

Hieronymus Emser und sein Imitat des Septembertestaments

Hieronymus Emser war eine illustre Person und führte in jungen Jahren ein bewegtes Leben. In Tübingen und Basel bestritt er das Studium der Theologie. Der Studienaufenthalt in Basel endete mit einem handfesten Eklat: Emser schrieb einem Schweizer Kommilitonen, der neben ihm in der Vorlesung eingeschlafen war, heimlich ein Schmähgedicht ins Kollegheft. In den lateinischen Spottversen wurden die Eidgenossen als Gottesfeinde, Tyrannen und Taugenichtse diskreditiert, die nur träge die Kuh melkten, nach Räubermanier die Wälder liebten und bald vor den Geschossen ihrer Gegner die Flucht ergreifen würden. Das Gedicht kam nicht gut an. Emser wurde in Kerkerhaft genommen und, nachdem er vor Gericht Widerruf geleistet hatte, im Mai 1502 der Stadt verwiesen. Danach nahm Emser eine Stelle als Sekretär des päpstlichen Legaten Kardinal Peraudi an und begleitete ihn auf seiner zweijährigen Rundreise durch die deutschen Bistümer. Nach einem kurzen Aufenthalt in Straßburg kam er 1504 an die Universität Erfurt und hielt dort eine Vorlesung, zu deren Hörern auch Luther zählte. Ein Jahr später wurde Emser in Dresden Sekretär des Herzogs Georg von Sachsen. Bald stieg er zum Hofkaplan auf und wurde zum wichtigsten theologischen Berater des Regenten.

Die Feindschaft mit Luther hat ihren Ausgangspunkt in der Leipziger Disputation von 1519, der Emser beiwohnte. Bei diesem akademischen Streitgespräch standen sich die Wittenberger Reformatoren Andreas Karlstadt und Martin Luther auf der einen Seite und der Ingolstädter Theologieprofessor Johannes Eck auf der anderen Seite gegenüber. Im Verlauf der Debatten bestritt Luther, dass das Papsttum eine Institution göttlichen Rechts sei. Zudem stellte er die Autorität und Irrtumslosigkeit der Konzilien in

Dieses Spottblatt auf Luthers Gegner aus dem Jahr 1521 zeigt in der Mitte Papst Leo X. als Antichrist, gerahmt von „Doctor Bock Emser aus Leipzig“ und „Doctor Eckus aus Ingolstadt“, der als Schwein stilisiert ist.

Abrede. Dabei ließ Luther sich von Eck aus der Reserve locken und ergriff Partei für den tschechischen Kirchenrebellen Jan Hus, der 1415 in Konstanz wegen angeblicher Ketzerei auf dem Scheiterhaufen gestorben war: Einige der Lehren von Hus seien vom Konstanzer Konzil zu Unrecht verurteilt worden, da sie dem Evangelium entsprächen. Mit diesen Aussagen erschütterte Luther die römische Kirche in ihren Grundfesten. Emser machte es sich fortan zur Lebensaufgabe, Luthers Publikationen mit Gegenschriften zu bekämpfen und ihn als Ketzer zu entlarven. Im Jahr 1521 heizte er mit seiner Kritik an Luthers Adelsschrift den Konflikt weiter an und löste eine erbitterte literarische Fehde aus, wobei Luther seinen Kontrahenten mit Spott und Ironie übergoss. Danach verlor Luther das Interesse an weiteren Auseinandersetzungen, während Emser seinen publizistischen Feldzug unermüdlich fortsetzte. Bis zu seinem Tod im November 1527 stand er gemeinsam mit Eck an der vordersten Front der Widersacher Luthers. Ergänzend zu den eigenen Publikationen gab Emser auch antilutherische Schriften anderer Autoren und gegen die Reformation gerichtete offizielle Dokumente in deutscher Übersetzung heraus, um deren Breitenwirkung zu steigern und dem Volk die Augen über Luther zu öffnen. In einer großen Zahl von Emsers Schriften prangt auf dem Titelblatt das Familienwappen, das einen Steinbock mit mächtigen Hörnern zeigt. Dies trug ihm vonseiten des lutherischen Lagers den Spottnamen „Bock Emser“ ein.

Zum zentralen Feld der Auseinandersetzung Emsers mit Luther entwickelte sich ab 1522 die Bibelübersetzung. Nachdem Luthers Septembertestament erschienen war, untersagte Herzog Georg von Sachsen in seinem Herrschaftsgebiet sogleich dessen Verkauf und Besitz. Der Herzog war an einer Reform der Papstkirche interessiert. Von Luthers papstkritischer Haltung hatte er bei der Leipziger Disputation ein persönliches Bild gewonnen und bekämpfte fortan die Verbreitung seiner Lehren mit aller Schärfe. Emser verfasste 1523 auf Veranlassung von Herzog Georg eine Streitschrift, in der er auf mehr als 300 Seiten darzulegen versucht, warum das Verbot von Luthers Bibelübersetzung zu Recht erfolgt sei. Nach einer Vorrede setzt sich Emser detailliert mit den einzelnen Teilen des Septembertestaments aus-

Urbanus Rhegius nahm Luther gegen die Angriffe Emsers in Schutz und rühmte ihn als vortrefflichen Übersetzer. Fenster mit dem Bildnis des Reformators in der Evangelischen Friedenskirche Langenargen

einander. Er wirft Luther eine Vielzahl von Fehlern und Irrtümern vor. Dabei geht es einerseits um den Inhalt der Vorreden und Randglossen, andererseits um den Bibeltext selbst, den Luther an rund 1400 Stellen willkürlich verändert habe. Was Emser als ketzerische Verfälschung der Heiligen Schrift brandmarkte, waren einerseits freiere Übersetzungen Luthers, andererseits Abweichungen vom mittelalterlichen Vulgatatext der Kirche, die sich durch Luthers Rückgriff auf den griechischen Urtext des Neuen Testaments ergaben. Dies stellte bereits der Reformator Urbanus Rhegius heraus, der in einer 1524 in Augsburg veröffentlichten Verteidigungsschrift Luther gegen die Angriffe Emsers in Schutz nimmt. Rhegius rühmt Luther als trefflichen Dolmetscher, der das Neue Testament aus der griechischen Originalausgabe des Erasmus von Rotterdam verdeutscht habe. Wer Luthers Übersetzung verwerfe, der würdige nicht nur die Arbeit des Erasmus herab, sondern verachte auch die Päpste Leo X. und Hadrian VI., die sich lobend über die Textausgabe des großen Humanisten geäußert hätten.

Unterdrücken ließ sich die Lutherbibel im Herzogtum Sachsen trotz des Verbots nicht mehr. Man brauchte ein katholisches Konkurrenzprodukt, das Emser 1527 veröffentlichte. Von der Aufmachung her stellt sein Neues Testament eine exakte Kopie von Luthers Ausgabe dar. Die Übereinstimmungen erstrecken sich auf das Folioformat, die Schwabacher Schrifttype, die einspaltige Anordnung des Textes mit Randglossen, die Einfügung von Vorreden und die Gestaltung der Buchinitialen in Form von Holzschnittbildern mit Porträts der neutestamentlichen Autoren. Zudem erwarb Emser sogar aus der Werkstatt von Lucas Cranach die Druckstöcke mit den Holzschnitten zur Johannesoffenbarung, die bei der Herstellung des September- und Dezembertestaments Verwendung gefunden hatten. Dies führt zu dem Kuriosum, dass die papsttreue Emserbibel mit latent papstkritischen Bildelementen geschmückt ist, die das Gericht an der Hure Babylon als Untergang Roms stilisieren. Eingeleitet wird die Emserbibel durch ein Vorwort des Herzogs Georg von Sachsen, in dem der Fürst ein Verdammungsurteil über die Lehren und Schriften Luthers ausspricht. Er habe den hochgelehrten Magister Hieronymus Emser mit der Verdolmetschung des Neuen Testaments beauftragt, um die Gläubigen vor Luthers falscher Übersetzung zu schützen. Zudem solle sich niemand mehr darüber beklagen können, ihm sei die Bibel vorenthalten worden. Es schließt sich die Vorrede des heiligen Hieronymus über die vier Evangelien an. Bei den einzelnen biblischen Büchern hat Emser die Vorreden Luthers durch eigene Prologe ersetzt, die Sachinformationen zu den Autoren und ihren Schriften geben. In den Randglossen grenzt sich Emser immer wieder polemisch von Luthers Übersetzung und Auslegung ab. Bei den Eingriffen in den Text geht es im Wesentlichen um Korrekturen der Lutherübersetzung anhand der Vulgata. Nicht selten werden zudem von Luther gewählte Wörter einfach durch Synonyme ausgetauscht.

Ob die Veränderungen Emsers am Septembertestament ausreichen, um seine Bibel als eigenständige wissenschaftliche Leistung zu bewerten, ist umstritten. Trotz zahlreicher Korrekturen am Luthertext bleibt er unverkennbar von dessen sprachlicher Gestalt abhängig. Da Emser zudem die Aufmachung des Septembertestaments bis hin zur Übernahme von Cranachs Holzschnitten so weit wie möglich nachahmt, kann man durchaus von einem Plagiat sprechen. Der Erfolg gab Emser auf jeden Fall Recht, auch wenn es ihm nicht vergönnt war, diesen noch mitzuerleben. Der vermeintliche Sudler aus Dresden verstarb noch im Jahr des Erscheinens seiner Bibel. Anfang 1529 wurde in Leipzig posthum eine zweite Auflage veröffentlicht, der als Anhang die 1523 erschienene Kampfschrift Emsers gegen das Septembertestament beigefügt ist. Dabei sind im Neuen Testament die am Seitenrand abgedruckten Lutherübersetzungen mit Querverweisen versehen, aus denen hervorgeht, an welcher Stelle des Anhangs man Emsers Widerlegung von Luthers angeblicher Textverfälschung nachlesen kann. Im Herbst 1529 brachte Johannes Dietenberger in Köln eine weitere Neuausgabe der Emserbibel heraus, in der er die wichtigsten Anmerkungen Emsers zur Lutherübersetzung nun am Ende jedes einzelnen Kapitels unter dem Bibeltext einfügte. Emsers Neuem Testament waren noch zahlreiche weitere Auflagen beschieden. Zudem floss es nahezu unverändert in die Dietenbergerbibel und die Eckbibel ein.

Die Erfolgsgeschichte der Dietenbergerbibel

Johannes Dietenberger gehörte dem Dominikanerorden an. Während seines von 1520 bis 1526 währenden Wirkens als Prior des Frankfurter Dominikanerklosters erlebte er die Einführung der reformatorischen Neuerungen in der Mainmetropole hautnah mit. Vor diesem Hintergrund entstanden seine ersten Streitschriften gegen Luther. Im Jahr 1530 zählte Dietenberger auf dem Augsburger Reichstag zu den Autoren der *Confutatio Augustana*, der katholischen Erwiderung zur protestantischen *Confessio Augustana*. Im Gegensatz zu anderen papsttreuen Theologen war er allerdings in den konfessionellen Auseinandersetzungen seiner Zeit um Deeskalation und Sachlichkeit bemüht. Von 1532 bis zu seinem Tod in 1537 wirkte Dietenberger als Theologieprofessor in Mainz und bekleidete dort zudem das Amt des Großinquisitors. In diese letzte Lebensphase fällt die Veröffentlichung seiner Bibel.

Die Dietenbergerbibel erschien 1534 noch vor der Wittenberger Gesamtausgabe der Lutherbibel. Sie zählt zur Gattung der kombinierten Bibeln. Für das Alte Testament legte Dietenberger die Übersetzungen Luthers zugrunde, die zwischen 1524 und 1532 in Einzelausgaben erschienen waren, wobei er den Luthertext überarbeitete und an den Wortlaut der Vulgata anglich. Zudem griff er auf die Wormser Übersetzung der Prophetenbücher durch Ludwig Hätzer und Hans Denck zurück. Die Spätschriften aus alttestamentlicher Zeit gab Dietenberger nach der 1529 erschienenen Zürcher Ausgabe der Apokryphen von Leo Jud wieder. Beim Neuen Testament stützte er sich auf die Übersetzung von Hieronymus Emser und dessen kritische Anmerkungen zur Lutherübersetzung.

Dietenberger stellt seiner Bibel einen Widmungsbrief an Erzbischof Albrecht von Mainz voran, in dem er die Notwendigkeit seiner Bibel betont und Rechenschaft über seine Vorgehensweise ablegt. Durch die neugedruckten deutschen Bibeln der falschen Propheten sei das Wort Gottes verunreinigt und verdorben worden. Daher hätten ihn Christen hohen wie niederen Standes gebeten, ja geradezu angefleht, eine zuverlässige Übersetzung herauszugeben. Dietenberger erhebt nicht den Anspruch, ein völlig neues Werk geschaffen zu haben. Vielmehr ging es ihm nach eigenem Bekunden darum, die schon vorliegenden Übersetzungen von Irrtümern

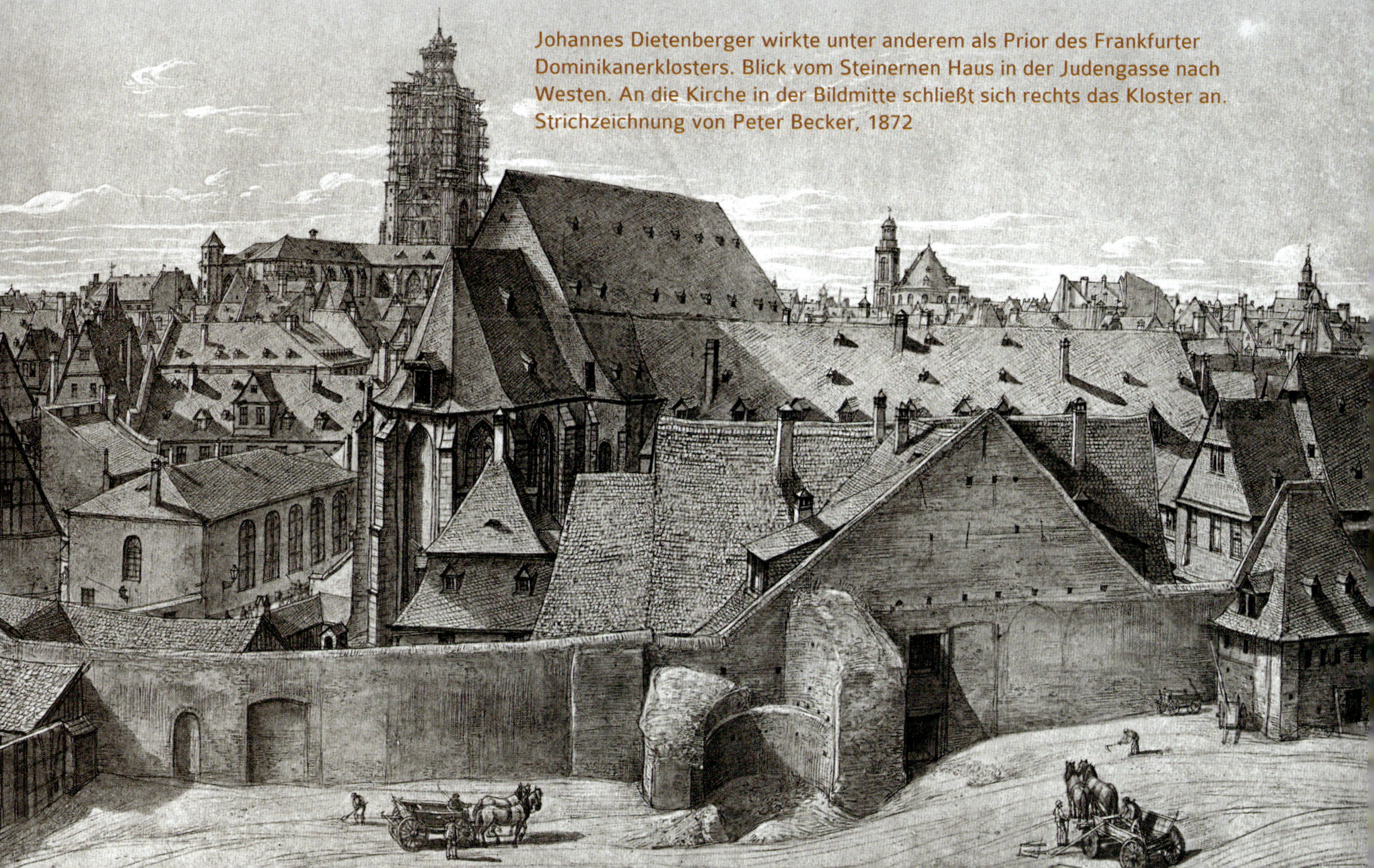

Johannes Dietenberger wirkte unter anderem als Prior des Frankfurter Dominikanerklosters. Blick vom Steinernen Haus in der Judengasse nach Westen. An die Kirche in der Bildmitte schließt sich rechts das Kloster an. Strichzeichnung von Peter Becker, 1872

Biblia/ beider
Allt vnnd Newen Testa
menten/fleissig/treülich vñ Christ
lich/nach alter/inn Christlicher
kirchen gehabter Translation/ mit auß-
legunng etlicher dunckeler ort/ vnnd besserung viler verrückter wort vnd sprüch/
so biß anhere inn andernn kurtz auß-
gangnen theutschen Bibeln ge-
spürt vnd gesehen

Durch D. Johan Dieten
berger/new verdeutscht. Gott zů
ewiger ehre/vnnd wolfarth seiner
heiligen Christlichen
Kirchen.

Mit Röm. König. Ma.
Gnad vnd Freyheyt/ Ge-
truckt zů Meyntz Im jar
nach Christi Gepürt.
XVc. XXXIIII.

Titelblatt der Dietenbergerbibel aus dem Jahr 1534

zu bereinigen. Wie eine Biene habe er den Honig von vielen Blumen zusammengetragen und das Ganze dann getreulich mit dem bewährten lateinischen Text der Kirche verglichen. Die eigenständige Leistung Dietenbergers ist vor allem im Alten Testament erkennbar, während er im Neuen Testament an der Ausgabe von Emser keine gravierenden Änderungen vornahm. Dietenberger folgt im Alten Testament bei der Überarbeitung der Lutherübersetzung zwar der Vulgata, will aber den hebräischen Urtext nicht ausblenden. Wo die Vulgata davon abweicht, vermerkt er in Randglossen, die mit einem Asterix gekennzeichnet sind, wie die Übersetzung gemäß der hebräischen Bibel lauten müsste. Dabei gibt Dietenberger in der Regel einfach die betreffenden Formulierungen Luthers wieder, der sich ja am hebräischen Urtext orientierte. Auch Textpartien, welche die hebräische Bibel oder die Septuaginta über die Vulgata hinaus bieten, werden in den Randglossen Dietenbergers auf Deutsch angeführt. Zudem finden sich am Seitenrand häufig sinnverwandte deutsche Ausdrücke für die im Bibeltext gewählten Wörter, was deren Verständnis erleichtert. Am Ende jeden Kapitels bietet Dietenberger nach dem Vorbild seiner Kölner Ausgabe von Emsers Neuem Testament auch im Alten Testament kommentierende Anmerkungen, in denen er Sacherläuterungen gibt und in Auseinandersetzung mit der Auslegung Luthers sein Verständnis der Textstellen darlegt. Einen Bruch mit der Tradition vollzieht Dietenberger allerdings dadurch, dass er wie Luther bei den alttestamentlichen Namen zuweilen der hebräischen Schreibweise den Vorzug gibt. So spricht er entgegen dem Sprachgebrauch der Vulgata von Heua statt Eva oder von Hiskia statt Ezechias. Dies brachte ihm auf katholischer Seite scharfe Kritik ein und wurde in der posthumen Ausgabe von 1540 geändert. Dietenbergers Bibel war im Bereich der katholischen Kirche eine Erfolgsgeschichte sondergleichen beschieden. Bis ins späte 18. Jh. blieb sie in den katholischen Regionen des deutschen Sprachraums die Bibelübersetzung schlechthin und erschien in insgesamt fast 50 Auflagen. Hinzu kommen noch zahlreiche Sonderausgaben des Neuen Testaments, des Psalters und des Buches Jesus Sirach.

Die Bibelübersetzung von Johannes Eck

Johannes Eck, von dem bereits im Zusammenhang mit der Leipziger Disputation die Rede war, nahm 1498 in Heidelberg als Zwölfjähriger das Studium auf und erwarb bereits im darauffolgenden Jahr in Tübingen den Magisterabschluss. Er empfing 1508 in Straßburg die Priesterweihe und wurde 1510 in Freiburg zum Doktor der Theologie promoviert. Von 1510 bis zu seinem Tod in 1543 hatte er eine Professur in Ingolstadt inne. Eck wurde zum führenden katholischen Theologen des Reformationszeitalters und schärfsten Widersacher Luthers. Dieser bezeichnete ihn im Gegenzug despektierlich als „Doktor Sau" oder als das „Schwein von Ingolstadt". Eck erkannte früh, dass Luther mit seinen radikalen Ansichten das Ganze der römischen Kirche infrage stellte. Sofort nach der Leipziger Disputation forderte er, wenn auch vergeblich, den Kurfürsten Friedrich von Sachsen dazu auf, in seinem Herrschaftsbereich Luthers Bücher zu vernichten. Zudem verfasste er allein im Jahr 1519 acht Streitschriften gegen den Wittenberger Kirchenrebellen. Anfang 1520 reiste Eck auf Einladung von Papst Leo X. nach Rom. Dort war der Prozess, den die Kurie wegen der Veröffentlichung der 95 Thesen gegen Luther in Gang gesetzt hatte, ins Stocken geraten und drohte im Sande zu verlaufen. Eck trat mit Erfolg für ein hartes Vorgehen gegen Luther ein und war maßgeblich an der Entstehung der päpstlichen Bulle *Exsurge Domine* („Erhebe dich, Herr") beteiligt. Das Dokument brandmarkt 41 Lehrsätze Luthers als ketzerisch oder anstößig, verfügt die Verbrennung seiner Schriften und kündigt ihm die Exkommunikation an, sofern er seine Lehren nicht innerhalb von 60 Tagen widerrufe. Eck brachte die Bulle eigenhändig über die Alpen, ließ sie in Ingolstadt von dem Drucker Andreas Lutz vervielfältigen und sorgte für ihre Verbreitung in den deutschen Bistümern. In den Folgejahren publizierte er weitere antilutherische Schriften, darunter 1523 ein immer wieder neu aufgelegtes Handbüchlein, das die vermeintlich ketzerischen Lehren Luthers und der anderen Reformatoren

186/187: Erbitterte Gegner: Martin Luther und Johannes Eck bei der Leipziger Disputation im Sommer 1519. Holzstich nach einer Zeichnung von Johannes Trenkwald, um 1850

Dem hohwürdigsten vater in Gott/durchleüchtigsten Fürsten vnd herren. H. Matheus der hailigsten Römischen kirchen Cardinal Bischoue Albanensi/Ertzbischoue zů Saltzburg/vnd gebornen legatē durch teütschland/wünsch ich Johan Eck doctor/vñ Inquisitor Gnad von GOTT mit erbietung mein vil williger gehorsamer vnderthäniger dienst.

HOchwürdigster Fürst vnd herr/Es ist mir vnuerborgen/auß was gůtem grund vnd vernünftigen vrsachē/von alter her/durch weiß hohuerstendig leüt: ist geacht worden/nit nutz/gůt oder hailsam sein/das die hailig gschrift/die Biblisch bůcher in ain gmaine landleüfige sprach (uernaculam linguam) zů vertolmetschen/Sunder auch gfärlich vnd schädlich gehalten worden: Dan dar durch der gmain lai leichtlich in hohfart sich erhebt/jhm selbs wolgefelt/das er die hailige gehaimnis vnd schwäre stell der gschrift in seiner vermainter witz/handlen vnd außlegen kan: wie S. Hieronymus jn der vorred der Bibel sich beklagt/das iederman sich vnderwind die gschrift zů handlen/das altweib/d alt man ꝛc. So doch kainer sich vnderstat in andern künsten gelert zů werdē/on vorgenden maistern/der jhm den weg zaige: Dan so die gschrift schwär ist vnd dunckel/wie S. Peter bezeügt von S. Pauls Episteln/vnd S. Augustin vnd S. Hieronymus bewärent: Vnd der bůchstab tödt vnd der gaist macht lebendig: Ist sorgklich den vngeüebten laien sich darein zů lassen/das sie also fallend in vermessenhait/in vil jrthum vnd ketzereien: Dan so hohgelert vnd geübt mann sint in kätzereien gfallen auß der hailigen gschrift wort vnrechtlich verstanden: wie Aug. Hiero. vnd Grego. sagend vilmer werden verfürt die brachtigen stoltzē laien/die on kunst/on übung sich vnderstand die hailig gschrift zů maistern/Wie Julianus der abtrinnig Kaiser sagt vō vnser hailigē Bibel ich habs gsehen/gelesen/vñ veracht: antwurt jhm S. Basili. Du hasts gesehen/vnd gelesen/vnd nit verstanden/sunst hettests nit veracht: des halb Innocentius der Babst wol bedächtlich vnd rächtlich der Bibel tolmätschung in gmaine sprach verbotten hat In integra decretali c. cum exiniuncto extra de hære. Vnd wie ich mit dem hochgelerten bestendigen vnuerletzlichen herren. Johan weiland Bischoue zů Rocester/wölchs gedächtnus sei in benedeiung/von disem vnd andern stucken vnsers hailigen glauben ain gespräch hielt: Zaigt mir der theür herrlich man glaubwürdig an/das im künigreich Engelland sei verbotten gwäsen die Bibel in Englisch zů vertolmetschen: das auch gehalten sei worden biß on geferlich vor xxv. oder xxx. jaren (bin ich aber in Engelland gwäsen Anno M. D. xxv.) Da sei sie in Englisch transferiert worden/darab vil treffenlicher gelert männer ain mißfallen gehabt: dan vor allain seien die Euangelia vnd Epistel vō der zeit vñ hailigen/in Englischer sprach außgelegt gwäsen: Wie dan in teütschen landen auch die selbigē seind in teutscher zungen vor vil hūdert jarē vertolmetscht worden: wie anzaigt das alt Euangeli bůch in Frenckischer teutscher zungē geschribē das/mir der hohwürdig durchleüchtig fürst/Herr Philipp Bischoue zů Freisingen/Administrator

Bibel nit vertеütschē.

Ad Paulinum.

2. Pet. 3
Aug. li. 2 de. doct. Christi. c. 6.
Hiero. ad Algasium.
2. Cor. 3
Sosomenes. alio vertit.
Innocentius.
Roffensis Bischoue.

zusammenfasst, und 1526 eine große Streitschrift, die sich mit der lutherischen Kritik am römischen Messopfer auseinandersetzt. Auf dem Augsburger Reichstag von 1530 war Eck federführend bei der Abfassung der gegen die protestantische *Confessio Augustana* gerichteten *Confutatio Augustana*.

Die im Frühjahr 1537 von Eck in Ingolstadt veröffentlichte Bibel entstand auf Befehl des Herzogs Wilhelm IV. von Bayern. Aus einem Brief Ecks an Herzog Georg von Sachsen geht hervor, dass sein bayerischer Landesherr ihm eng gefasste Vorgaben gemacht hatte, die aus dessen Abneigung gegen die Dietenbergerbibel resultierten. Herzog Wilhelm IV. bemängelte an der Übersetzung Dietenbergers die Berücksichtigung des hebräischen Textes bei der Schreibung der alttestamentlichen Eigennamen, eine zu starke Anlehnung an die Sprache Luthers und die Einfügung gelehrter Kommentare am Ende jedes Kapitels. Nun forderte er von Eck eine katholische Bibel, die möglichst wenig an Luther erinnerte. Eck sollte sich auf die Übertragung der lateinischen Vulgata ins Deutsche beschränken und auf kommentierende Anmerkungen verzichten. Erlaubt waren lediglich kurze Informationen am Seitenrand. Mit diesen Richtlinien konnte sich Eck nur bedingt anfreunden. Die programmatische Ausklammerung des hebräischen und griechischen Urtextes widersprach seinen humanistischen Idealen. Ebenso wenig war es in seinem Sinne, dass ihm in seiner Bibelausgabe eine Darlegung der Übersetzungsentscheidungen verwehrt blieb. Deshalb plante er eine separate Abhandlung mit ergänzenden Erläuterungen zum Bibeltext, die aber nie erschien. Letztlich entledigte sich Eck der ihm gestellten Aufgabe auf pragmatische Weise, wobei er im Neuen Testament den geringstmöglichen Aufwand betrieb. Innerhalb eines Jahres lieferte er das Werk in der Form ab, wie sein Landesherr es verlangt hatte.

Der Bibel ist ein Widmungsbrief an den Salzburger Erzbischof Matthäus Lang vorangestellt, in dem Eck über seine Vorgehensweise und die benutzten Quellen Rechenschaft ablegt. Zunächst zeigt er großes Verständnis für die Vorbehalte gegenüber volkssprachlichen Bibeln und weist auf die Gefahren hin, welche die Bibellektüre von Laien mit sich bringe. Er sieht allerdings sein Vorhaben vor dem Hintergrund der Lutherbibel als alternativlos an. Angesichts der im Umlauf befindlichen verfälschten Übersetzungen und der dadurch hervorgerufenen Verunsicherung müsse den Gläubigen eine verlässliche deutsche Bibel zur Verfügung gestellt werden. Da sich das Missfallen von Herzog Wilhelm IV. an der Dietenbergerbibel nicht zuletzt auf die vom Hebräischen beeinflusste Schreibweise der Eigennamen richtete, bezog Eck den ihm erteilten Auftrag zu einer Neuübersetzung allein auf das Alte Testament. Für das Neue Testament legte er die Ausgabe von Hieronymus Emser zugrunde, die er an die bairisch-österreichische Kanzleisprache anglich, inhaltlich aber bewusst nicht veränderte, obwohl sie hochgradig auf dem Luthertext basierte. Diese Vorgehensweise begründete Eck damit, dass ein Abrücken von Emsers bewährtem Neuen Testament Zweifel an der Zuverlässigkeit des bis dahin von der katholischen Kirche verbreiteten Bibeltextes wecken könnte. Die ständigen Revisionen des Septembertestaments hatte schon Emser als Eingeständnis Luthers in seine Irrtümer und Fehler betrachtet. Theoretisch hätte Eck es sich auch beim Alten Testament einfach machen können. Mit den vorreformatorischen Bibelausgaben aus dem süddeutschen Sprachraum wie etwa der Kobergerbibel oder Zainerbibel lagen Übersetzungen vor, die sich um die wörtliche Wiedergabe der Vulgata bemühten. Eck entschied sich aber bewusst dagegen, auf die Nürnberger oder Augsburger Bibeln zurückzugreifen. Dort werde das Bemühen um eine wortwörtliche Übersetzung übertrieben und gehe auf Kosten der Verständlichkeit. Zudem beruhten sie auf einem minderwertigen Vulgatatext. Stattdessen nahm Eck eine Neuübersetzung des lateinischen Alten Testaments aus der Complutensischen Polyglotte von 1520 und der Antwerpener Vulgata von 1534 vor. Obwohl die Eckbibel im Bereich des Alten Testaments unter sprachlichen Gesichtspunkten als schwer genießbar gilt, erlebte sie bis 1630 noch sechs weitere Auflagen. In den katholischen Regionen Bayerns und Österreichs war sie lange Zeit die tonangebende deutsche Bibel. An den Erfolg der Dietenbergerbibel kam sie allerdings bei Weitem nicht heran.

Widmungsschreiben Ecks an den Salzburger Erzbischof Matthäus Lang

des Alten
Testaments
ENDE
Das Neue
Testament
verdeutscht
von
Doktor
Martin Luther

„Das Wort sie sollen lassen stahn": Lutherdenkmal auf dem Wittenberger Marktplatz

14. Ständig auf dem Prüfstand:

DIE LUTHERBIBEL IM WANDEL DER ZEITEN

Um 1880 sind die aus Sachsen eingewanderten Lutheraner von Saint Louis in Missouri in heller Aufregung: In Deutschland steht die erste große Revision des Luthertextes seit dem Tod des Reformators kurz vor dem Abschluss. Bald werden nach fester Überzeugung der Gläubigen am Mississippi nur noch verfälschte Bibeln über den Ozean kommen. Eilig sammelt man Geld für den Druck einer eigenen Bibel, um den authentischen Text zu bewahren, wie er seit Jahrhunderten von der deutschen Christenheit benutzt wurde. Die Lutherbibel aus Missouri erscheint 1887 und bietet einen unveränderten Nachdruck der Altenburger Ausgabe von 1768. Knapp 100 Jahre nach dem Aufruhr in Saint Louis schlagen in Deutschland die Wellen der Empörung hoch. Die 1975 zum Abschluss gekommene Revision des Neuen Testaments ist von dem Grundsatz bestimmt, dass weithin unverständlich gewordene Formulierungen modernisiert werden müssten. In Matthäus 5,15 heißt es nun, dass man sein Licht nicht unter den Eimer stellt, da der Scheffel als Getreidemaß nicht mehr geläufig ist. Die neue Bibel verursacht einen Sturm der Entrüstung und wird als Eimertestament verhöhnt. Der Germanist Walter Jens spricht von „Mord an Luther". Noch bevor es zur kompletten Nachrevision kommt, macht der Rat der Evangelischen Kirche in Deutschland schon einmal 120 besonders anstößige Textveränderungen rückgängig und lässt den Eimer wieder zum Scheffel werden. Als schließlich im Herbst 2016 in Eisenach die anlässlich des 500. Reformationsjubiläums erneut revidierte Lutherbibel 2017 den Gemeinden im Rahmen eines Festgottesdienstes feierlich übergeben wird, stößt sie bei vielen Evangelikalen auf Ablehnung. Sie werfen den Verantwortlichen bibelkritische wie feministische Entstellungen der Heiligen Schrift vor und rufen die Lutherbibel von 1912 zur letzten noch unverfälschten Version aus. Alle drei Bei-

spiele zeigen, welche Befindlichkeiten durch Veränderungen an der Lutherbibel berührt werden. Jede Revision bewegt sich auf dem schmalen Grat zwischen Bewahrung der Tradition und notwendiger Anpassung des überlieferten Textes an veränderte sprachliche Konventionen wie neue bibelwissenschaftliche Erkenntnisse. Schnell wird von Verrat an Luther und einer Verfälschung des Wortes Gottes gesprochen. Dabei blendet man gerne aus, dass für den großen Reformator der Text seiner Bibel nie in Stein gemeißelt war, sondern er mit seinem Wittenberger Expertenkreis zeitlebens an der Optimierung der eigenen Übersetzung arbeitete.

Eine mit Teufelskot beworfene Bibel aus der Pfalz

Im Jahr 1588 kam in Tübingen eine Streitschrift heraus, die es in sich hatte. Verfasst wurde sie von Jakob Andreä, dem Kanzler der Universität. Im Hintergrund standen theologische Entwicklungen in der Kurpfalz, die sich unter Kurfürst Friedrich III. eine reformierte Kirchenordnung calvinistischer Prägung gegeben hatte. Bei der Frage, welche Bibel Verwendung finden sollte, war die Entscheidung überraschend gegen die Zürcher Übersetzung und für den Luthertext gefallen. Allerdings waren Luthers Zusätze nicht mit der reformierten Lehre vereinbar. Deshalb erschienen 1568 in Heidelberg und 1579 in Neustadt an der Weinstraße Lutherbibeln, aus denen die Vorreden und Randglossen des Wittenberger Reformators größtenteils entfernt worden waren. Im Jahr 1587 entschloss man sich in Neustadt sogar zum Druck einer Bibel, in der Luthers Übersetzung von dem reformierten Theologen David Pareus mit neuen Einleitungen und Kommentaren versehen wurde. Dies brachte für den Lutheraner Jakob Andreä das Fass zum Überlaufen. Er warnte eindringlich vor dem Erzbubenstück aus Neustadt. Es handele es sich um eine „mit des Teufels Kot beschmeißte Bibel“, die durch ihre calvinistischen Ketzereien Luthers heilsame Lehre aushöhle. Damit konnte er allerdings nicht verhindern, dass die calvinistisch angehauchte Lutherbibel noch mehrere Neuauflagen und Nachdrucke erfuhr.

Auch wenn die Bibeln aus Heidelberg und Neustadt für Lutheraner zur Zielscheibe scharfer Kritik wurden, hatten sie der Wittenberger Bibel doch etwas Entscheidendes voraus: Sie waren die ersten deutschen Bibelausgaben mit Verszählung. Die Gliederung der biblischen Schriften in Kapitel erfolgte seit dem frühen 13. Jh. nach dem System des englischen Gelehrten Stephen Langton, der den Bibeltext neu eingeteilt und damit ältere Ordnungsschemata ersetzt hatte. Die Verszählung wurde dagegen erst im 16. Jh. entwickelt. Sie geht in der uns vertrauten Form im Alten Testament auf den italienischen Gelehrten Sante Pagnini und im Neuen Testament auf den Genfer Drucker Robert Estienne zurück. Eine Einteilung des hebräischen Bibeltextes in kleinere Sinnabschnitte hatten bereits die Masoreten von Tiberias vorgenommen: Sie verwendeten mit dem sogenannten *Sof pasuq* ein spezielles Zeichen mit dem Aussehen eines Doppelpunktes, um das Ende eines Verses zu markieren. Sante Pagnini vollzog in seiner lateinischen Bibel von 1528 den nächsten logischen Schritt, indem er die von den Masoreten festgelegten Verse durchnummerierte. Analog dazu schuf Pagnini auch im Neuen Testament ein Modell der Verseinteilung und Verszählung, wobei er allerdings relativ umfangreiche Sinnabschnitte festlegte. Robert Estienne nahm dagegen 1551 für seine griechische Ausgabe des Neuen Testaments eine feingliedrigere Einteilung der Verse vor, die sich wegen ihrer größeren Übersichtlichkeit durchsetzte. Im Jahr 1553 brachte Estienne eine französische Bibel heraus, in der sich zum ersten Mal für beide Testamente das bis heute gebräuchliche System der Verszählung findet. Die Heidelberger Bibel von 1568 folgte diesem Vorbild und wurde damit zur ersten deutschen Bibelausgabe mit nummerierten Versen. Erst 1585 kamen dann nahezu zeitgleich in Wittenberg und Frankfurt auch echte Lutherbibeln mit Verszählung heraus.

Die Hallenser Ehebrecherbibel

Dass es bei der Herstellung eines so umfangreichen Werks wie der Bibel immer wieder zu Pannen und Missgeschicken kommt, versteht sich von selbst. Kein Fehler in der Geschichte der Lutherbibel war allerdings derart spektakulär wie jener, der 1731 einem Setzer der Cansteinschen Bibelanstalt unterlief. Die heute nicht mehr mit dem Buchdruck befasste Cansteinsche Bibelanstalt ist die älteste Bibelgesellschaft der Welt. Sie wurde 1710 in Halle an der Saale von Carl Hildebrand Freiherr von Canstein in Zusammenarbeit mit August Hermann Francke gegründet, um die Lutherbibel durch Massenfertigung zu einem preiswerten Artikel zu machen, den sich jeder leisten konnte. Hierzu schuf man mit immensen Investitionskosten einen Stehsatz. Die rund 1500 Druckseiten der Bibel wurden mit etwa fünf Millionen Bleilettern auf einen Schlag gesetzt, und dieser komplette Satz blieb für weitere Auflagen dauerhaft stehen. Bis dahin hatte man aus Rücksicht auf die hohen Kosten für Bleilettern immer nur wenige Seiten gesetzt und den Satz anschließend für die nachfolgenden Seiten wieder auseinandergenommen. Allein bis zur Mitte des 19. Jh.s wurden in Halle fast fünf Millionen Vollbibeln und 2,5 Millionen Exemplare des Neuen Testaments gedruckt. Für die Vorreden und Randglossen Luthers, die einst das konfessionelle Profil seiner Bibel geprägt hatten, war in den unschlagbar günstigen Ausgaben kein Platz. Die Apokryphen gehörten aber weiterhin fest dazu.

Bei dem besagten Fehldruck von 1731 versäumte es der Setzer, beim sechsten Gebot das kleine, aber entscheidende Wort „nicht“ einzufügen. Folglich heißt es in dieser Bibelausgabe in Exodus 20,14: „Du sollst ehebrechen.“ Ein Exemplar der Hallenser „Ehebrecherbibel“ befindet sich im Besitz der Wolfenbütteler Herzog August Bibliothek. Dort ist die betreffende Seite gänzlich abgegriffen und vergilbt, da sie bei

Das Canstein-Haus wurde 1727–35 auf dem Gelände der Franckeschen Stiftungen für die Bibelanstalt errichtet.

BIBLIA,

Das ist:

Die ganze Göttliche

Alten und Neuen Testaments,

nach der Deutschen Uebersetzung

D. Martin Luthers;

Mit jedes Capitels kurzen Summarien, auch beygefügten vielen und richtigen Parallelen:

Nebst einem Anhang

Des dritten und vierten Buchs Esrä, und des dritten Buchs der Maccabäer.

Dritte Auflage.

Germantown:

Gedruckt und zu finden bey Christoph Saur, 1776.

Führungen immer wieder aufgeschlagen und gezeigt wurde. Exakt 100 Jahre zuvor war in England den königlichen Druckern Robert Barker und Martin Lucas bei einer Ausgabe der *King James Bible* bereits das gleiche Missgeschick wie dem Hallenser Setzer unterlaufen. Während die beiden Unglücksraben damals eine Geldstrafe von 300 Pfund bezahlen mussten und sogar die Drucklizenz verloren, stellt ihr Fehldruck mit der klaren Aufforderung zum Ehebruch heute eine Kostbarkeit von erheblichem Wert dar. Im Jahr 2016 kam bei Sotheby's in New York ein Exemplar der extrem seltenen *Wicked Bible* unter den Hammer und wechselte für 47 500 US-Dollar den Besitzer.

Nordamerikanische Lutherbibeln

Die mehr als 150 Jahre währende Geschichte des Drucks deutscher Lutherbibeln in Nordamerika leitete Johann Christoph Sauer ein. Der Wittgensteiner Pietist wanderte 1724 aus Laasphe nach Pennsylvania aus. Dort ließ er sich in Germantown nieder, das heute ein Vorort von Philadelphia ist. Sauer war ein Multitalent, das über eine Vielzahl handwerklicher und technischer Begabungen verfügte. Er wirkte als Schneider, Uhrmacher, Kesselflicker und Landarzt. Nachdem Sauer in den Besitz einer Druckereieinrichtung gelangt war, eignete er sich auch die Drucktechnik an und spezialisierte sich auf deutschsprachige Publikationen, darunter neben religiösen Traktaten auch ein alljährlich erscheinender Almanach und eine Wochenzeitung. Bald darauf fasste er den Entschluss zum Bibeldruck. Die dazu benötigten Bleilettern schenkte ihm der Besitzer der Egenolffschen Schriftgießerei in Frankfurt. Das Papier bezog Sauer von Benjamin Franklin, der später an der Unabhängigkeitserklärung mitwirkte und zu einem der Gründerväter der Vereinigten Staaten wurde. Als 1743 die Lutherbibel von Germantown erschien, war sie auf dem nordamerikanischen Kontinent die erste Ausgabe der Heiligen Schrift in einer europäischen Sprache. Sie enthielt im Bereich der alttestamentlichen Apokryphen auch das dritte wie vierte Esrabuch und das dritte Makkabäerbuch. Nach dem Tod von Sauer brachte sein Sohn Christoph 1763 eine Neuauflage heraus. Im Revolutionsjahr 1776 war eine dritte Auflage bereits fertig gedruckt und lag zum Binden bereit, als sich die Ereignisse durch den amerikanischen Unabhängigkeitskrieg überschlugen. Es kam zu einer längeren Unterbrechung der Arbeiten, und bei der Einnahme von Germantown durch britische Truppen wurde schließlich die gesamte Auflage bis auf wenige Exemplare zerstört. Die britischen Soldaten sollen die losen Blätter der Sauerbibel zur Anfertigung von Patronenhülsen verwendet haben.

In Saint Louis in Missouri als Zentrum des deutschstämmigen Luthertums in den Vereinigten Staaten erschien neben der erwähnten Lutherbibel von 1887 auch eine überarbeitete Neuauflage der 25 Bände umfassenden Gesamtausgabe von Luthers Werken, die Johann Georg Walch zwischen 1740 und 1753 in Jena veröffentlicht hatte. Die amerikanische Metropole für den Nachdruck deutschen Schrifttums schlechthin war im 19. Jh. allerdings New York. Dies betraf nicht nur Unterhaltungsliteratur, sondern auch die Bibel. In New York wurden von der Amerikanischen Bibelgesellschaft in vielfachen Auflagen sowohl Gesamtausgaben der Lutherbibel, allerdings ohne die Apokryphen, als auch Drucke des Neuen Testaments herausgebracht. Manche davon waren zweisprachige Editionen, die neben dem deutschen auch den englischen Text boten. Als Anfang des 20. Jh.s die Einwanderungswelle von Deutschland in die Vereinigten Staaten stark abebbte und sich gleichzeitig die Mehrzahl der deutschstämmigen Amerikaner im Zuge der Assimilation allein dem Englischen zuwandte, kam der Druck deutscher Bücher und damit auch die Herstellung von Lutherbibeln zum Erliegen.

Die kirchenamtlichen Revisionen von 1892 und 1912

Mehr als 250 Jahre wurde die Lutherbibel weithin in der Textform der kursächsischen Normbibel von 1581 nachgedruckt. Im Zuge der im 17. Jh. von der lutherischen Orthodoxie entwickelten Inspirationslehre wurde dieser vermeintlich fehlerfreie Luthertext zuweilen direkt mit dem vom Heiligen Geist eingegebenen Wort Gottes gleichgesetzt. Beim Nachdruck

Titelblatt der dritten Auflage der Sauerbibel von Germantown

Revidierte Lutherbibel von 1892: Konfirmationsexemplar der Urgroßmutter des Verfassers aus dem Jahr 1895

nahmen sich die Herausgeber aber immer wieder die Freiheit, kleinere sprachliche, orthografische und lexikalische Veränderungen vorzunehmen. Erst im Laufe des 19. Jh.s sah man vielerorts größeren Reformbedarf. Auf Initiative von Bibelgesellschaften und Buchverlagen erschienen um 1850 gleich mehrere Bibeln, die sich in unterschiedlicher Form um eine Modernisierung des Luthertextes bemühten. Vor dem Hintergrund der verwirrenden Vielfalt, dass in den einzelnen evangelischen Landeskirchen nun ganz unterschiedliche Versionen der Lutherbibel Verwendung fanden, wuchs das Bedürfnis nach einer sprachlich wie textlich auf der Höhe der Zeit befindlichen Einheitsbibel.

Die Initialzündung dazu ging von Carl Mönckeberg aus, der als Hauptpastor an St. Nikolai in Hamburg wirkte und den Vorsitz der Hamburg-Altonaischen Bibelgesellschaft innehatte. Er war der Vater des späteren Ersten Bürgermeisters Johann Georg Mönckeberg, nach dem die bekannte Einkaufsmeile im Zentrum der Hansestadt benannt ist. Carl Mönckeberg erhob 1855 die Forderung, eine Kommission von Theologen und Germanisten mit der Erarbeitung einer revidierten Lutherbibel zu betrauen, die dann zur Standardbibel der evangelischen Christenheit in Deutschland werden sollte. Nachdem Mönckeberg zunächst die deutschen Bibelgesellschaften von seinen Ideen überzeugt hatte, beschloss auf deren Wunsch die Deutsche Evangelische Kirchenkonferenz 1863 in Eisenach eine Revision der Lutherbibel und legte die Richtlinien dafür fest. Mit der Durchführung des Projekts wurde die Cansteinsche Bibelanstalt in Halle betraut. Die eigentliche Federführung lag aber bei einer von den evangelischen Kirchenregierungen eingesetzten Kommission, die vom preußischen Oberkirchenrat in Berlin dirigiert wurde.

Die Cansteinsche Bibelanstalt legte 1867 einen Probedruck des revidierten Neuen Testaments vor, dem 1883 nach Durchsicht des Alten Testaments eine vollständige Probebibel folgte. Nach Einarbeitung aller Änderungswünsche konnte die erste kirchenamtliche Revision zum Abschluss gebracht werden. Die neue Lutherbibel kam 1892 auf den Markt und fand weithin Akzeptanz. Sie trug das Gütesiegel „Durchgesehen nach dem von der Deutschen Evangelischen Kirchenkonferenz genehmigten Text" und war urheberrechtlich geschützt. Die 1906 in Angriff genommene und 1912 vollendete zweite kirchenamtliche Revision der Lutherbibel brachte keine gravierenden Änderungen, sondern beschränkte sich im Wesentlichen auf sprachliche Verbesserungen. Unter dem Einfluss des Germanisten Georg Karl Frommann waren in der Fassung von 1892 viele antiquierte und unverständlich gewordene Formulierungen Luthers stehen geblieben, die nun modernisiert wurden. Zudem erfolgte eine Anpassung an die geltenden Rechtschreib- und Interpunktionsregeln, nachdem der Bundesrat des Deutschen Reichs 1902 auf der Grundlage von Konrad Dudens Wörterbuch eine einheitliche deutsche Rechtschreibung verabschiedet hatte, der sich auch Österreich-Ungarn und die Schweiz anschlossen.

Ein hartes Stück Arbeit – die revidierte Lutherbibel von 1984

Auch die Lutherbibel von 1912 konnte schon bald mit der rasanten Weiterentwicklung der Sprache und den neuen Erkenntnissen der Textforschung nicht mehr Schritt halten. Bereits 1921 beschlossen die deutschen Bibelgesellschaften einhellig eine erneute Revision. Einerseits war man in Sorge, dass die Lutherbibel den Charakter einer Volksbibel verlieren könnte. Sie machte auch in der sprachlich überarbeiteten Fassung von 1912 an etlichen Stellen einen antiquierten Eindruck und wurde im kirchlichen Gebrauch zunehmend durch andere Übersetzungen verdrängt. Andererseits zeigte sich angesichts der Fortschritte bei der Rekonstruktion des Urtextes der biblischen Schriften, dass die Lutherbibel auf einem wissenschaftlich nicht mehr hinreichend gesicherten Ausgangstext beruhte.

Die Verantwortung für die von den Bibelgesellschaften in Gang gesetzte Erneuerung der Lutherbibel übernahm 1927 der Deutsche Evangelische Kirchenausschuss. Dass diese Revision erst 1984 nach Jahrzehnten harter Arbeit und heftiger Kontroversen zum Abschluss kommen würde, ahnte damals sicher keiner der Beteiligten. 1938 wurde ein „Probetestament" mit Neuübersetzung der vier Evangelien und des Psalters veröffentlicht. Obwohl die Revisionsarbeiten durch den baldigen Kriegsausbruch nur noch auf Sparflamme liefen und die Menschen andere Sorgen als den Wortlaut des Bibeltextes hatten, lagen 1946 für alle drei Teilbereiche der Lutherbibel fertige Manuskripte vor. Angesichts der Wirren der Nachkriegszeit gingen diese nacheinander und mit erheblichen zeitlichen Abständen in Druck. 1949 erschien das Neue Testament, 1955 das Alte Testament und 1956 der Band mit den Apokryphen. In allen drei Fällen handelte es sich um Probefassungen. Parallel dazu wurden die Revisionsarbeiten fortgeführt. Als erstes Teilergebnis kam 1956 eine vom Rat der Evangelischen Kirche in Deutschland offiziell genehmigte Ausgabe des Neuen Testaments heraus, der sich 1964 die Ausgabe des Alten Testaments und 1970 die Ausgabe der Apokryphen anschlossen.

„Mord an Luther": Zu den Kritikern der 1975 fertiggestellten Neubearbeitung zählte auch der Literaturwissenschaftler und Schriftsteller Walter Jens.

Da aber mittlerweile das Neue Testament von 1956 auch schon wieder Patina angesetzt hatte und sich in vielen Gemeinden nicht mehr gegen andere Übersetzungen wie die Zürcher Bibel oder die von Hans Bruns edierte Bibel behaupten konnte, fasste man 1970 den Beschluss zu einer Nachrevision. Die 1975 fertiggestellte Neubearbeitung wurde im darauffolgenden Jahr von der in Braunschweig tagenden Synode der Evangelischen Kirche in Deutschland offiziell angenommen. Wer glaubte, die 1921 in Gang gesetzte dritte kirchenamtliche Revision der Lutherbibel sei damit nach mehr als 50 Jahren nun endlich zum Abschluss gekommen, sah sich bald eines Besseren belehrt. Die Reaktionen in der Öffentlichkeit und die Erfahrungsberichte aus den Gemeinden fielen vernichtend aus. Der revidierte Text von 1975 schockierte nicht nur wegen der Ersetzung des Scheffels durch den Eimer. Im Weihnachtsevangelium des Lukas wurde Maria vom vertrauten Weibe zur Braut. Die Worte der Hirten bewegte sie nicht mehr in ihrem Herzen, sondern bedachte sie dort. Auch Luthers Syntax und die häufigen Satzanfänge mit „und" wurden modernisiert. Diese Veränderungen mögen aus sprachlicher Sicht alle richtig gewesen sein. Sie beraubten aber die Lutherbibel ihrer Dignität und machten sie zu einem gewöhnlichen Stück Literatur. Dass eine Revision bei allem Bemühen, die Bibel verständlicher zu den Menschen sprechen zu lassen, auch der sakralen Würde des Textes und seiner Bedeutung als schützenswertem Kulturgut Rechnung tragen muss, wurde grob vernachlässigt. Auch die 1977 erfolgte Rücknahme von 120 besonders umstrittenen Textänderungen ließ die Kritik nicht verstummen. Einzelne evangelische Landeskirchen verweigerten sich der neuen Bibel völlig. Vor diesem Hintergrund zog schließlich der Rat der Evangelischen Kirche in Deutschland 1981 die Reißleine und gab eine neuerliche Revision in Auftrag. Neben Verständlichkeit sollte nun auch Treue gegenüber Luthers Sprache ein zentrales Kriterium sein. Das Ergebnis war die Lutherbibel von 1984, die nicht zu Unrecht auch als Rückrevision bezeichnet wird.

Ein Kapitel für sich ist die Schreibweise der biblischen Personen- und Ortsnamen, die in der evangelischen und katholischen Tradition zum Teil erheblich voneinander abweicht. Im Jahr 1971 erschien das von den katholischen Bischöfen Deutschlands und dem Rat der Evangelischen Kirche in Deutschland gemeinsam herausgegebene *Ökumenische Verzeichnis der biblischen Eigennamen nach den Loccumer Richtlinien*, das eine Vereinheitlichung herbeiführen sollte. Während die Einheitsübersetzung von 1980 diesen Richtlinien uneingeschränkt folgt, macht die Lutherbibel von 1984 bei einer Vielzahl von Namen, die in der evangelischen Tradition fest verankert sind und zum Allgemeingut der deutschen Sprache wurden, eine Ausnahme. So wird an Schreibweisen wie Noah, Elisa, Hiob, Hesekiel, Kapernaum, Genezareth oder Golgatha festgehalten, während die betreffenden Namen gemäß den *Loccumer Richtlinien* Noach, Elischa, Ijob, Ezechiel, Kafarnaum, Gennesaret und Golgota lauten. Dass sich das ökumenische Namensverzeichnis nur bedingt durchsetzen konnte, ist auch etlichen schwer nachvollziehbaren Entscheidungen der verantwortlichen Arbeitskommission geschuldet.

Der aus bibelwissenschaftlicher Sicht wichtigste Grundsatz für die 1921 beschlossene und 1984 vollendete dritte kirchenamtliche Revision der Lutherbibel betraf den Ausgangstext. Aus dem vorhandenen Material von handschriftlichen Textzeugen und kritischen Textausgaben sollte das zugrunde gelegt werden, was nach wissenschaftlichen Kriterien mit der größten Wahrscheinlichkeit die ursprüngliche Textgestalt darstellte. Durch diese programmatische Berücksichtigung der neueren Erkenntnisse der Textforschung veränderte sich der Wortlaut der Lutherbibel nicht unerheblich. Im Bereich des Alten Testaments, wo zunächst die dritte Auflage der Biblia Hebraica Kittel von 1937 und dann die Biblia Hebraica Stuttgartensia von 1977 neue Maßstäbe setzten, wurde nicht mehr sklavisch dem überlieferten hebräischen Text gefolgt. Vielmehr gab man nun dort, wo in der masoretischen Bibel offenkundig eine Textverderbnis vorliegt, der Septuaginta den Vorzug, sofern diese einen besseren Text bot und eine sinnvollere Übersetzung ermöglichte. Im Neuen Testament wurde anstatt des auf mittelalterlichen Handschriften beruhenden Textus receptus das von Erwin Nestle herausgegebene und später unter Federführung von Kurt Aland völlig neu bearbeitete Novum

* **8,27** (1) Andere Übersetzung: »Eunuch«. (2) Titel der Königinnen von Äthiopien (Kusch). **8,36** Vers 37 findet sich nur in einigen Handschriften: »Philippus aber sprach: Wenn du von ganzem Herzen glaubst, so kann es geschehen. Er aber antwortete und sprach: Ich glaube, dass Jesus Christus Gottes Sohn ist.«

Bereits in der revidierten Fassung von 1984 wurden mutmaßliche Nachträge wie das Taufbekenntnis des äthiopischen Kämmerers in Apg 8,37 kenntlich gemacht. Hier in der Revision von 2017

Testamentum Graece zugrunde gelegt, in dem nun auch die Textzeugen aus der Frühzeit der Kirche Berücksichtigung fanden. Dadurch entpuppten sich etliche Textpassagen, die bis dahin fester Bestandteil der Lutherbibel waren, als spätere Hinzufügungen zum ursprünglichen Bibeltext. Abschnitte des Neuen Testaments wie der Schluss des Markusevangeliums (Markus 16,9–20), der Lobpreis Gottes im Vaterunser (Matthäus 6,13b), die Geschichte von Jesus und der Ehebrecherin (Johannes 7,53–8,11) und das Taufbekenntnis des äthiopischen Kämmerers (Apostelgeschichte 8,37) wurden nun als mutmaßlicher Nachtrag kenntlich gemacht oder aus dem Haupttext in den Fußnotenbereich verbannt, weil sie in wertvollen alten Textzeugen wie dem Codex Sinaiticus und dem Codex Vaticanus nicht enthalten sind. Es handelt sich um Passagen, die erst im Laufe der Textüberlieferung von Kopisten hinzugefügt wurden.

Einzelne Stimmen aus dem evangelikalen Spektrum verteidigen den auf Erasmus zurückgehenden Textus receptus als zuverlässigsten Text für das Neue Testament und rufen zum Gebrauch der Lutherbibel von 1912 auf. Den nachfolgenden Revisionen werfen sie wegen ihrer Orientierung an der jeweils neuesten Ausgabe des Novum Testamentum Graece eine Verfälschung der Heiligen Schrift vor. Damit geben sie sich der Illusion hin, besonders bibeltreu zu sein, folgen in Wirklichkeit aber einem Bibeltext, der sich nach dem Erkenntnisstand der Textforschung schon ein Stück weit von der Urfassung entfernt hat. Zum humanistischen Ethos der Reformatoren gehörte dagegen das Bestreben, dem Urtext möglichst nahe zu kommen und der Bibelübersetzung immer die besten verfügbaren Quellen zugrunde zu legen. Hätte Luther bereits den Codex Sinaiticus und den Codex Vaticanus gekannt, sähe seine Bibel an manchen Stellen sicher anders aus.

Die Lutherbibel von 2017

Mit der anlässlich des 500. Reformationsjubiläums erschienenen Lutherbibel 2017 wurde das vorerst letzte Kapitel in der langen Geschichte von Luthers Bibelübersetzung aufgeschlagen. Nach Angabe der Verantwortlichen erfuhren ungefähr 12 000 der rund 31 000 Verse eine Veränderung, wobei das Spektrum von geringfügigen Anpassungen in der Zeichensetzung über den Austausch einzelner Wörter bis zur vollständigen Neuübersetzung ganzer Verse reicht. Zentraler Grundsatz war die Verbindung von Modernisieren und Bewahren. Einerseits sollte die Lutherbibel an Verständlichkeit gewinnen und dem aktuellen Stand der Textforschung Rechnung tragen. Andererseits strebt die Neufassung eine bewusste Rückkehr zu Luthers Sprache an, um die Ehrwürdigkeit und Erhabenheit der Lutherübersetzung zum Ausdruck zu bringen. In der Weihnachtsgeschichte aus Lukas 2, die in Luthers Wortlaut zu den bedeutsamsten literarischen Denkmälern der deutschen Kulturgeschichte zählt, wurden die im rückrevidierten Text von 1984 noch beibehaltenen Modernisierungen fast vollständig beseitigt. Die Erzählung erstrahlt nun wieder im traditionellen Lutherdeutsch. Nur die Bezeichnung des Quirinius als Statthalter blieb stehen, da der einst von Luther gewählte Begriff Landpfleger unverständlich geworden ist. Ein anderes Beispiel ist der Hymnus auf die Liebe im 13. Kapitel des ersten Korintherbriefs, wo man statt „und hätte die Liebe nicht" nun wieder „und hätte der Liebe nicht" lesen kann. Dies ist nach heutigen Maßstäben grammatikalisch falsch, aber klassischer Lutherklang.

Bei der Modernisierung des Textes spielte die sprachliche Gleichbehandlung der Geschlechter eine wichtige Rolle. Anders als die Bibel in gerechter Sprache, die mit der Erwähnung von Hirtinnen, Zöllnerinnen und Pharisäerinnen eine historische Wirklichkeit in den Raum stellt, die es in der patriarchal geprägten Lebenswelt der Bibel wohl nie gegeben hat, geht die Lutherbibel von 2017 mit der geschlechtergerechten Sprache allerdings sehr behutsam um. Wenn sie in den Briefen des Neuen Testaments die Anrede der Gläubigen als Brüder durch „Brüder und Schwestern" ersetzt, ist dies der Sache nach richtig, da die Zugehörigkeit von Frauen zu den urchristlichen Gemeinden außer Frage steht. Den Kritikern dieser Vorgehensweise sollte zu denken geben, dass bereits die Neuausgaben der Zürcher Bibel von 2007 und der katholischen Einheitsübersetzung von 2016 nach dem gleichen Muster verfahren, um die anwesenden Frauen sichtbar zu machen.

Neben der unbegründeten Beanstandung der geschlechtergerechten Sprache wird in evangelikalen Zirkeln auch die Legende verbreitet, es gebe in der neuen Lutherbibel weitere handfeste Textverfälschungen, die auf das Konto einer feministischen Ideologie gingen. In Jesaja 3,12 sei es den Verantwortlichen ein Dorn im Auge gewesen, dass der Prophet Jesaja die Herrschaft von Frauen über das Volk als Gericht Gottes bezeichnet. Kurz entschlossen hätten sie daher einen neuen Bibeltext hergestellt. Zudem habe die revidierte Lutherbibel in Römer 16,7 mit Junia eine Apostelin in die Bibel geschmuggelt und sei damit einer Einbildung des Feminismus erlegen. Diese Behauptungen sind von keinerlei Sachkenntnis getrübt und gehören in die Welt der Märchen. In Jesaja 3,12 geht es um ein Problem der Textüberlieferung, bei der eine gesicherte Lösung unmöglich ist, da der ursprünglich nicht vokalisierte hebräische Konsonantentext unterschiedliche Interpretationen zulässt. Wenn man der mittelalterlichen Vokalisierung der Masoreten folgt, ergibt sich die in früheren Versionen der Lutherbibel gewählte Übersetzung „Frauen beherrschen das Volk“. Man kann den Konsonantentext aber auch anders vokalisieren und kommt dann zu der Übersetzung „Wucherer beherrschen das Volk“. Diese Lesart wird durch die Septuaginta gestützt und von vielen wissenschaftlichen Bibelkommentaren zum Jesajabuch favorisiert. Sie begegnet nicht erst in der neuen Lutherbibel, sondern auch schon in der katholischen Einheitsübersetzung von 1980. Mit Feminismus hat dies nicht das Geringste zu tun.

Auch die These, dass in Römer 16,7 die Textüberlieferung den männlichen Namen Junias bezeuge und Junia dort ein Fantasieprodukt feministischer Ideologie sei, ist an den Haaren herbeigezogen. In den griechischen Bibelhandschriften handelt es sich bei der im Akkusativ angeführten Person, die Paulus am Ende des Römerbriefs grüßen lässt und als „berühmt unter den Aposteln“ bezeichnet, zweifelsfrei um eine Frau namens Junia. So verstanden es auch die Kirchenväter und die alten syrischen Übersetzungen. Der Konstantinopler Patriarch Johannes Chrysostomus sinniert im 4. Jh. sogar darüber, wie groß doch die Weisheit dieser Frau gewesen sein muss, dass ihr die Apostelwürde zuerkannt wurde. Im Spätmittelalter machte man aus Junia willkürlich einen Mann, weil es nun offensichtlich die Vorstellungskraft der Gelehrten überstieg, dass eine Frau zum Kreis der frühchristlichen Apostel gezählt haben könnte. Dazu musste man den in der Antike nirgendwo bezeugten Männernamen Junias als angebliche Kurzform von Junianus erfinden. In Luthers Tagen wurde dies durch den 1512 erschienenen Römerbriefkommentar des französischen Gelehrten Faber Stapulensis untermauert, von dem der Reformator bei seinen Vorlesungen regen Gebrauch machte. Erst nachdem die Theologin Bernadette Brooten in einer bahnbrechenden Publikation von 1978 auf diesen Akt frauenfeindlicher Textverfälschung aufmerksam gemacht hatte, wendete sich das Blatt. In allen wissenschaftlich seriösen Publikationen zum Römerbrief ist mittlerweile wieder von Junia die Rede. Dass Luther als Kind seiner Zeit von einem Mann namens Junias ausging, kann ihm nicht zum Vorwurf gemacht werden. Sein Fehler wurde nun endlich behoben und eine bedeutsame Frau aus der Frühzeit der Kirche wieder sichtbar gemacht.

Unter dem Strich hat die Lutherbibel 2017 den Spagat zwischen Modernisierung und Rückbesinnung auf die Tradition beachtlich gut bewältigt. Nicht zuletzt wegen ihrer Sprachkraft wurde sie in hohen Tönen gelobt und als beste Lutherbibel seit Luther tituliert. Dass es neben Zuspruch auch harsche Kritik hagelte, zählt zum Naturgesetz von Bibelrevisionen. Die Kritiker könnten gegensätzlicher kaum sein. Die einen bezichtigen die für die Überarbeitung Verantwortlichen einer vom Zeitgeist des Liberalismus diktierten Verfälschung des Bibeltextes und werfen ihnen eine Verunsicherung der Gläubigen durch zu viele unnötige Veränderungen vor. Die anderen sprechen angesichts der Rückkehr zur traditionellen Luthersprache von einer Retrobibel mit musealem Charakter, die zur Selbstisolierung der lutherischen Christenheit beitrage und im Horizont interkonfessioneller Herausforderungen nicht zukunftsfähig sei. Wer allerdings zur gleichen Zeit von Traditionalisten als zu fortschrittlich und von Modernisten als zu rückständig kritisiert wird, kann am Ende nicht allzu viel falsch gemacht haben.

Am Rande der Synode der Evangelischen Kirche in Deutschland im November 2016 in Magdeburg präsentiert Martin Luther die Revision seiner Bibelübersetzung.

DIE BIBEL
LUTHERÜBERSETZUNG
DIE STANDARDAUSGABE
Das Original jetzt neu in der Revision 2017
Der aktuelle Text – vertraut und zuverlässig
Die empfohlene Fassung von der
Evangelischen Kirche in Deutschland
DIE BIBEL. DAS BUCH. Mein Buch.
Luther 2017
DEUTSCHE BIBELGESELLSCHAFT

Quellen

D. Martin Luthers Werke, Weimarer Ausgabe, Abteilung 3. Die deutsche Bibel, Band 1–12, Weimar 1906–1961.

Luther Deutsch. Die Werke Martin Luthers in neuer Auswahl für die Gegenwart, Band 10: Die Briefe (hrsg. von Kurt Aland), Göttingen [2]1983.

Luthers Vorreden zur Bibel (hrsg. von Heinrich Bornkamm), Göttingen [4]2005.

Gesamtdarstellungen

Göttert, Karl-Heinz: Luthers Bibel. Geschichte einer feindlichen Übernahme, Frankfurt a. M. 2017.

Käßmann, Margot/Rösel, Martin (Hrsg.): Die Bibel Martin Luthers. Ein Buch und seine Geschichte, Leipzig/Stuttgart 2016.

Reinitzer, Heimo: Biblia deutsch. Luthers Bibelübersetzung und ihre Tradition, Wolfenbüttel/Hamburg 1983.

Volz, Hans: Martin Luthers Deutsche Bibel. Entstehung und Geschichte der Lutherbibel, Hamburg 1978.

1. Ein Meilenstein der Kulturgeschichte: Die Lutherbibel

Blanke, Heinz: Bibelübersetzung, in: Beutel, Albrecht (Hrsg.): Luther Handbuch, Tübingen [3]2017, 298–305.

Leutzsch, Martin: Luthers Bibelübersetzung. Mythen und Fakten – Strukturen und Funktionen – Verharmlosungen, in: Faber, Richard/Puschner, Uwe (Hrsg.): Luther. Zeitgenössisch, historisch, kontrovers, Frankfurt a. M. 2017, 447–464.

2. Aus kleinem Anfang entspringen alle Dinge: Die Entstehung der christlichen Bibel

Aland, Kurt/Aland, Barbara: Der Text des Neuen Testaments. Einführung in die wissenschaftlichen Ausgaben sowie in Theorie und Praxis der modernen Textkritik, Stuttgart [3]2006.

Dieckmann, Detlef/Kollmann, Bernd: Das Buch zur Bibel. Geschichten, Menschen, Hintergründe, Berlin [2]2016.

Ehrman, Bart D.: Abgeschrieben, falsch zitiert und missverstanden. Wie die Bibel wurde, was sie ist, Gütersloh 2008.

Fischer, Alexander Achilles: Der Text des Alten Testaments. Neubearbeitung der Einführung in die Biblia Hebraica von Ernst Würthwein, Stuttgart 2009.

Liss, Hanna: Tanach. Lehrbuch der jüdischen Bibel, Heidelberg [4]2019.

Schmid, Konrad/Schröter, Jens: Die Entstehung der Bibel. Von den ersten Texten zu den heiligen Schriften, München [2]2019.

Skeat, Theodore C.: The Codex Sinaiticus, the Codex Vaticanus and Constantine, in: The Journal of Theological Studies 50 (1999), 583–625.

3. Kulturgüter ersten Ranges: Septuaginta und Vulgata

Bauer, Thomas Johann: Von der Vetus Latina zur Nova Vulgata. Streiflichter zur Geschichte der lateinischen Bibel, in: Müller, Andreas/Heyden, Katharina (Hrsg.): Bibelübersetzungen in der Geschichte des Christentums, Leipzig 2020, 17–56.

De Troyer, Kristin: Die Septuaginta und die Endgestalt des Alten Testaments. Untersuchungen zur Entstehung alttestamentlicher Texte, Göttingen 2005.

Frey, Jörg: Die Herausbildung des biblischen Kanons im antiken Judentum und im frühen Christentum, in: Das Mittelalter 18 (2013), 7–26.

Fürst, Alfons: Kürbis oder Efeu? Zur Übersetzung von Jona 4,6 in der Septuaginta und bei Hieronymus, in: ders.: Von Origenes und Hieronymus zu Augustinus. Studien zur antiken Theologiegeschichte, Berlin/Boston 2011, 315–322.

Fürst, Alfons: Hieronymus. Askese und Wissenschaft in der Spätantike, Freiburg [2]2016.

Hennings, Ralph: Der Briefwechsel zwischen Augustinus und Hieronymus und ihr Streit um den Kanon des Alten Testaments und die Auslegung von Gal. 2,11–14, Leiden 1994, 132–219.

Kraus, Wolfgang/Karrer, Martin (Hrsg.): Septuaginta Deutsch. Das griechische Alte Testament in deutscher Übersetzung. Stuttgart [2]2010.

Salvesen, Alison (Hrsg.): Origen's Hexapla and Fragments, Tübingen 1998.

Schäfer, Christian: Alfred Rahlfs (1865–1935) und die kritische Edition der Septuaginta. Eine biographisch-wissenschaftsgeschichtliche Studie, Berlin/Boston 2016.

Schlange-Schöningen, Heinrich: Hieronymus. Eine historische Biografie, Darmstadt 2018.

Tilly, Michael: Einführung in die Septuaginta, Darmstadt 2005.

Tov, Emanuel: Die griechischen Bibelübersetzungen, in: Temporini, Hildegard u. a. (Hrsg.): Aufstieg und Niedergang der römischen Welt II.20.1, Berlin/New York 1987, 121–189.

Zelzer, Klaus: Vetus Latina, in: Sallmann, Klaus (Hrsg.): Handbuch der lateinischen Literatur der Antike Band 4, München 1997, 352–367.

4. Bilder, Pracht und Luxus: Bibeln des Mittelalters

Andersson-Schmitt, Margarete: Die Lübecker Historienbibel. Die niederdeutsche Version der Nordniederländischen Historienbibel, Wien 1995.

Beier, Christine/Kubina, Evelyn Theresia (Hrsg.): Wege zum illuminierten Buch. Herstellungsbedingungen für Buchmalerei in Mittelalter und früher Neuzeit, Wien 2014.

Bentzinger, Rudolf: Zur spätmittelalterlichen deutschen Bibelübersetzung. Versuch eines Überblicks, in: Rösler, Irmtraud (Hrsg.): „Ik lerde kunst dor lust.“ Ältere Sprache und Literatur in Forschung und Lehre, Rostock 1999, 29–42.

Bentzinger, Rudolf: Die Erfurter Historienbibel, Berlin/Boston 2016.

Berve, Maurus: Die Armenbibel. Herkunft, Gestalt, Typologie, Beuron [2]1989.

Bologna, Giulia: Die schönsten Bibeln des Mittelalters. Die kostbarsten abendländischen Kodizes und illuminierten Handschriften, München 2006.

Braunfels, Wolfgang (Hrsg.): Das Lorscher Evangeliar. Faksimile der Ausgabe Aachen um 810, München 1967.

Fingernagel, Andreas (Hrsg.): Das Buch der Bibeln. Die schönsten illuminierten Bibeln des Mittelalters, Köln 2016.

Grebe, Anja: Codex Aureus. Das goldene Evangelienbuch von Echternach, Darmstadt [2]2011.

Hutz, Ferdinand (Hrsg.): Die Vorauer Volksbibel. Faksimile-Wiedergabe aller 51 Seiten des Buches Exodus aus dem Codex 273 der Stiftsbibliothek Vorau, Graz 1986.

Jakobi-Mirwald, Christine: Das mittelalterliche Buch. Funktion und Ausstattung, Stuttgart 2004.

Mütherich, Florentine/Dachs, Karl (Hrsg.): Das Evangeliar Ottos III., Darmstadt 2001.

Schefers, Hermann (Hrsg.): Das Lorscher Evangeliar, Luzern 2000.

Schipke, Renate: Das Buch in der Spätantike, Wiesbaden 2013.

Schneidmüller, Bernd/Wolter-von dem Knesebeck, Harald: Das Evangeliar Heinrichs des Löwen und Mathildes von England, Darmstadt 2018.

Trost, Vera: Skriptorium. Die Buchherstellung im Mittelalter, Stuttgart 1991.

5. Nur mit der Digitalisierung vergleichbar: Erfindung des Buchdrucks

Dobras, Wolfgang (Hrsg.): Gutenberg. Aventur und Kunst. Vom Geheimunternehmen zur ersten Medienrevolution, Mainz 2000.

Doumit, Amin: Deutscher Bibeldruck von 1466–1522, St. Katharinen 1997.

Eichenberger, Walter/Wendland, Henning: Deutsche Bibeln vor Luther. Die Buchkunst der achtzehn deutschen Bibeln zwischen 1466 und 1522, Leipzig 1980.

Füssel, Stephan: Gutenberg und seine Wirkung, Frankfurt/Leipzig [2]2004.

Gottschalk, Maren: Johannes Gutenberg. Mann des Jahrtausends, Köln 2018.

Kahle, Paul: Felix Pratensis – à Prato, Felix. Der Herausgeber der Ersten Rabbinerbibel, Venedig 1516/7, in: Die Welt des Orients 1 (1947), 32–36.

König, Eberhard: Die Berliner Gutenbergbibel, Darmstadt 2018.

Mai, Klaus-Rüdiger: Gutenberg. Der Mann, der die Welt veränderte, Berlin 2016.

Venzke, Andreas: Johannes Gutenberg. Der Erfinder des Buchdrucks und seine Zeit, München 2000.

6. Zurück zu den Quellen: Der Humanismus

Adams, Jonathan/Heß, Cordelia (Hrsg.): Revealing the Secrets of the Jews. Johannes Pfefferkorn and Christian Writings about Jewish Life and Literature in Early Modern Europe, Berlin/Boston 2017.

Christ-von Wedel, Christine: Erasmus von Rotterdam. Ein Porträt, Basel 2016.

Dörner, Gerald: Reuchlin, Johannes, in: Worstbrock, Franz Josef (Hrsg.): Deutscher Humanismus 1480–1520. Verfasserlexikon Band 2, Berlin 2011, 579–633.

Flörken, Norbert: Der Streit um die Bücher der Juden. Ein Lesebuch, Köln 2014 (digitale Ausgabe).

Gregory, Caspar René: Canon and Text of the New Testament, New York 1907, 437–445.

Karrer, Martin (Hrsg.): Der Codex Reuchlins zur Apokalypse. Byzanz – Basler Konzil – Erasmus, Berlin/Boston 2020.

Lange van Ravenswaay, J. Marius J./ Selderhuis, Herman J. (Hrsg.): Renaissance und Bibelhumanismus, Göttingen 2020.

Posset, Franz: Johann Reuchlin (1455–1522). A Theological Biography, Berlin/Boston 2015.

Ribhegge, Wilhelm: Erasmus von Rotterdam, Darmstadt 2010.

Rummel, Erika: The Case Against Johann Reuchlin. Social and Religious Controversy in Sixteenth-Century Germany, Toronto 2002.

Stupperich, Robert: Erasmus von Rotterdam und seine Welt, Berlin/New York 1977.

Stupperich, Robert: Schriftauslegung und Textkritik bei Laurentius Valla, in: Brecht, Martin (Hrsg.): Text – Wort – Glaube. Studien zur Überlieferung, Interpretation und Autorisierung biblischer Texte, Berlin/New York 1980, 220–233.

Wallraff, Martin/Seidel Menchi, Silvana/von Greyerz, Kaspar (Hrsg.): Basel 1516. Erasmus' Edition of the New Testament, Tübingen 2016.

7. Junker Jörg schreibt Geschichte: Luther auf der Wartburg

Bornkamm, Heinrich: Die Vorlagen zu Luthers Übersetzung des Neuen Testaments, in: ders., Luther, Gestalt und Wirkungen. Gesammelte Aufsätze, Gütersloh 1975, 65–73.

Brecht, Martin: Martin Luther Band 2. Ordnung und Abgrenzung der Reformation 1521–1532, Stuttgart 1986, 11–63.

Frank, Günter (Hrsg.): Philipp Melanchthon. Der Reformator zwischen Glauben und Wissen. Ein Handbuch, Berlin/Boston 2017.

Holeczek, Heinz: Erasmus deutsch Band 1. Die volkssprachliche Rezeption des Erasmus von Rotterdam in der reformatorischen Öffentlichkeit 1519–1536, Stuttgart-Bad Cannstatt 1983, 47–63.

Kaufmann, Thomas: Vorreformatorische Laienbibel und reformatorisches Evangelium, in: Zeitschrift für Theologie und Kirche 101 (2004), 138–174.

Klitzsch, Ingo: Redaktion und Memoria. Die Lutherbilder der „Tischreden", Tübingen 2020, 206–222.

Scheible, Heinz: Melanchthon. Vermittler der Reformation. Eine Biographie, München 2016.

Schwarz, Reinhard: Luther, Göttingen [3]2004, 130–144.

8. Ein Meisterwerk in elf Wochen: Das Septembertestament

Armbruster, Jörg: Luthers Bibelvorreden. Studien zu ihrer Theologie, Stuttgart 2005.

Beutel, Albrecht: Auf dem Weg zum „Septembertestament" (1522). Die Anfänge von Luthers Dolmetschung des Neuen Testaments, in: Groß, Walter (Hrsg.): Bibelübersetzung heute. Geschichtliche Entwicklungen und aktuelle Herausforderungen, Stuttgart 2001, 95–116.

Brecht, Martin: Andreas Bodenstein von Karlstadt, Martin Luther und der Kanon der Heiligen Schrift, in: Bubenheimer, Ulrich/Oehmig, Stefan (Hrsg.): Querdenker der Reformation. Andreas Bodenstein von Karlstadt und seine frühe Wirkung, Würzburg 2001, 135–150.

Flachmann, Holger: Martin Luther und das Buch. Eine historische Studie zur Bedeutung des Buches im Handeln und Denken des Reformators, Tübingen 1996.

Kaufmann, Thomas: Die Mitte der Reformation. Eine Studie zu Buchdruck und Publizistik im deutschen Sprachgebiet, zu ihren Akteuren und deren Strategien, Inszenierungs- und Ausdrucksformen, Tübingen 2019, 370–396.

Lane, Jason D.: Luther's Criticism of James as a Key to his Biblical Hermeneutic, in: Christ-von Wedel, Christine/Grosse, Sven (Hrsg.): Auslegung und Hermeneutik der Bibel in der Reformationszeit, Berlin/Boston 2016, 111–124.

Pannenberg, Wolfhart/Schneider, Theodor (Hrsg.): Verbindliches Zeugnis Band 1. Kanon – Schrift – Tradition, Freiburg/Göttingen 1992.

Pettegree, Andrew: Die Marke Luther, Berlin 2016.

Reinitzer, Heimo: Das Septembertestament (1522). Theologie, Sprache, Kunst, in: Dingel, Irene/Jürgens, Henning P. (Hrsg.): Meilensteine der Reformation. Schlüsseldokumente der frühen Wirksamkeit Martin Luthers, Gütersloh 2014, 160–170.

Schellmann, Wolfgang: Luthers Septembertestament von 1522. Neue Erkenntnisse zu Auflagenhöhe und Ökonomie, in: Archiv für Geschichte des Buchwesens 72 (2017), 1-22.

Schneider, Cornelia: Das Septembertestament (1522). Der mediale Kontext, in: Dingel, Irene/Jürgens, Henning P. (Hrsg.): Meilensteine der Reformation. Schlüsseldokumente der frühen Wirksamkeit Martin Luthers, Gütersloh 2014, 171–179.

Stützinger, Sarah: Die Auslegung des Hebräerbriefs bei Luther und lutherischen Theologen des sechzehnten Jahrhunderts am Beispiel von Hebr 9, in: Christ-von Wedel, Christine/Grosse, Sven (Hrsg.): Auslegung und Hermeneutik der Bibel in der Reformationszeit, Berlin/Boston 2016, 125–146.

Treu, Martin: Lucas Cranach und Christian Döring als Wittenberger Verleger. Beobachtungen anhand der Sammlung C. G. Holtzhausen, in: Oehmig, Stefan (Hrsg.): Buchdruck und Buchkultur im Wittenberg der Reformationszeit, Leipzig 2015, 101–114.

9. Viel schwerer als gedacht: Übersetzung des Alten Testaments

Baring, Georg: Die „Wormser Propheten". Eine vorlutherische evangelische Prophetenübersetzung aus dem Jahre 1527, in: Archiv für Reformationsgeschichte 31 (1934), 23–41.

Brecht, Martin: Martin Luther Band 2. Ordnung und Abgrenzung der Reformation 1521–1532, Stuttgart 1986, 53–63.356–370.

Brecht, Martin: Martin Luther Band 3. Die Erhaltung der Kirche 1532–1546, Stuttgart 1987, 101–118.

Burnett, Stephen G.: Luthers hebräische Bibel (Brescia, 1494). Ihre Bedeutung für die Reformation, in: Dingel, Irene/Jürgens, Henning P. (Hrsg.): Meilensteine der Reformation. Schlüsseldokumente der frühen Wirksamkeit Martin Luthers, Gütersloh 2014, 62-69.

Mackert, Christoph: Luthers Handexemplar der hebräischen Bibelausgabe von 1494. Objektbezogene und besitzgeschichtliche Aspekte, in: Dingel, Irene/Jürgens, Henning P. (Hrsg.): Meilensteine der Reformation. Schlüsseldokumente der frühen Wirksamkeit Martin Luthers, Gütersloh 2014, 70–79.

Michel, Stefan: Die Kanonisierung der Werke Martin Luthers im 16. Jahrhundert, Tübingen 2016, 17–50.

Michel, Stefan/Speer, Christian (Hrsg.): Georg Rörer (1492–1557). Der Chronist der Wittenberger Reformation, Leipzig 2012.

Niggemann, Andrew J.: Martin Luther's Hebrew in Mid-Career. The Minor Prophets Translation, Tübingen 2019.

Oelschläger, Ulrich: Die Wormser Propheten von 1527 – eine vorlutherische Teilübersetzung der Bibel, in: Der Wormsgau 25 (2007), 67–94.

Stegemann, Ekkehard W.: Luthers Bibelübersetzung und das jüdisch-christliche Gespräch, in: Evangelische Theologie 44 (1984), 386–405.

10. Aufs Abstellgleis geschoben: Die Apokryphen

Böttrich, Christfried/Rösel, Martin (Hrsg.): Die Apokryphen der Lutherbibel. Einführungen und Bibeltexte, Leipzig 2017.

Hahn, Andreas: Canon Hebraeorum – canon ecclesiae. Zur deuterokanonischen Frage im Rahmen der Begründung alttestamentlicher Schriftkanonizität in neuerer römisch-katholischer Dogmatik, Münster 2009.

Kirchenrat der evangelisch-reformierten Landeskirche des Kantons Zürich (Hrsg.): Zürcher Bibel – Deuterokanonische Schriften, Zürich 2019.

Meurer, Siegfried (Hrsg.): Die Apokryphenfrage im ökumenischen Horizont. Die Stellung der Spätschriften des Alten Testaments im biblischen Schrifttum und in den kirchlichen Traditionen des Ostens und Westens, Stuttgart [2]1993.

Neuser, Wilhelm: Calvins Stellung zu den Apokryphen des Alten Testaments, in: Brecht, Martin (Hrsg.): Text – Wort – Glaube. Studien zur Überlieferung, Interpretation und Autorisierung biblischer Texte, Berlin/New York 1980, 298–323.

Walter, Nikolaus: „Bücher: so nicht der Heiligen Schrifft gleich gehalten …"? Karlstadt, Luther – und die Folgen, in: ders.: Praeparatio Evangelica. Studien zur Umwelt, Exegese und Hermeneutik des Neuen Testaments, Tübingen 1997, 341–369.

11. Endlich am Ziel: Erste Gesamtausgabe der Lutherbibel

Füssel, Stephan: Das Buch der Bücher. Die Luther-Bibel von 1534. Eine kulturhistorische Einführung, Köln 2002.

Füssel, Stephan (Hrsg.): Die Luther-Bibel von 1534. Vollständiger Nachdruck, Köln 2002.

Himmighöfer, Traudel: Die Zürcher Bibel bis zum Tode Zwinglis (1531). Darstellung und Bibliographie, Mainz 1995.

Kratzsch, Konrad: Illuminierte Holzschnitte der Luther-Bibel von 1534. Eine Bildauswahl, Hanau [2]1983.

Lavater-Briner, Hans Rudolf: Die Froschauer-Bibel 1531. Entstehung – Sprachliche Eigenart – Ausstattung, in: Sigrist, Christoph (Hrsg.): Die Zürcher Bibel von 1531. Entstehung, Verbreitung und Wirkung, Zürich 2011, 64–141.

Mittler, Elmar: Patchworkeditionen. Konkurrenz und Kooperation bei der Entwicklung der Vollbibeln in der frühen Reformationszeit, in: Kaufmann, Thomas/ Mittler, Elmar (Hrsg.): Reformation und Buch. Akteure und Strategien frühreformatorischer Druckerzeugnisse, Wiesbaden 2017, 51–84.

Schirmer, Uwe: Buchdruck und Buchhandel im Wittenberg des 16. Jahrhunderts. Die Unternehmer Christian Döring, Hans Lufft und Samuel Selfisch, in: Oehmig, Stefan (Hrsg.): Buchdruck und Buchkultur im Wittenberg der Reformationszeit, Leipzig 2015, 169–189.

12. Dem Volk aufs Maul geschaut: Luther und die deutsche Sprache

Besch, Werner: Luther und die deutsche Sprache. 500 Jahre deutsche Sprachgeschichte im Lichte der neueren Forschung, Berlin 2014.

Brecht, Martin/Peters, Robert: Theodor Smedeckens niederdeutsche Übertragung von Luthers Neuem Testament, in: Lutherjahrbuch 72 (2005), 49–76.

Buske, Norbert (Hrsg.): Johannes Bugenhagen. Sein Leben, seine Zeit, seine Wirkungen, Schwerin 2010.

Debus, Friedhelm: Über Martin Luthers Bedeutung in sprachlicher und literarischer Perspektive, in: Sprachwissenschaft 39 (2014), 425–443.

Ganslmayer, Christine: Luther als Bibelübersetzer. Neue sprachwissenschaftliche Perspektiven für die Luther-Forschung, in: Jahrbuch für Germanistische Sprachgeschichte 9 (2018), 55–105.

Günther, Hartmut: Mit Feuereifer und Herzenslust. Wie Luther unsere Sprache prägte, Berlin 2017.

Kröger, Heinrich: Johannes Bugenhagens plattdeutsche Bibelübersetzung und ihre lange Wirkungsgeschichte, in: Garbe, Irmfried (Hrsg.): Johannes Bugenhagen (1485–1558). Der Bischof der Reformation, Leipzig 2010, 56–76.

Seyferth, Sebastian: Sprachliche Varianzen in Martin Luthers Bibelübertragungen von 1522–1545. Eine lexikalisch-syntaktische Untersuchung des Römerbriefs, Stuttgart 2003.

Sonderegger, Stefan: Geschichte deutschsprachiger Bibelübersetzungen in Grundzügen, in: Besch, Werner u. a. (Hrsg.): Sprachgeschichte. Ein Handbuch zur Geschichte der deutschen Sprache und ihrer Erforschung Band 1, Berlin [2]1998, 229–283.

Stolt, Birgit: Martin Luthers Rhetorik des Herzens, Tübingen 2000.

Leppin, Volker: „Biblia, das ist die ganze Heilige Schrift deutsch". Luthers Bibelübersetzung zwischen Sakralität und Profanität, in: Rohls, Jan/Wenz, Gunther (Hrsg.): Protestantismus und deutsche Literatur. Göttingen 2004, 13–26.

13. Feindliche Übernahme: Katholische Gegenbibeln

Bärsch, Jürgen/Maier, Konstantin (Hrsg.): Johannes Eck (1486–1543): Scholastiker – Humanist – Kontroverstheologe, Regensburg 2014.

Fischer, Roman/Moger, Jourden Travis: Johannes Dietenberger and his Counter-Reformation German Bible, in: Journal of the Bible and Its Reception 3 (2016), 279–302.

Kawerau, Gustav: Hieronymus Emser. Ein Lebensbild aus der Reformationsgeschichte, Halle 1898.

Köster, Uwe: Studien zu den katholischen deutschen Bibelübersetzungen im 16., 17. und 18. Jahrhundert, Münster 1995.

Musseleck, Karl-Heinz: Untersuchungen zur Sprache katholischer Bibelübersetzungen der Reformationszeit, Heidelberg 1981.

Redzich, Carola: so zuo vnser zeiten vil die Bibel mer zerrissen dan verteütscht haben: Konfessionelle Programmatik und ihre sprachliche Inszenierung in Johannes Ecks Bibelausgabe von 1537, in: Jahrbuch für Germanistische Sprachgeschichte 9 (2018), 119–134.

Wedewer, Hermann: Johannes Dietenberger 1475–1537. Sein Leben und Wirken, Nieuwkoop 1967 (Reprint der Ausgabe Freiburg 1888).

14. Ständig auf dem Prüfstand: Die Lutherbibel im Wandel der Zeiten

Dahlgrün, Corinna/Haustein, Jens (Hrsg.): Anmut und Sprachgewalt. Zur Zukunft der Lutherbibel, Stuttgart 2013.

Fricke, Klaus Dietrich/Meurer, Siegfried (Hrsg.): Die Geschichte der Lutherbibelrevision von 1850 bis 1984, Stuttgart 2001.

Himmighöfer, Traudel: Die Neustadter Bibel von 1587/88, Speyer 1986.

Jahr, Hannelore/Kähler, Christoph/Lesch, Jürgen-Peter (Hrsg.): Die Revision der Lutherbibel 2017. Hintergründe – Kontroversen – Entscheidungen, Stuttgart 2019.

Lückel, Ulf: Johann Christoph Sauer, ein deutscher Drucker und Verleger in Amerika. Seine ersten Jahre in Amerika und sein Netzwerk nach Deutschland, in: Soboth, Christian/ Schmid, Pia (Hrsg.): „Schrift soll leserlich seyn". Der Pietismus und die Medien, Halle 2016, 351–361.

Michel, Stefan: Die Kanonisierung der Werke Martin Luthers im 16. Jahrhundert, Tübingen 2016, 91–109.

Redzich, Carola: Luthers langer Schatten. Teleologie und Typologie in der Forschungsgeschichte zur Bibelübersetzung, in: Faber, Richard/Puschner, Uwe (Hrsg.): Luther. Zeitgenössisch, historisch, kontrovers, Frankfurt a. M. 2017, 465–482.

Sondheim, Moriz: Die Sauerbibel von Germantown, in: ders.: Gesammelte Schriften. Buchkunde, Bibliographie, Literatur, Kunst u. a., Frankfurt a. M. 1927, 212–214.

5./4. Jh. v. Chr.	Endredaktion des Pentateuchs *(Tora)*
3. Jh. v. Chr.	Abschluss der „Propheten" *(Nebiim)*
um 250 v. Chr.	Übersetzung der Tora ins Griechische (Beginn der Septuaginta)
ca. 50–120	Abfassung der neutestamentlichen Schriften
um 150	Abschluss der „Schriften" *(Ketubim)*. Festlegung des Kanons der hebräischen Bibel
um 330	Entstehung des Codex Vaticanus und Codex Sinaiticus
367	39. Osterfestbrief des Athanasius mit Auflistung der biblischen Schriften
390–420	Lateinische Bibel des Hieronymus (spätere Vulgata)
um 1000	Evangeliar Ottos III.; Evangeliar und Perikopenbuch Heinrichs II.
um 1045	Echternacher Evangeliar
um 1188	Evangeliar Heinrichs des Löwen und seiner Gemahlin Mathilde
um 1400	Wenzelsbibel (deutsche Übersetzung des Alten Testaments)
um 1430	Ottheinrichbibel (deutsche Übersetzung des Neuen Testaments)
1455	Gutenbergbibel (erste Druckausgabe der Vulgata)
1466	Mentelinbibel (erste Druckausgabe der Bibel in deutscher Sprache)
um 1477	Lübecker Historienbibel
1488	Soncinobibel (erste vollständige Druckausgabe der hebräischen Bibel)
1516	Erasmus von Rotterdam: *Novum instrumentum omne* (erste Druckausgabe des griechischen Neuen Testaments)
1516/17	Rabbinerbibel des Felix Pratensis
1520	*Biblia Polyglotta Complutensia*
März 1521	Nikolaus Gerbel: *Novum testamentum graece*
Frühsommer 1521	Johannes Lang: *Das heilig Euangelium Matthei aus Kriechsersprach*
Dezember 1521	Beginn von Luthers Bibelübersetzung
1522	Nikolaus Krumpach: Übersetzungen des Markus-, Lukas- und Johannesevangeliums, des ersten Timotheusbriefs, des Titusbriefs und der beiden Petrusbriefe
September 1522	Martin Luther: *Das Newe Testament Deutzsch* (Septembertestament)
Dezember 1522	Neuausgabe von *Das Newe Testament Deutzsch* (Dezembertestament)
Mitte 1523	Martin Luther: *Das Allte Testament Deutsch* (1–5 Mose)
April 1524	Martin Luther: *Das Ander teyl des alten testaments* (Josua bis Ester)
Herbst 1524	Martin Luther: *Das Dritte teyl des allten testaments* (Hiob bis Hohelied)
1524/25	Rabbinerbibel des Jakob ben Chajim
1526	Martin Luther: *Der Prophet Jona; Der Prophet Habacuc*
April 1527	Veröffentlichung der „Wormser Propheten" durch Hans Denck und Ludwig Hätzer

1527	Emserbibel (katholisches Imitat des Septembertestaments)
1528	Martin Luther: *Der Prophet Jesaia Deudsch; Der Prophet Sachar Ja*
1529	Zürcher Prophetenübersetzung
1529	Martin Luther: *Die weisheit Salomonis*
1529	Deutsche Ausgabe der Apokryphen durch Leo Jud
1529	Schöfferbibel (kombinierte Bibel; erste reformatorische Gesamtausgabe der Bibel)
1529/30	Köpfelbibel (kombinierte Bibel)
1530	Froschauerbibel (kombinierte Bibel)
1530	Martin Luther: *Der Prophet Daniel Deudsch; Das XXXVIII und XXVIX Capitel Hesechiel*
1532	Martin Luther: *Die Propheten alle Deudsch*
1533	Martin Luther: *Jesus Syrach zu Wittemberg verdeudscht; Das Buch von den Maccabeern*
1534	Dietenbergerbibel (katholische Gegenbibel)
1534	Martin Luther: *Biblia das ist die gantze Heilige Schrifft Deudsch* (erste Gesamtausgabe der Lutherbibel)
1537	Eckbibel (katholische Gegenbibel)
1539–1546	Revisionen der Übersetzung durch Luther und seinen Freundeskreis
1545	Letzte Lutherbibel zu Lebzeiten des Reformators
18. Februar 1546	Tod Luthers in Eisleben
Juli 1546	Letzte Lutherbibel mit den von Luther autorisierten Korrekturen
8. April 1546	Konzil von Trient: Dekrete „Über die kanonischen Schriften" und „Über den Gebrauch und die Herausgabe der heiligen Schriften"
1581	Kursächsische Normbibel
1592	*Vulgata Clementina*
1710	Gründung der Cansteinschen Bibelanstalt in Halle an der Saale
1743	Sauerbibel (erste amerikanische Druckausgabe der Lutherbibel)
1887	Lutherbibel von Saint Louis in Missouri
1892	Abschluss der ersten kirchenamtlichen Revision der Lutherbibel
1906–1912	Zweite kirchenamtliche Revision der Lutherbibel
1927–1984	Dritte kirchenamtliche Revision der Lutherbibel
1980	Katholische Einheitsübersetzung
2007	Revidierte Zürcher Bibel
2016	Revidierte Einheitsübersetzung
2016	Präsentation der Lutherbibel 2017
2019	Neuausgabe der deuterokanonischen Schriften der Zürcher Bibel
2021/22	Jubiläumsfeierlichkeiten „500 Jahre Bibelübersetzung auf der Wartburg"

Bildnachweis

Adobe Stock: 190 (ArTo) – **akg-images**: 11, 12 (André Held), 16 (Bible Land Pictures), 17 (Bible Land Pictures), 18 (Bible Land Pictures), 19 (Bible Land Pictures), 20/21 (Bible Land Pictures), 22/23 (Cameraphoto), 25 (De Agostini Picture Library), 28 (Bible Land Pictures), 31 (Andrea Jemolo), 32 (Jean-Claude Varga), 34/35, 36 (Bible Land Pictures), 39, 43 (Manuel Cohn), 45 (bilwissedition), 46, 49, 50 (Cameraphoto), 52, 54 (North Wind Picture Archives), 55, 56, 57, 64, 66 (Historisches Auge), 69 (Jürgen Sorges), 72, 73 (Science Photo Library), 76 (Liszt Collection), 80 (Science Source), 83, 84, 86 (Eric Vandeville), 91 (Rabatti & Domingie), 92 (Erich Lessing), 95 (Album/Oronoz), 96 (Historisches Auge), 98 (Erich Lessing), 101, 103, 105, 111, 112, 118, 122, 128, 129, 135 (Fototeca Gilardi), 137, 138 (Cameraphoto), 142, 148 (Science Source), 150, 153 (Heritage Images/The Print Collector), 159, 161, 162, 164, 165, 166 (Heritage Images/Art Media), 168, 169, 171 (Liszt Collection), 176, 180, 186/187 – **Bayerische Staatsbibliothek**: 132 (Rar. 869), 174 (Rar. 4109#Beibd.8), 184 (Res/2 B.g.cath. 6), 188 (Res/2 B.g.cath. 7) – **bpk/Staatsbibliothek zu Berlin**: 126/127 – **Elsengold Verlag/TK**: 40/41, 198 – **Gottfried Wilhelm Leibniz Bibliothek – Niedersächsische Landesbibliothek, Hannover**: 178 (CIM 8/9071) – **Herzog August Bibliothek Wolfenbüttel**: 113, 114, 117, 121 (Bibel.-S. 4° 257) – **picture-alliance**: 8 (Everett Collection/ Derek Storm), 58/59 (dpa/Jochen Lübke), 197 (dpa Porträtdienst), 201 (dpa-Zentralbild/Peter Förster) – **Rijksmuseum Amsterdam**: 71, 124, 140, 149 – **Solothurn Zentralbibliothek**: 70 (Cod. S 438; www.e-codices.ch) – **Universitätsbibliothek Augsburg**: (Cod. I.3.2o III., fol. 2v) – **Universitätsbibliothek Basel**: 88 – **Universitätsbibliothek München**: 75 (Cim. 56a) – **Universitäts- und Landesbibliothek Sachsen-Anhalt**: 102 – **Wikimedia Commons**: 14 (Hp Baumeler), 37 (Berthold Werner), 61 (Andreas Praefcke), 79 (Aldo Villagrossi), 82 (Johannes Waßmuth), 107 (Holger Uwe Schmitt), 108 (OTFW), 116 (Stephencdickson), 130, 134 (Kunstsammlungen der Veste Coburg), 146 (Gudot 13), 154 (Steffen Schmitz), 156, 172, 177 (Bjørn Christian Tørrisen), 181 (Andreas Praefcke), 183, 193 (Tilman2007), 194 (Concord) – **Christine Wyatt**: 6, 196

Impressum

1. Auflage
Lizenzausgabe 2021 für das Gütersloher Verlagshaus, Gütersloh, in der Penguin Random House Verlagsgruppe GmbH,
Neumarkter Str. 28, 81673 München

Umschlagmotive: Lutherporträt von Lucas Cranach, 1529, © der Vorlage: Everett Collection – shutterstock.com / Handschrift Bibelübersetzung, eine Seite aus Luthers Bibelübersetzung des Alten Testaments (Psalter), © der Vorlage: akg-images.com

Gestaltung und Satz: Mario Zierke, Berlin
Druck und Bindung: DZS Grafik d.o.o.
Printed in Slovenia
ISBN 978-3-579-07156-5
www.gtvh.de